상업사회의 정치사상

POLITICS IN COMMERCIAL SOCIETY:
Jean-Jacques Rousseau and Adam Smith

Copyright © 2015 by the President and Fellows of Harvard College
Published by arrangement with Harvard University Press
Korean translation copyright © 2025 by Maybooks

이 책의 한국어판 저작권은 대니홍 에이전시를 통한 저작권사와의 독점 계약으로 도서출판 오월의봄에 있습니다. 신저작권법에 의해 한국 내에서 보호를 받는 저작물이므로 무단전재와 복제를 금합니다.

상업사회의 정치사상

루소와 스미스로 읽는 18세기 지성사

이슈트반 혼트 지음 — 김민철 옮김

오월의봄

애덤 스미스
Adam Smith(1723~1790)

"그동안 루소와 스미스를 이해하는 우리의 관점은 변화해왔다—
적어도 변화했어야만 한다. 만일 우리가 이와 같은 새로운 관점에 따라
루소와 스미스를 바라본다면, 그리고 이 두 사상가를 함께 놓는다면,
어떤 그림이 펼쳐질까?"

장-자크 루소
Jean-Jacques Rousseau(1712~1778)

"루소와 스미스의 작업은 서로를 가로질렀다.
이 횡단은 두 철학자의 개인적 친분을 통해서가 아니라 학문적 관계,
즉 루소에 대한 스미스의 독해를 통해 이뤄졌다."

한국어판 해제

이슈트반 혼트와 상업사회의 지성사[*]

이우창(한국방송통신대학교 문화교양학과)
김민철(성균관대학교 사학과)

이슈트반 혼트(1947~2013)는 존 포콕(1924~2023)과 함께 현대 지성사 연구를 대표하는 역사가 중 가장 찬란히 빛나는 존재였다. 마침내 한국어로 출간된 《상업사회의 정치사상》은 그의 오랜 탐구와 사유가 잘 무르익어 있는, 케임브리지 지성사 학파가 내놓은 가장 높은 수준의 결과물이다. 2020년 《지성사란 무엇인가?》 한국어판(이우창 옮김, 오월의봄)의 출간 이래 지성사 연구와 케임브리지학파를 향한 한국 인문·사회학계의 관심은 놀라울 정도로 증대되었으나, 그 성과와 한계에 대한 인식은 이제야 출발점에 선 참이다. 《상업사회의 정치사상》 한국어판은 그 인식의 경계선을 있는 힘껏 밀어내려는 시도다.

---

[*] 혼트의 작업을 이해하는 데 많은 도움을 주신 리처드 왓모어, 이언 맥대니얼, 안두환, 오석주 선생님, 그리고 세인트앤드루스대학 지성사연구소 문서고 이슈트반 혼트 컬렉션 아키비스트 라세 안데르센Lasse Andersen 선생님께 감사드린다.

본래 다양한 청중을 염두에 둔 강연 원고였던 만큼, 이 책은 일견 장-자크 루소와 애덤 스미스에 대한 기본적인 배경지식만 있다면 별 무리 없이 따라갈 수 있는 교양서처럼 보이기도 한다. 하지만 혼트의 논지를 천천히 따져 묻는 독자라면 곧 저자가 사상사의 수많은 핵심 주제를 소환해 하나하나 날카롭게 파고들 뿐만 아니라 그것들을 본래의 형태로, 즉 서로 연결된 하나의 거대한 구조물로 재조립하고 있음을 깨닫게 된다. 따라서 이 해제는 독자들이 혼트의 서술 밀도와 광대함을 인지하면서도 그에 압도당하지 않도록 돕는 것, 다시 말해 그의 주장을 있는 그대로 바라볼 수 있는 기초적인 토대를 제공하는 것을 목표로 한다. 먼저 혼트의 이력과 그의 학적 경로·맥락을 간단히 돌아보고, 그다음에는 《상업사회의 정치사상》 본문의 요지를 풀어보고자 한다.

혼트의 생애[*]

이슈트반 혼트는 1947년 4월 15일 헝가리의 유대계 가정에서 태

---

[*] 이 절의 서술은 주로 다음의 자료에 기대고 있다: Béla Kapossy, Isaac Nakhimovsky, Sophus A. Reinert, and Richard Whatmore, "Introduction," in Béla Kapossy, Isaac Nakhimovsky, Sophus A. Reinert, and Richard Whatmore (eds.), *Markets, Morals, Politics: Jealousy of Trade and the History of Political Thought* (Cambridge, MA: Harvard University Press, 2018), pp. 1-22 중 특히 1-15; István Hont, "Curriculum Vitae" (2010); John Robertson, "István Hont (1947–2013)" (2013). 존 로버트슨의 추도사와 혼트의 이력서는 세인트앤드루스대학 지성사 문서고 이슈트반 혼트 컬렉션에서 열람할 수 있다. https://arts.st-andrews.ac.uk/intellectualhistory/collections/show/40

어났다. 아버지 혼트 야노시Hont János(1914~1982)는 1949년 수립된 헝가리 인민공화국의 농무부 차관을 지냈으며, 어머니 케메니 클라러Kemény Klára(1923~1973)는 헝가리 최초의 여성 공학 교수였다. 1965년 한 해 동안의 군복무를 마친 이슈트반은 처음에 전기공학을 전공으로 택했으나, 1968년 아버지의 조력에 힘입어 역사학과 철학으로 분야를 바꿨다. 카를 마르크스 사상에 대한 해석을 놓고 헝가리 지식인 사회에서 벌어진 논쟁에 참여하면서, 혼트는 유럽 자본주의 발전사의 비판적 검토를 위해서는 애덤 스미스의 사상을 위시한 18세기 스코틀랜드 정치경제학으로 거슬러 올라가야 한다는 판단을 내린다. 1974년 '데이비드 흄과 스코틀랜드'를 주제로 박사학위를 취득한 뒤 곧 헝가리 학술원의 연구관으로 부임한다(당시 그는 이미 헝가리 사회주의노동자당 당원이었다). 안정적인 삶이 보장된 직위였지만 스코틀랜드 정치경제사상사 연구를 향한 혼트의 열정을 충족시킬 수는 없었다. 1975년 가을 혼트는 다시금 아버지의 영향력에 힘입어 부인 안나Anna Hont와 함께 30일간의 영국 체류를 허가받았고, 영국 현지에서 망명을 결정했다.

그의 영국 망명은 급작스러운 결정은 아니었다. 혼트 부부는 1972년 이미 영국 케임브리지대학을 방문해 흄 지성사 연구를 근본적으로 혁신하게 될 던컨 포브스Duncan Forbes(1922~1994)를 만난 바 있었다. 좀 더 중요한 계기를 제공한 것은 역설적이게도 학술원 연구관의 직무 자체였다. 혼트는 영국의 유서 깊은 학술지 《경제사 평론The Economic History Review》을 요약 정리하는 과업을 맡았으며(이를 통해 그는 사회경제사 연구에 대한 지식을 습득할 수 있었다), 무엇보다 부다페스트를 방문한 마이클 포스탄Michael Postan(1899~1981)

을 수행하게 되었다. 제정 러시아 출신으로 러시아혁명을 피해 영국으로 망명한 포스탄은 런던대 유니버시티 칼리지와 런던정경대를 거쳐 케임브리지대학 경제사 교수직에 취임했으며 오랜 기간 《경제사 평론》의 편집인을 역임하기도 한 영국 사학계의 유력인사였다. 혼트의 불만을 알아차린 그는 망명을 권유했을 뿐만 아니라, 타국에서 학적인 경력을 새로 시작해야 하는 젊은 망명자의 정착을 도와주었다. 포스탄의 추천에 힘입어 혼트는 곧바로 옥스퍼드대학의 근대사 흠정 교수이자 중요한 계몽사상사가였던 휴 트레버-로퍼Hugh Trevor-Roper(1914~2003)의 박사과정 지도학생 신분을 얻었다. 옥스퍼드에서 그는 저명한 경제이론가이자 뛰어난 교수자였던 존 힉스John Richard Hicks(1904~1989)의 경제사상사 수업을 들으며 정치경제학 연구를 위한 토대를 쌓았으며, 1977년에는 울프슨칼리지의 지성사 연구원 자리에 임용되었다. 그러나 지성사가로서 혼트의 경력에서 진정한 분기점이 된 것은 이듬해 케임브리지대학 킹스칼리지의 연구원직에 지원한 일이었다고 할 수 있다.

  1978년 케임브리지 킹스칼리지는 킹스칼리지 연구소에서 "사회와 정치경제, 1770~1850Society and Political Economy 1770-1850" 연구 프로젝트를 관장할 연구원을 모집한다는 공고를 냈다(실제로 진행된 프로젝트의 이름은 "정치경제와 사회, 1750~1850"이었다). 이후 하버드 역사학과 교수가 된 에마 로스차일드Emma Rothschild같이 빼어난 학자도 지원했으나, 선임연구원으로 선정된 것은 하버드 역사학과에서 갓 박사학위를 취득한 마이클 이그나티예프Michael Ignatieff, 그리고 이슈트반 혼트였다. 1984년까지 6년간 진행된 이 야심 찬 프로젝트는 포브스, 포콕, 도널드 윈치Donald Winch(1935~2017),

존 던John Dunn, 퀜틴 스키너Quentin Skinner, 리처드 턱Richard Tuck, 개러스 스테드먼 존스Gareth Stedman Jones, 키스 트라이브Keith Tribe와 같이 이후 케임브리지학파를 이끌 역사가들은 물론, 프랑코 벤투리Franco Venturi(1914~1994), 라인하르트 코젤렉Reinhart Koselleck(1923~2006), 주디스 슈클라Judith Shklar(1928~1992) 등 유럽과 미국의 정상급 학자들 역시 참여한 대기획이었다(1979년 미셸 푸코Michel Foucault에게도 초청장이 갔으나 성사되지 않았다). 그러나 전체 논의를 주도한 인물은 다름 아닌 혼트였다. 이 프로젝트를 통해, 그리고 그 첫 결과물인 논문집 《부와 덕: 스코틀랜드 계몽에서 정치경제학의 형성》에 수록된 탁월한 논문들을 통해 혼트는 학계에 본격적으로 자신의 이름을 알릴 수 있었다.

킹스칼리지 프로젝트가 종료된 후 혼트는 미국 컬럼비아대학 정치학과 조교수, 프린스턴 고등연구원 방문학자 등의 경력을 거쳐 1989년부터 케임브리지대학 역사학과에서 교편을 잡았다. 2000년 하버드대학 정치학과에서 교수직을 제안받기도 했으나, 당시 총장이었던 로런스 서머스Lawrence Summers가 50세 이상의 연구자에게 정년 보장을 해줄 수 없다는 이유로 학과의 요청을 거절하면서 이는 무산되었다. 서머스의 기이한 결정은 돌이켜보면 케임브리지 지성사 학파에게는 매우 다행스러운 일이었다. 케임브리지로 돌아온 혼트는 2005년 '책 한 권 분량'의 서론이 붙은 자신의 논문집 《무역의 질투: 역사적 관점에서 바라본 국제 경쟁과 국민국가》를 출판하며 명실상부한 거장으로 인정받았고, 2008년에는 과거 포브스의 자리였던 정치사상사 부교수Reader in the History of Political Thought 자리를 계승했다. 혼트는 케임브리지 역사학과에서 이후 18

세기 유럽 계몽사상사 및 정치경제사상사 연구를 이끌 뛰어난 역사가를 여럿 훈련시켰다. 현재 세인트앤드루스대학 지성사연구소장을 맡고 있는 리처드 왓모어Richard Whatmore를 포함한 혼트의 제자들은 케임브리지학파 내에서 '스키너 학파Skinnerians', 즉 퀜틴 스키너의 영향 아래 있는 학자들과 뚜렷이 다른 색채를 드러낸다.

    2010년까지 후속 작업을 준비하며 왕성하게 활동하던 혼트의 건강은 2011년 당뇨병과 심장질환 등을 겪으며 급격히 악화했다. 그해 말 같은 대학 정치학과의 동료 던컨 켈리Duncan Kelly와 진행한 세미나 "정치사상사의 문화사The Cultural History of the History of Political Thought"의 강의 노트는 혼트가 만년에도 여전히 날카롭고 명민한 지성을 유지했음을 보여준다. 그러나 그의 건강은 부인 안나의 조력에 의지해야 하는 상황을 피할 수 없을 만큼 계속해서 나빠졌다. 2013년 3월 29일, 이슈트반 혼트는 결국 영면에 들었다. 생전 '케임브리지학파'라는 이름표를 끈질기게 거부했으나 그가 케임브리지학파, 좀 더 정확히 말해 케임브리지대학 역사학과 정치사상사 연구의 전성기를 이끌었던 인물임은 분명하다. 혼트가 동료와 제자에게 얼마나 중요한 존재였는지는 그의 사후 발간된 저작 몇 권을 지목하는 것으로도 어렵지 않게 확인할 수 있다. 혼트가 2009년 옥스퍼드대학 칼라일 강연Carlyle Lectures 이래 계속해서 출간을 준비해 온 강연록은 그가 타계할 때까지 미완성 원고로 남았지만, 그의 지도학생 벨라 카포시Béla Kapossy와 동료 마이클 소넨셔Michael Sonenscher의 편집을 거쳐 2015년에 바로 이 책, 즉 《상업사회의 정치사상》으로 출판되었다. 뒤이어 두 권의 추모논문집이 각각 《계몽사상의 상업과 평화》(2017), 《시장, 도덕, 정치: 무역의 질투와 정치사상사》

(2018)라는 제목으로 나왔으며, 케임브리지대학 출판부에서 혼트의 미출간 논문집 1권 《푸펜도르프에서 마르크스까지의 정치경제학: 문화, 필요, 소유권》이 곧 출간될 예정이다.

혼트의 연구와 그 맥락

오늘날 지성사·정치사상사 혹은 케임브리지학파는 주로 퀜틴 스키너로 대표되는 방법론 논쟁 및 공화주의·헌정주의 전통의 연구로 알려져 있다. 학파의 탄생 역시 1950년대 이래 피터 래슬릿Peter Laslett(1915~2001)과 포콕, 던, 스키너가 주도한 언어맥락주의적 접근법의 형성과 동일시되곤 한다(리처드 왓모어, 《지성사란 무엇인가?》 2~3장). **이슈트반 혼트는 이 모든 것에 동의하지 않았다.** 2005년 12월 11일 일본 치바대학에서 열린 국제학술대회 "케임브리지 모먼트: 덕성, 역사, 공공 철학The Cambridge Moment: Virtue, History and Public Philosophy"에서 혼트는 자신이 케임브리지학파를 어떻게 규정하는지 선명히 드러낸 바 있다.* 이 강연은 보통 역사연구의 방법론을 중시하는 태도에 대한 조롱, 그리고 케임브리지학파 따위는 존재하지 않으며 만일 그것이 존재한다면 차라리 회의주의자들의 "반反학파"일 것이라는 도발적인 선언으로 기억된다. 그러나 사실은 이를 통해 혼트가 케임브리지학파의 역사에 대한 대안적인 서사

---

*   해당 강연문은 현재 영어권 학계에서 "케임브리지 모먼트The Cambridge Moment"라는 잘못된 제목으로 인용되고 있으나, 정확한 제목은 "18세기 정치사상에서 상업과 정치Commerce and Politics in Eighteenth-Century Political Thought"이다.

를 제시했다는 점에 주목할 필요가 있다. 그는 케임브리지학파를 형성한 핵심 인물로 포브스와 포콕을 지목했고, 자신이 편집하고 저술한 《부와 덕》과 《무역의 질투》를 그 뒤를 잇는 저작으로 거론했다(스키너의 이름은 강연문의 어디에서도 언급되지 않는다).

혼트의 강연이 단순한 도발이 아님을 이해하기 위해서는 1970년대 전후의 학술사적 맥락을, 특히 혼트가 언급한 두 역사가의 작업이 어떤 의미를 지녔는지를 추적해볼 필요가 있다. 던컨 포브스는 오늘날 흄 연구를 제외하면 거의 기억되지 않지만, 이후 케임브리지학파 1세대로 불릴 역사가들이 어떠한 역사적 전제에서 출발했는지를 이해하려면 반드시 짚어봐야 할 인물이다. 그가 근대 정치과학의 진정한 출발점으로 지목한 곳은 18세기 스코틀랜드였다. 그에 따르면 흄과 애덤 스미스로 대표되는 스코틀랜드 계몽사상가들은 뉴턴주의적 경험론을, 또 인간 본성에 기초해 사회를 탐구하는 근대 자연법 이론을 계승함으로써 특정한 정파의 이데올로기로 환원되지 않는 '회의주의적'이고 '과학적'인 정치·사회 분석의 틀을 구축했다. 근대 정치사상을 가르치는 포브스의 수업은 여러 뛰어난 학생들을 매료시켰으며, 근대 정치사상의 역사를 탐구하기 위해서는 18세기 스코틀랜드 계몽을 통과해야 한다는 믿음을 전파했다. 던과 스키너 역시 본래는 포브스의 지도하에 스코틀랜드 계몽사상을 연구하고자 했으나, 그는 지도를 거부했다(이후 던은 로크의 정치사상을 왜 근대 사상으로 인정할 수 없는가를 해명하고자 했으며, 스키너는 더 과거로 거슬러 올라가 홉스의 '정치과학'으로 귀결되는 근대 정치학의 계보를 제안했다).

포브스가 자신의 연구를 집약한 《흄의 철학적 정치사상

Hume's Philosophical Politics》을 내놓은 1975년, 케임브리지학파의 또 다른 걸작인 포콕의 《마키아벨리언 모먼트: 피렌체 정치사상과 대서양의 공화주의 전통The Machiavellian Moment: Florentine Political Thought and the Atlantic Republican Tradition》이 출간되었다. 포콕은 근대 정치사상을 '가치중립적'인 정치 분석의 언어와 동일시했다는 점에서는 포브스와 같은 전제를 공유했다. 그 원류를 자연법과 스코틀랜드 계몽사상에서 찾은 포브스와 달리, 포콕은 마키아벨리 등 르네상스 피렌체의 사상가들로부터 내려온 공화주의 정치언어 및 그 파생물에 주목했다. 그는 특히 17세기 잉글랜드 내전기의 정치사상가 제임스 해링턴 및 이를 계승한 신해링턴주의자들의 저작에서 국가 혹은 정치체의 성장과 쇠퇴, 혹은 그 구조의 변화를 설명하는 역사적 정치이론을 찾을 수 있다고 주장했다. 《마키아벨리언 모먼트》의 또 다른 중요한 기여는 근대 초 정치사상과 정치경제적 전제가 밀접히 연관되어 있음을 지적하고, 특히 '상업사회' 개념을 케임브리지학파의 지평에 도입했다는 것이다. 포콕은 공화주의 정치언어가 18세기 잉글랜드에 도래한 상업사회를 비판적으로 분석하는 지적 전통이 되었다고 보았으며, 이 맥락에서 상업사회와 공화주의의 관계를 설명하기 위한 일련의 작업을 내놓았다. 스키너의 공화주의가 주로 법과 권리 담론을 대상으로 지배와 자유, 저항의 정당성 등 규범적 측면에 집중하는 작업을 생산한 데 비해, 포콕의 연구는 공화주의 전통에서 비롯된 여러 언어적 전통의 변이를 탐구하는 다양한 후속 연구의 출발점이 되었다.

포브스와 포콕의 저작은 곧바로 18세기 정치사상사를 새롭게 이해하기 위한 토대로 자리 잡았다. 흄과 스미스 연구를 일신하는 두 편의 저작인 도널드 윈치의 《애덤 스미스의 정치사상: 역사학적 수정을 위한 시론Adam Smith's Politics: An Essay in Historiographic Revision》(1978)과 크누드 하콘센Knud Haakonssen의 《입법자의 과학: 데이비드 흄과 애덤 스미스의 자연법학The Science of a Legislator: The Natural Jurisprudence of David Hume and Adam Smith》(1981)이 대표적이다. 비록 포브스가 따로 서신을 보내 포콕의 공화주의 개념에 대한 거부감을 표명하긴 했지만, 윈치는 양자의 논의를 모두 활용해 스미스에 대한 기존의 해석을 뒤집고자 했다. 하콘센은 자연법 사상을 중심으로 스코틀랜드 계몽사상의 철학사적 연구를 갱신하는 방향으로 나아갔다. 케임브리지 역사학과 박사과정을 졸업하기도 전에 일찌감치 에든버러대학 역사학과에 자리 잡은 니컬러스 필립슨Nicholas Phillipson(1937~2018) 역시 이 시기에 포브스와 포콕의 작업을 토대로 스코틀랜드 계몽사상의 윤곽을 전체적으로 정립하는 학문적 여정을 시작했다.* 포브스와 포콕의 직접적인 영향권 바깥에 있던 연구, 예컨대 스키너의 《근대 정치사상의 토대The Foundations of Modern Political Thought》(2 vols., 1978), 리처드 턱의 《자연권 이론Natural Rights Theories》(1979), 제임스 털리James Tully의 《소유권 담론: 존 로크와 그의 적들A Discourse on Property: John Locke and His Adversaries》(1980) 등 중세 후기부터 17세기까지의 계보를 재구성하려 했던 작업까지 시야에 넣는다면, 1970년대 후반은 진정 케임브리지학파의 지적 에너지가 폭

---

*   필립슨의 스코틀랜드 계몽 연구에 대한 간략한 개괄로는 다음을 참조하라. 이우창, 〈문인의 글쓰기와 지성사적 전기: 제임스 해리스, 《데이비드 흄: 지성사적 전기》 (2015)〉, 《교차 3호: 전기, 삶에서 글로》, 읻다, 2022, 143~169쪽, 특히 154~158쪽.

발적으로 분출되던 시점이었다.

    1978년 킹스칼리지 연구 프로젝트의 의미는 앞서 서술한 학술사적 맥락 위에 놓을 때 한층 더 분명해진다. 1970년대 이전까지 케임브리지학파의 역사가들이 주로 17세기 잉글랜드에 집중했던 것과 달리, "정치경제와 사회, 1750~1850"은 케임브리지학파 안팎의 동력을 집약해 스코틀랜드 계몽사상으로부터 19세기 지성사 연구로까지 뻗어나가는 새로운 경로를 개척하고자 했다. 핵심은 물론 정치경제학이었다. 프로젝트의 첫 결실이자 지금도 18세기 정치경제사상과 스코틀랜드 계몽사상 연구의 필수적인 출발점으로 남아 있는 《부와 덕》은 주로 애덤 스미스를 중심으로 한 스코틀랜드 계몽사상의 재해석에 초점을 맞췄다. 두 번째 논문집 《애덤 스미스 이후: 19세기 초 정치경제학의 교차로After Adam Smith: Crossroads in Early Nineteenth-Century Political Economy》는 듀걸드 스튜어트와 그의 후계자들에 가장 많은 논의를 할애했으며, 토머스 맬서스Thomas Malthus, 영국의 초기 사회주의 전통, 유럽 대륙의 정치경제학 등을 아우르는 구성을 취했다(각 장의 원고가 모두 취합되었는데도 책임편집을 맡은 혼트는 책을 출간하지 않았다).**

    세 번째 논문집으로는 사회적·제도적 맥락에 초점을 맞춘 《무역, 정치, 문예: 정치경제학의 기예와 영국의 대학 문화, 1755~1905 Trade, Politics and Letters: The Art of Political Economy and British University

---

**   혼트는 스튜어트에 관한 논문 두 편, 맬서스에 대한 논문 한 편을 수록할 예정이었으며, 이중 전자의 흔적은 이후 《무역의 질투》 서론 곳곳에서 나타난다. 《애덤 스미스 이후》의 목차 및 원고 일부를 열람하게 해준 안데르센 선생님께 감사드린다.

Culture 1755-1905》가 예정되어 있었으나 기획으로만 남았다. 혼트가 준비하던 저작 세 권 역시 출간으로 이어지지 않았으며, 프로젝트 연구원이자 스테드먼 존스의 지도학생이었던 비앙카마리아 폰타나 Biancamaria Fontana의 박사논문만이 《상업사회의 정치를 다시 생각하기: 《에든버러 비평》, 1802~1832 Rethinking the Politics of Commercial Society: The Edinburgh Review 1802-1832》(1985)로 출간되었다. 이후 수십 년간 케임브리지학파의 역사가들이 좀처럼 19세기로 진입하지 못했음을 고려하면 킹스칼리지 프로젝트의 결과물이 부분적으로만 출간된 것은 아쉬운 일이다.

혼트의 학문적 이력에 집중할 때 "정치경제와 사회, 1750~1850"이 그에게 중요한 도약의 시기였음은 분명하다. 킹스칼리지 연구원으로 합류한 혼트는 앞서 언급한 여러 새로운 지적 흐름을 한껏 흡수했을 뿐만 아니라, 이를 자신의 문제의식과 접목해 18세기 정치경제사상의 역사를 재해석하는 굵직한 프레임들을 내놓았다. 그가 영국에서 처음으로 출간한 논문, 즉 《부와 덕》에 수록된 〈《국부론》에서 필요와 정의〉 및 〈스코틀랜드 고전 정치경제학에서 '부국-빈국' 논쟁〉은 이러한 경향을 잘 보여준다.

명목상으로는 이그나티예프와의 공동저작이지만 사실상 혼트 본인의 논문으로 통용되는 〈필요와 정의〉는 18세기 스코틀랜드 정치경제학의 정체성을 이해하기 위해서는 스미스가 《국부론》에서 씨름하는 쟁점들, 특히 "근대 '상업사회'"에 대한 규정과 평가를 살펴봐야 한다는 주장으로 시작한다.* 혼트는 스미스의 입

---

* 마르크스 이전까지 정치경제학적 분석이 변모해온 역사를 다시 쓰고자 했던

장을 크게 두 가지 전통과 대비시킨다. 먼저 근대 상업사회의 불평등을 비판적으로 바라보는 공화주의 전통이 있고, 그 반대편에는 토마스 아퀴나스에서 그로티우스, 푸펜도르프, 로크로 이어지는 자연법 전통, 특히 소유권과 생존권의 갈등을 논의해온 전통이 있다. 스미스는 상업사회가 불평등과 사치를 야기함을 인정하면서도, 그것이 시장에서의 분업을 통해 생산성의 절대적인 증대를 이룩하여 결과적으로는 전체 사회구성원의 효용이 상승하는 자연법적 '정의'가 충족된다고 주장했다. 곡물 거래의 자유화를 둘러싼 논쟁에서 스미스가 제시한 논변 역시 이런 맥락에서 이해될 수 있었다. 다시 말해 혼트는 공화주의 및 자연법 등 케임브리지학파의 역사가들이 복원해놓은 18세기의 언어적 맥락과 정치경제적 논쟁을 연결해 당대인들이 직면한 문제를 복원하고, 스코틀랜드 계몽사상가들이 이를 돌파하는 과정에서 수행한 이론적 작업을 재구성한다.

정치경제사상사 연구의 결작 〈'부국-빈국' 논쟁〉은 18세기 정치경제 담론에서 공화주의적 언어가 상업의 비판자만이 아닌 옹호자들에게도 빈번하게 활용되었음을 지적하며, 18세기 영국의 산업·교역 전략 논쟁을 그 사례로 소환한다. 핵심은 국제무역의 국가 경쟁력을 어떻게 유지할 수 있는가의 문제였다. 제조업의 발달로 국가가 부유해지고 임금이 상승하면 국제시장에서의 가격경쟁력이 하락해 결과적으로 국부가 쇠퇴할 것이라는 당대의 우

혼트는 19세기 및 20세기의 관점이 강하게 담긴 '자본주의' 대신 그러한 관념이 득세하기 이전인 18세기에 근거한 '상업사회' 개념을 선호했다.

려에 맞서, 흄과 스미스를 포함한 스코틀랜드 계몽사상가들은 국가 경쟁력을 이해하는 대안적인 경제이론을 구축해갔다. 이 과정을 추적하면서 혼트는 공화주의 언어의 흔적을 털어낸 과학으로서의 정치경제학이 마침내 19세기에 등장했다고 주장한다.

1990년대까지 혼트의 작업은 기본적으로 이 두 논문에서 다뤄진 주제들을 발전시키는 데 초점을 맞췄다. 여기서는 《무역의 질투》에 재수록된 논문을 중심으로 그의 지적 궤적을 살펴보고자 한다.* 〈필요와 정의〉의 문제의식, 즉 스코틀랜드 계몽과 자연법적 전통의 관계에 대한 성찰은 다음 두 편의 논문에서 상세하게 다뤄졌다. 〈사회성의 언어와 상업: 푸펜도르프와 스미스 4단계 이론의 토대〉(1986)는 스코틀랜드 계몽사상가들이 제시한 문명 단계론의 기원을 자연법 전통에서 찾는다. 여기서 혼트는 자연적 사회성natural sociability 개념이 상업사회 담론과 결합하는 양상을 탁월한 논변으로 보여주었다.** 〈'부자연스럽고 역행적인' 순서의 정치경제학: 애덤 스미스와 자연적 자유〉(1989)는 스미스가 고대부터 근대까지 유럽의 역사가 전개된 방향을 어떻게 파악했는지, 그것이 18세기 유럽의 정치, 사회, 경제를 설명하는 스미스 본인의 작업에

---

*   혼트는 마르크스 사상의 자연법적 기원에 대한 논문을 포함해 30여 편이 넘는 미출간 원고를 남겨놓았으며, 이를 살펴보면 출간 원고에 담긴 구상들 상당수가 오랜 수정과 숙고의 결과물임을 알 수 있다. 따라서 출간 시점에 따라 그의 지적 궤적을 재구성하려는 시도에는 근본적인 한계가 있음을 짚어둔다.

**   이는 다음과 같은 후속 연구를 통해 부분적으로 수정되었다. Fiammetta Palladini, "Pufendorf Disciple of Hobbes: The Nature of Man and the State of Nature: The Doctrine of *socialitas*," *History of European Ideas*, 34:1 (2008), pp. 26-60.

어떤 시사점을 주었는지를 풀어낸다.

혼트가 〈'부국-빈국' 논쟁〉에서 시도했던 포콕과의 대화를 어떤 방향으로 끌고 나갔는지와 관련해서는 좀 더 설명이 필요하다.*** 그는 1986년부터 1989년까지 미국에서 컬럼비아대학 정치학과 및 프린스턴대학 고등연구원을 거치면서 정치이론적 문제의식을 자신의 논의로 흡수했다. 이를 계기로 그는 특히 근대 상업사회의 등장을 일국─國의 범위에서 보는 시각을 떠나 여러 국가들 사이의 경쟁이라는 관점에서 사고하는 등 정치사상과 정치경제의 연관성을 한층 더 깊이 있게 파고들게 되었다. 대표적으로 〈자유무역과 국가 정치의 경제적 한계: 신마키아벨리적 정치경제 재고〉(1990)에서 혼트는 17세기 이래의 유럽을 국가 간의 냉혹한 경쟁이 펼쳐지는 세계로 그리면서, 사상가들이 어떻게 마키아벨리적 언어를 바탕으로 각국의 교역·발전 전략을 고민했는지 재구성한다.**** 포콕이 조명했던 18세기 국채 논쟁을 다시 살펴보는 〈국채의 광시곡: 데이비드 흄과 자발적 국가 파산〉(1993)은 흄의 논의에서 당대의 끊임없는 전쟁과 전시 경제에 대한 인식을 부각한다. 프랑스혁명기 정치사상을 다루는 〈분열된 인류의 영원한 위기: 역사적 관점에서 바라본 '오늘날 국민국가의 위기'〉(1994)는 근대 민족

***   1980년대 포콕과 혼트의 지적인 대화에 관해서는 다음 논문을 참조하라. Lasse S. Andersen and Richard Whatmore. "Liberalism and Republicanism, or Wealth and Virtue Revisited." *Intellectual History Review*, 33:1 (2023), pp. 131-60.

****   해당 저술이 수록된 논문집 《정치의 경제적 한계》는 던, 포콕, 혼트와 같은 케임브리지학파 외에도 경제학자 프랑크 한Frank Hahn과 국제정치학자 로버트 커헤인Robert O. Keohane이 참여했다.

(왼쪽부터) 혼트의 첫 학문적 결과물인 《부와 덕》(1983), 그의 원숙한 사유가
드러나는 대표 저작 《무역의 질투》(2005). 특히 《무역의 질투》 서론과
《상업사회의 정치사상》은 유사한 입장을 공유하고 있다.

주의적 갈등의 근원을 설명하고자 한 정치이론 작업인데, 이 논문에서 그는 실제 역사와는 다소 괴리된 방식으로 프랑스혁명의 국제정치경제학을 이른바 자코뱅파의 애국주의적 사해동포주의와 시에예스의 민족주의적 상업사회론으로 양분한다.*

혼트의 원숙한 사유가 드러나는 것은 2005년 이후의 출판 저작이다. 156쪽에 달하는 《무역의 질투》 서론(2005), 〈초기 계몽사상의 상업과 사치 논쟁〉(2006), 〈'부국-빈국' 논쟁 재론: 흄 역설

---

*   《무역의 질투》에 수록된 판본에서는 삭제되었으나, 〈'분열된 인류의 영원한 위기'〉 최초 출판본은 서두에 코젤렉에 대한 논의를 담았다. 다음을 참조하라. Lasse S. Andersen, "Hont and Koselleck on the Crisis of Authority," *Journal of the Philosophy of History*, 17 (2023), pp. 357-79. 케임브리지학파 역사가들이 냉전 종식 전후 국민국가와 주권을 놓고 전개한 사유는 아직 제대로 탐구되지 않은 주제다.

의 아일랜드적 기원과 프랑스 수용〉(2007), 그리고 2009년의 강연을 엮은 이 책《상업사회의 정치사상》(2015)이 여기에 속한다. 그의 후기 작업에서는 크게 두 가지 특징이 나타난다. 하나는 18세기 프랑스의 지적인 맥락을 보강해 정치경제 논쟁의 국제적인, 혹은 유럽적인 성격을 드러내려는 경향이다. 이전의 작업에서 혼트의 시야는 주로 스코틀랜드, 잉글랜드, 아일랜드 등 영국의 논쟁에 머물렀으며, 프랑스 사상에 대한 분석은 (스미스가 바라본) 중농주의를 언급하는 수준에서 특별히 더 나아가지 않았다. 2000년대 이후의 저작은 17세기 말 프랑스의 페늘롱에서 시작되는 프랑스의 정치경제 개혁 논쟁의 구도를 부분적으로나마 재구성하고, 그것과 영국의 논쟁을 연결하려는 시도를 보여준다(혼트의 구도가 스미스 및 영국인들의 견해를 암묵적으로 답습한다는 비판은 가능하다).

또 다른 하나는 도덕철학, 사회이론, 정치체론, 정치경제, 국제정치론 등 18세기 지성사의 제반 영역을 종합하는 시선이다. 혼트는 이전에도 해당 영역 모두에 관심을 가졌으나, 기존의 작업에서 한두 개의 영역을 분절적으로 다뤘던 것과 달리 후기 저작에서는 각 영역이 서로 어떻게 연결되어 있는가를 섬세하게 보여준다. 그중 정수라 할 수 있는 것은《무역의 질투》서론과《상업사회의 정치사상》이다. 여기서 혼트는 개인의 심리에서부터 국제정치까지 사상사의 여러 층위 사이에 존재하는 연결고리를 밝히고 모아내며, 1990년대 통합적 사회이론을 구축하려는 시도가 붕괴한 이후에도 광대한 시야와 세밀한 관찰을 높은 수준에서 동시에 추구하는 것이 가능함을 몸소 입증한다.

《무역의 질투》서론은 흄이 사용한 "무역의 질투" 개념을 중심으로 18세기 국제정치경제학의 중핵을 재구성하고, 이때까지 자신이 수행한 작업의 의미와 맥락을 더욱 명료하고 풍부하게 재서술한다는 점에서 그 자체로 독립적인 한 권의 저작이라고 할 수 있다. 여기서 혼트의 주요한 입장은 다음과 같이 요약할 수 있다. 첫째, 근대 정치사상의 요체는 정치와 경제의 상호의존, 혹은 지구적 시장에서 상업국가들이 치열하게 경쟁하는—때로 전쟁과 같은 극단적인 사태를 초래하는—현실에 대한 인식에 있으며, 유럽 지성사에서 그것이 가시화된 시기는 18세기 전후였다. 둘째, 그러한 근대 정치사상의 정수는 흄과 스미스를 정점으로 하는 18세기의 사상가들에게서 찾을 수 있다. 마키아벨리와 홉스의 언어가 후대인들의 출발점이 되었다고는 하지만, 이 둘은 상업사회, 즉 상업이 모든 정치·사회·경제 시스템의 핵심이 되는 새로운 사회의 등장을 고려하지 않았고, 바로 그 점에서 "전근대적" 사상가였다(이러한 평가는 명백히 스키너를 겨냥한 것이다). 반대로 정치학과 경제학이 분리된 19세기 이후 사상가들의 시야는 직전 세기보다 좁아졌으며, 이로 인해 현대의 정치이론적 분석은 18세기에 이미 제기된 분석에서 유의미한 진전을 이루어뤄내지 못하고 있다. 셋째, 18세기 사상이 오늘날의 문제에 곧바로 해법을 제공하는 것은 아니다. 흄과 스미스를 비롯한 문필가들은 자연법·공화주의를 비롯해 자신들이 동원할 수 있는 지적 자원을 총동원해 정치와 경제의 착종을 정교하게 파고들었다(따라서 혼트는 정치경제학이 자연법 혹은 공화주의 중 어느 계보에서 비롯되는가를 논하는 것이 무의미하다고 덧붙인다). 하지만 그들 또한 경쟁하는 국가들 사이의 적대와 그로부터 이익을 취하는 세력들을 견제할 만병통치약은 찾아내지 못했다.

서론의 마지막에서 혼트는 역사학적 탐구가 곧 현대 정치·경제 이론의 질문에 해결책을 내놓지는 못하지만, 기존의 답변이 실패하는 순간에 그 진정한 힘을 발휘한다고 쓴다. "역사는 회의주의자들의 도구다. 그것은 우리가 더 나은 질문을 던지도록 돕는다. 좀 더 구체적으로 말해, 역사는 우리가 몇 가지 똑같은 질문을 계속해서 무익하게 되풀이하지 않도록 도와줄 수 있다"(《무역의 질투》 156쪽).

《상업사회의 정치사상》을 어떻게 읽을 것인가

《무역의 질투》 서론과 《상업사회의 정치사상》은 유사한 입장을 공유하는, 함께 읽을 때 서로의 함의를 더욱 선명하게 드러내는 한 쌍이라 할 수 있다. 하지만 두 책 사이에는 몇 가지 차이가 있다. 그중 가장 중요한 것은 《상업사회의 정치사상》이 근본적으로 루소와 스미스에 집중하는 저작이라는 사실이다. 특히 루소 사상에 대한 독해는 혼트를 스코틀랜드 계몽의 전문가로만 기억하는 통념을 뒤흔들 만큼 정교하고 치밀하다. 혼트는 영국의 루소 철학 연구자 니컬러스 덴트Nicholas Dent의 연구를 접한 1990년대 후반부터 루소에 대해 진지한 관심을 품기 시작했으나, 그 성과를 풀어놓은 지면은 이 책이 처음이다. 루소를 전면에 내세운 첫 저작에서 높은 수준의 분석을 선보일 수 있었던 것은 저자 자신의 병적인 완벽주의 못지않게 루소와 스미스라는 두 인물에 초점을 맞추는 구성에서 힘입은 바가 크다. 기존 작업에서 혼트는 지성사가들이 그러하듯 논쟁의 역사적 맥락을 복원하는 과제에 더 큰 무게를 실었으며,

흄과 스미스 등의 사상을 다룰 때도 마찬가지로 그러한 논쟁과 닿아 있는 대목에 집중하곤 했다. 그와 달리 《상업사회의 정치사상》은 루소와 스미스의 사상을 여러 각도에서 대비하면서 그 전체적인 상을 되살리는 과제에 뛰어든다. 그 과정에서 혼트는 지금껏 지성사가들이 발굴한 다양한 논쟁을 능수능란하게 활용하는데, 이러한 지적 맥락을 따라가는 것 역시 이 책을 읽는 큰 즐거움이다. 그러나 이는 어디까지나 루소와 스미스를 더 깊이 있게 이해하기 위한 수단에 가깝다.

인물의 사유 자체에 대한 천착에 힘입어 혼트는 주권이나 정부형태 등 이른바 '정통적인' 정치사상만이 아닌, 두 인물의 도덕철학과 역사 서술의 중요성을 부각할 수 있었다. 독자들은 루소와 스미스의 도덕철학과 역사적 서술이 깊은 숙고의 결과물이자 고도로 섬세한 정치적 진술임을 깨닫게 된다. 〈사회성의 언어와 상업〉 및 〈'부자연스럽고 역행적인' 순서의 정치경제학〉에서 드러나듯, 혼트는 역사 서술과 정치경제적 입장 사이의 긴밀한 연관을 일찍부터 알아차렸다. 이후 포콕의 대작 《야만과 종교Barbarism and Religion》(6 vols., 1999~2015)를 접하면서 계몽사상의 역사 서술이 그 자체로 매우 정교한 정치이론적 실천임을 다시 의식했으며, 이는 〈애덤 스미스의 정치이론: 법과 정부의 역사〉(2009) 등의 논문을 거쳐 이 책에서 개진한 한층 풍부한 분석으로 이어진다.* 독자들이

---

* 유사한 맥락에서 루소의 역사 서술을 재구성한 연구로는 다음 논문을 참조하라. 안두환, 〈장-자크 루소의 자기 편애의 추론적 역사학: 혁명과 전쟁〉, 《정치사상연구》 27(2), 2021, 9~43쪽.

《상업사회의 정치사상》을 읽으며 눈여겨봐야 할 지점 중 하나다.

  1장은 루소를 상업사회의 비판자로, 스미스를 옹호자로 간주하는 통념과 달리 두 인물이 모두 상업사회의 이론가였다는 도발적인 주장으로 문을 연다. 이는 루소가 상업사회의 옹호자였다는 뜻이 아니라, 그가 상업과 사치를 단순히 비난의 대상으로만 삼지 않고 근대적 삶의 조건으로서 숙고했으며 그것에 대응하기 위해 여러 층위의 이론을 전개했다는 주장이다. 혼트는 상업사회 개념이 무엇을 의미하는지 검토한 뒤, 홉스로 거슬러 올라가 이야기를 시작한다. 그중에서도 핵심은 홉스의 도덕철학, 좀 더 구체적으로는 인간의 자연적 사회성 여부를 둘러싼 논쟁이다. 사회성 논쟁이 중요한 까닭은 그 여부에 따라 인간이 사회와 정부를 어떻게 형성하는지, 또 그렇게 형성된 사회와 정부가 어떤 관계를 맺어야 하는지에 대한 결론이 크게 달라질 수 있기 때문이다. 홉스는 인간에게는 자연적인 사회성이 없기 때문에 오로지 강력한 국가(주권자)를 통해서만 평화로운 사회가 가능하다고 주장한 대표적인 사상가였다. 그러나 자연적 사회성에 기초한 자연적인 공동체와 국가에 의해 부여된 사회라는 두 가지 선택지만 존재하는 것은 아니었다. 근대 초의 사상가들은 자연적 사회성이나 국가권력의 강요가 없는 경우에도 사회가 존재할 수 있는 경로를 떠올렸다. 바로 인간들이 자신의 이익을 지키기 위해 결합하는 상황, 즉 "효용에 기초한 사회성"을 바탕으로 사회가 성립하는 경우다. 이 세 번째 범주에 해당하는 것이 물질적인 효용, 그리고 (심리적인 효용에 해당하는) 인정 욕망이라는 두 가지 동력에 기대 스스로를 유지하는 상업사회다. 혼트는 사회성을 둘러싼 18세기의 도덕철학적 논쟁 구도를 간략히 스케치한 뒤 루소와 스미스가 동일한 사회이론적 토대를, 즉 물질적 효용과 심리적인 효용이라는 이차적 사회성에서 사회의 근원을 찾는 도덕철학을 공유하고 있음을 지적한다. 물론 이것이 둘의 입장이 전적으로 같았다는 뜻은 아니다. 두 사상가는 "도덕의 토대와 사회성의 양식에 관한 동일한 관념에 상이한 정치적 전망을 결합했다고 할 수 있다"(83쪽).

  2장에서는 계속해서 두 인물의 도덕철학적 유사성을 부각하면서 특히 스미스의 《도덕감정론》을 중점적으로 독해한다. 혼트는 우선 스미스가 파악하고 있던 18세기 공감 이론의 궤적을 보여준 뒤 그가 《도덕감정론》에서 수행하고자 하던 작업이 무엇이었는지 보여주고자 한다. 여기서 핵심은 이 책을 "흄의 틀을 빌려와 …… 공감의 자연사 혹은 이론적 역사를 기술한 책으로 이해하는 것이다"(109쪽). 이 대목은 흄, 스미스, 루소와 같은 저자들이 특정한 심리적 기제를 단순히 이론적으로 탐구하는 작업을 넘어 이를 통해 인간 정신, 나아가 사회가 발달하는 역사적 과정의 모델을 구축하고 있었음을 지적한다는 점에서 중요하다. "《도덕감정론》은 스미스의 추론적 역사, 다시 말해 사회성을 획득한 자아의 출현 밑바탕에 어떤 기제들이 깔려 있는지를 그려내면서 상업사회의 기원을 기술하는 추론적 역사였다."(109쪽) 이어 혼트는 스미스의 저작과 루소의 《인간불평등기원론》 사이의 유사성을 지적하고자 한다. 이때 몽테스키외가 중요한 준거점으로 소환되는데, 그는 인간 본성에 대한 분석을 바탕으로 법, 사회, 정치 등에 대한 포괄적인 분석을 수행한 바 있었다. 루소와 스미스는 "몽테스키외에 이어 법·사회·정치를 포괄하려는 이론적 사유의 관점에서 그로티우스와 홉스의 정치사상을 재구성하고자" 하는 공통의 목표를 지니고 있었다(본문 130쪽).

　　3장은 본격적으로 두 인물의 자연사 혹은 '이론적 역사' 서술로 들어간다. 여기서 앞서 논의했던 도덕철학적 논의가 사회의 형성을, 나아가 정부와 법체제의 기원을 규명하는 훨씬 더 정치사상적인 과업의 출발점이었다는 사실이 분명해진다. 혼트는 특히 정의justice 및 정부의 기원에 대한 자연사적 설명에서 스미스가 루소에게 동의하지 않았다고 지적한다. 양자의 표면적인 차이는 역사적으로 법과 법관 중 어느 쪽이 먼저 출현했는가에 대한 해석에 있었다. 혼트는 일견 사소해 보이는 이러한 주제에 실제로 어떤 함의가 담겨 있는지 깊게 파고 들어간다. 《인간불평등기원론》 및 《언어기원론》에서 재구성할 수 있는 루소의 이론적 역사관에 따르면, 최초의 사회계약을 통해 법이 만들어지고, 이후 인민이 권력자들에게 기만당하면서 정부와 사유재산이 생겨났으며, 그에 따라 사회는 계속해서 심각한 불평등의 위협에 노출되기에 이르렀다. 흄과 함께 사회계약론의 타당성에 비판적이었던 스미스는 반대로 사람들의 수요에 의해 법관들이 서서히 출현했고, 이후 그들의 권력 남용을 막기 위해 법이 등장했다고 보았다(《법학강의》). 그 역시 사유재산과 불평등의 해악을 인식했으나, 루소와 달리 적절한 정치제도의 설계를 통해 상업사회가 계속해서 작동할 수 있다는 결론에 도달했다. 3장 후반부에서 혼트는 두 사상가의 이론적 역사가 추상적인 모델 제시에 그치는 대신, 스미스의 4단계론과 같이 물질문명의 발달 단계를 서술하는 역사적 모델과도 연결되어 있었음을 지적한다. 즉 루소와 스미스는 이론적 역사의 모델을 바탕으로 자신이 살고 있는 근대 유럽의 발전과 그 귀결까지 역사적 분석의 대상으로 삼았다.

역사 서술의 비교를 통해 양자의 차이를 드러내는 과제는 4장에서 이어진다. 앞부분에서 혼트는 루소가 제시한 정부의 (불안정성의) 이론적 역사가 지닌 함의를 다시 풀어낸다. 루소는 사적 소유의 도입이 우선하고 국가의 등장이 이어진다는 도식을 통해 "불평등의 토대 위에 세워진 국가는 …… 반드시 전제정으로 변〔한〕"다는 점을 입증하고자 했다(177쪽). 이는 불평등에 기반한 근대적 군주정을 옹호했던 몽테스키외를 겨냥한 논리였다. 문제는 막상 불평등과 사치로 인한 부패를 극복할 수 있는 해법을 찾기가 쉽지 않다는 것이었다. 《사회계약론》의 일반의지가 그 방법의 모색일 수는 있으나 실제로 만족스러운 답변이 되었는지는 불분명했다. 4장의 진정한 핵심은 스미스 역사 서술의 큰 틀을 살펴보는 데 있다. 스미스의 역사 서술은 인류 초기 단계의 역사, 그리스와 로마를 중심으로 한 고대 유럽사, 근대 유럽사라는 세 가지 범주로 나뉜다. 혼트는 먼저 《국부론》 제5권에서 찾아낼 수 있는 첫 번째 역사를 재구성한다. 스미스는 사회 형성 및 권력자 등장의 진정한 기원이 전쟁에서 비롯되었다고 보았다. 권력자들은 점차 부를 축적했으며, 사회가 목축 단계에 들어서면서 거대한 불평등 및 국가가 나타났다. 여기서 중요한 것은 스미스가 이후 문명이 계속해서 발전하면서 불평등이 점차 감소한다는, 루소의 주장과는 반대되는 진단을 내렸다는 사실이다. 두 번째, 즉 고대 유럽의 역사에서 관건은 고대 로마의 몰락을 어떻게 설명하느냐에 있었다. 혼트는 스미스가 여기에서 마키아벨리와 해링턴 등 공화주의적 역사 서술의 전통을 따른다고 설명한다. 고대 그리스와 로마는 상업 단계에 이르렀으나 그에 맞는 군사적 제도를 창설하지 못했고, 이는 군사력이 약화한 두 국가가 몰락하는 결과로 이어졌다. 고대 상업국가들의 몰락에 큰 영향을 끼친 또 다른 요인은 사치의 범람으로, 스미스는 중세 봉건국가 및 르네상스 이탈리아 도시국가의 쇠퇴에도 마찬가지 요인이 작용했다고 믿었다. 여기서 혼트는 루소와 스미스 양자의 결정적인 차이 중 하나가 사치의 역사적 역할에 대한 이론적 설명에서 비롯되었다고 지적한다.

"정치경제"를 표제로 삼는 5장 및 6장은 혼트가 이전 작업에서 보여준 문제의식이 곳곳에서 분명히 드러난다. 루소에 좀 더 많은 비중을 할애하는 5장의 쟁점은 크게 세 가지로 요약할 수 있다. 혼트는 먼저 루소가 고대 공화국이 몰락하는 데 사치가 수행한 역할을 어떻게 평가했는가를 살펴본다. 사치가 몰락의 원인이 아니라고 주장한 버나드 맨더빌 및 장-프랑수아 믈롱과 달리, 루소는 고대인들이 사치의 해악을 알면서도 그에 적절히 대응하지 못한 것이 문제였다고 믿었다. 두 번째 주제는 전쟁 상태, 즉 국가들 사이의 무정부 상태였다. 루소는 국가를 하나의 법인격으로 바라보고, 그러한 법인격 역시 자연인과 같이 서로 다른 국가들 사이의 비교와 인정을 추구한다고 생각했다. 민족주의란 이러한 "국가인격에 적용된 자존심"(227쪽)으로서, 이는 결국 타국을 향한 공격적인 행동으로 표출될 수밖에 없다는 게 루소의 진단이었다. 세 번째 논쟁거리는 바로 국가의 (불)균형성장에 대한 인식에 있었다. 루소는 야금술의 등장과 함께 도시와 공업이 농촌·농업에 비해 과도하게 성장했으며, 이러한 불균형성장이 결과적으로 농업을 쇠퇴시켜 인구 위기를 초래할 수 있다고 분석했다. 스미스는 유럽이 불균형하게 성장해왔다는 진단 자체에는 동의하면서도, 역설적으로 그러한 불균형이 유럽의 발전과 근대적 자유를 가능케 했다고 주장했다. 이어서 혼트는 페늘롱에서 루소, 중농주의로 이어지는 '균형 발전'의 신봉자들과 스미스의 입장을 대비시킨다. 《국부론》 제3권에서 스미스는 근대 유럽의 발달사를 서술하면서 페늘롱·중농주의자와 같은 발본적인 개혁 대신 상황에 따른 조정을 통해 점진적으로 균형을 회복하는 게 더 나은 선택지라는 생각을 제시했다.

마지막 6장에서는 루소와 스미스가 상업사회의 국제정치사상을 각각 어떻게 전개했는가를 들여다본다. 《국부론》 제3권은 중세 이후의 근대 유럽사를, 제4권은 17~18세기의 문제에 대한 스미스의 비판적 성찰을 담고 있었다. 그는 특히 봉건제 붕괴 이후 "국가 간 경제적·군사적 경쟁"(258쪽)이 유럽을 휩쓸었고 그 결과 상인들이 자신의 이익을 위해 민족 간의 적개심을 조장해 정부로 하여금 다수 국민의 이익에 반하는 공격적인 대외정책을 연달아 펼치도록 만들었다고 분석했다. 그러한 체제의 이름은 바로 "중상주의 체제"였다. 국가의 경제 개입 전반을 부정한 그의 신조는 이 중상주의 체제에 대한 분노와 절망에서 비롯된 것이었다. 이어 혼트는 《신엘로이즈》 및 《폴란드 정부론》을 토대로 루소가 구상한 대안적인 체제가 무엇이었는지 재구성한다. 루소는 시민들 사이에 해롭고 과열되기 쉬우며 배타적인 "경쟁"과 구별되는 "대결 *émulation*"을 도입하여 건강한 (더불어 폐쇄적인) 정치적·경제적 체제를 고안했다(269쪽). 혼트는 각자의 성과와 혁신을 채찍질하는 '대결'의 모티프가 스미스의 대외무역 이론에도 나타난다고 지적한다. 스미스는 결국 강력한 수출산업의 존재가 영국의 역할 수행에 필수적이라고 생각했으며, 그러한 산업의 발전을 위해서라도 일정 수준의 경쟁이 반드시 수반되어야 한다고 보았다. "스미스는 국민적 편견과 시기심의 해로운 결과를 없애는 동시에 국가의 자존심과 경제성장 모두를 극대화할 대안을 모색했다. 그의 대안은 '국가적 대결', 즉 국가들이 명예를 얻기 위해 경제적 탁월성을 추구하는 경쟁이었다"(288쪽). 물론 이러한 대안이 애국심 및 거기에서 비롯된 국가들 사이의 적대와 공격성을 충분히 통제하리라고 기대할 수는 없었다. 강연 마지막에서 혼트는 "루소와 스미스 양자 모두 이 문제를 해결하지 못했다"(본문 291쪽)는 엄밀한 평가를 내리면서도, 지금이야말로 두 사상가에 대한 깊이 있는 탐구가 절실하다고 힘주어 말한다.

《상업사회의 정치사상》은 이 정도의 요약으로 다 담아낼 수 없을 만큼 풍부한 쟁점과 깊이 있는 논평으로 가득한 책이다. 특히 국제적인 경쟁이 노골적으로 가시화하고 있는 지금, 혼트의 시선은 그 자신이 의도했던 것처럼 18세기 유럽만큼이나 오늘날 우리가 속한 세계의 난관 또한 정확히 관통하고 있다. 독자들이 책을 천천히 여러 번 음미하면서 명민한 지성사가의 사유와 통찰을 자신의 것으로 가져갈 수 있길 바란다.

이제 혼트가 기다리는 강연장으로 들어가자.

해제 부록: 이슈트반 혼트 저작 목록

I. 편저 및 단독저서

István Hont and Michael Ignatieff, eds. *Wealth and Virtue: The Shaping of Political Economy in the Scottish Enlightenment*. Cambridge: Cambridge University Press, 1983. 〔《부와 덕: 스코틀랜드 계몽에서 정치경제학의 형성》〕

István Hont, *Jealousy of Trade: International Competition and the Nation-State in Historical Perspective*. Cambridge, MA: Belknap Press of Harvard University Press, 2005. 〔《무역의 질투: 역사적 관점에서 바라본 국제 경쟁과 국민국가》〕

_____, *Politics in Commercial Society: Jean-Jacques Rousseau and Adam Smith*. Béla Kapossy and Michael Sonenscher, eds. Cambridge, MA: Harvard University Press, 2015. 〔《상업사회의 정치사상: 루소와 스미스로 읽는 18세기의 정치경제학》〕

_____, *Political Economy from Pufendorf to Marx: Culture, Needs and Property Rights*. Lasse S. Andersen, Béla Kapossy, and Richard Whatmore, eds. Cambridge: Cambridge University Press, 2025 〔《푸펜도르프에서 마르크스까지의 정치경제학: 문화, 필요, 소유권》, 2025년 10월 출간예정〕.

II. 논문

"Needs and Justice in the Wealth of Nations." In *Wealth and Virtue*, pp. 1-44. 〔〈《국부론》에서 필요와 정의〉; 《무역의 질투》 6장으로 재수록〕

"The "Rich Country–Poor Country" Debate in Scottish Classical Political Economy." In *Wealth and Virtue*, pp. 271-316. 〔〈스코틀랜드 고전 정치경제학에서 '부국-빈국' 논쟁〉;《무역의 질투》3장으로 재수록〕

"The Language of Sociability and Commerce: Samuel Pufendorf and the Foundations of Smith's Four Stages Theory." In *Languages of Political Theory in Early Modern Europe*. Anthony Pagden, ed. Cambridge: Cambridge University Press, 1986, pp. 253-76. 〔〈사회성의 언어와 상업: 푸펜도르프와 스미스 4단계 이론의 토대〉;《무역의 질투》1장으로 재수록〕

"The Political Economy of the 'Unnatural and Retrograde' Order: Adam Smith and Natural Liberty." In *Französische Revolution und Politische Ökonomie*. Schriften aus dem Karl-Marx-Haus, vol. 41. Trier: Friedrich-Ebert-Stiftung, 1989, pp. 122-49. 〔〈'부자연스럽고 역행적인' 순서의 정치경제학: 애덤 스미스와 자연적 자유〉;《무역의 질투》5장으로 재수록〕.

"Free Trade and the Economic Limits to National Politics: Neo-Machiavellian Political Economy Reconsidered." In *The Economic Limits to Politics*. John Dunn, ed. Cambridge: Cambridge University Press, 1990, pp. 41-120. 〔〈자유무역과 국가 정치의 경제적 한계: 신마키아벨리적 정치경제 재고〉;《무역의 질투》2장으로 재수록〕

"The Rhapsody of Public Debt: David Hume and Voluntary State Bankruptcy." In *Political Discourse in Early Modern Britain*. Nicholas Phillipson and Quentin Skinner, eds. Cambridge: Cambridge University Press, 1993, pp. 321-48. 〔〈국채의 광시곡: 데이비드 흄과 자발적 국가 파산〉;《무역의 질투》4장으로 재수록〕

"Commercial Society and Political Theory in the Eighteenth Century: The Problem of Authority in David Hume and Adam Smith." In *Main Trends in Cultural History*. Willem Melching and Wyger Velema, eds. Amsterdam: Rodopi, 1994, pp. 54-94. 〔〈상업사회와 18세기의 정치이론: 데이비드 흄과 애덤 스미스의 권위 문제〉〕

"The Permanent Crisis of a Divided Mankind: 'Contemporary Crisis of the Nation State' in Historical Perspective." *Political Studies*, 42:1s (1994), pp. 166-231. 〔〈분열된 인류의 영원한 위기: 역사적 관점에서 바라본 '오늘날 국민국가의 위기'〉;《무역의 질투》7장으로 재수록〕

(Hans Erich Bödeker와 공저) "Naturrecht, Politische Ökonomie und Geschichte der Menschheit: Der Diskurs über Politik und Gessellschaft in der Frühen Neuzeit." In *Naturrecht–Spätaufklärung–Revolution*. Otto Dann and Diethelm Klippel, eds. Hamburg: Meiner, 1995, pp. 80-89. 〔〈자연법, 정치경제학, 인류사: 초기 근대에서의 정치와 사회 담론〉〕

"Irishmen, Scots, Jews and the Interest of England's Commerce: The Politics of Minorities in a Modern Composite State." In *Il Roulo Economico delle Minoranze in Europa secc. XIII-XVIII*. Simonetta Cavaciocchi, ed. Firenze and Prato: Le Monnier, 2000, pp. 81-112. 〔〈아일랜드인, 스코틀랜드인, 유대인, 그리고 잉글랜드 상업의 이해관계: 근대 합성국가에서 소수자들의 정치〉〕

"The Early Enlightenment Debate on Commerce and Luxury." In *The Cambridge History of Eighteenth-Century Political Thought*. Mark Goldie and Robert Wokler, eds. Cambridge: Cambridge University Press, 2006, pp. 379-418. 〔〈초기 계몽사상의 상업과 사치 논쟁〉〕

"Correcting Europe's Political Economy: The Virtuous Eclecticism of Georg Ludwig Schmid." *History of European Ideas*, 33:4 (2007), pp. 390-410. 〔〈유럽 정치경제를 교정하기: 게오르크 루트비히 슈미트의 덕성스러운 절충주의〉〕

"The 'Rich Country–Poor Country' Debate Revisited: The Irish Origins and French Reception of the Hume Paradox." In *David Hume's Political Economy*. Carl Wennerlind and Margaret Schabas, eds. London: Routledge, 2007, pp. 243-321. 〔〈'부국-빈국' 논쟁 재론: 흄 역설의 아일랜드적 기원과 프랑스 수용〉〕

"Adam Smith's History of Law and Government as Political Theory." In *Political Judgement: Essays for John Dunn*. Richard Bourke and Raymond Geuss, eds. Cambridge: Cambridge University Press, 2009, pp. 131-71. 〔〈애덤 스미스의 정치이론: 법과 정부의 역사〉〕

III. 헌정논문집 및 문서고

세인트앤드루스대학 지성사연구소 지성사문서고 이슈트반 혼트 컬렉션
〔https://arts.st-andrews.ac.uk/intellectualhistory/items/

browse?collection=40).
Béla Kapossy, Isaac Nakhimovsky, and Richard Whatmore, eds. *Commerce and Peace in the Enlightenment.* Cambridge: Cambridge University Press, 2017. 〔《계몽사상의 상업과 평화》〕
Béla Kapossy, Isaac Nakhimovsky, Sophus A. Reinert, and Richard Whatmore, eds. *Markets, Morals, Politics: Jealousy of Trade and the History of Political Thought.* Cambridge, MA: Harvard University Press, 2018. 〔《시장, 도덕, 정치: 무역의 질투와 정치사상사》〕

차례

한국어판 해제
이슈트반 혼트와 상업사회의 지성사_이우창·김민철 • 7

1장. 상업적 사회성: 장-자크 루소 문제　　　　　41

2장. 상업적 사회성: 애덤 스미스 문제　　　　　89

3장. 정부의 역사: 법과 법관, 무엇이 먼저 나타났는가?　133

4장. 정부의 역사: 공화국, 불평등 그리고 혁명?　　171

5장. 정치경제: 시장, 가계, 보이지 않는 손　　　211

6장. 정치경제: 민족주의, 경쟁, 전쟁　　　　　251

편집자 소개글 • 293
편집자의 말 • 312
옮긴이의 말 • 313
찾아보기 • 315

일러두기
- ( )는 저자의 것이며, 인용문에 있는 〔 〕 역시 저자가 추가한 것이다. [ ]는 옮긴이가 본문 내용의 이해를 돕기 위해 보충 설명한 부분이다.
- 옮긴이가 별도로 추가한 각주에는 첫머리에 '〔옮긴이〕' 표시를 하여 구분했다.
- 외래어 표기는 국립국어원 원칙을 따르되, 실제 발음에 가깝게 조정한 경우도 있다.

1부

상업적 사회성

장-자크 루소 문제

이 책의 주제는 상업사회commercial society, 그리고 상업사회의 정치사상을 이해하는 방법이다. 나는 정치사상사를 길잡이 삼아 지금 우리에게도 유의미한 여러 유형의 정치적 전망을 분석하고자 노력할 것이다. 책에서 다루는 두 사상가 중 루소Jean-Jacques Rousseau는 의심의 여지 없이 공화주의자로 보이고, 스미스Adam Smith는 보통 그렇지 않은 것처럼 보인다. 그래서 그들은 대체로 서로 유사하기보다는 대조되는 한 쌍으로 인식된다. 우리는 그들의 정치사상이 실제로 얼마나 비슷하거나 다른지 보게 될 것이다. 나의 목표는 적어도 수사적인 차원에서나마 둘 사이에 존재하는 뜻밖의 유사성과 차이를 찾아 보여주는 것이다. 흔히들 루소를 근대성의 적으로, 스미스를 근대성의 옹호자로 놓고 대립시키곤 하지만, 이 결론을 반복하는 일은 그것이 아무리 정교한 형태로 수행된다 하더라도 그다지 흥미롭지 않다. 그보다 이 책은 지난

30년간 정치사상의 역사 서술에서 진행된 수정주의적 성과로부터 교훈을 얻고자 시도한다. 그동안 루소와 스미스를 이해하는 우리의 관점은 변화해왔다―적어도 변화했어야만 한다. 만일 우리가 이와 같은 새로운 관점에 따라 루소와 스미스를 바라본다면, 그리고 이 두 사상가를 함께 놓는다면, 어떤 그림이 펼쳐질까? 아마도 우리는 그들 사상의 새로운 면면과 신선한 관점을 더욱 뚜렷하게 볼 수 있을 것이고, 그들의 저작을 더 깊이 이해할 수 있을 것이다. 케임브리지학파는 자신들이 새로이 구축했던 근대 정치사상사 서술이 이제는 정체기에 들어섰고 다시금 진전이 필요하다고 본다. 예전에는 17세기를 연구했고 지금은 18세기를 연구하는 존 포콕J. G. A. Pocock은 케임브리지의 역사가들이 17세기에 시선을 고정하는 바람에 그런 정체가 일어났다고 불평한 바 있다. 이어질 장들에서는 이러한 도약과 진전을 거들고자 한다.

  이 책의 1장과 2장은 제목이 같다. 이는 18세기의 정치를 바꾸고자 했던 루소와 스미스가 바로 그 시대의 특성에 대한 진단을 공유했다는 사실을 말하기 위함이다. 각 장의 부제는 서로 다르다. 이는 한편으로 우리에게 이미 익숙한 '애덤 스미스 문제Adam Smith Problem'뿐 아니라 '장-자크 루소 문제Jean-Jacques Rousseau Problem'도 존재한다는 점을 나타낸다. 다른 한편으로, 이는 이 스코틀랜드인과 제네바인(둘을 영국인, 프랑스인으로 불러서는 안 된다)의 사상 밑바탕에 깔린 특정 공통분모 안에 어떤 긴장, 아마도 역설이라고 말할 수 있는 무언가가 숨겨져 있음을 가리킨다. 내가 볼 때, 스미스의 사상은 많은 부분에서 사람들이 흔히 생각하는 것보다 훨씬 더 루소의 사상과 가까이 닿아 있었다. 또한 루소와 스미스 모두 (스미스만을 그렇게 불러온 통념과 달리) 상업사회의 이론가였다. 나는 이처럼 일견 급진적으로 보일 수도 있는 주장을 제시하고자 한다. 이런 비교연구가 적절하고 흥미로운 까닭은 두 사람의 이론이 일부 핵심 쟁점에서 매우 비슷한 면모를 보여주기 때문이다. 루소가 상업사회의 이론가라고? 적어도 루소에 대한 우리의 표준적인 이해와 견줘본다고 할 때, 이런 이야기는 매우 역설적으로 들릴 수도 있다. 하지만 바로 그런 통념이야말로 한참 잘못되었다는 것이 여기서 말하고자 하는 바이다.

나는 스미스를 연구하는 학자이며, 내 해석은 그를 이해하기 위한 오랜 노력의 산물이다. 그렇지만 이 책에서 루소는 단순히 스미스를 돋보이게 하기 위한 배경 정도의 존재가 아니다. 루소와 스미스의 작업은 서로를 가로질렀다. 이 횡단은 두 철학자의 개인적 친분을 통해서가 아니라 학문적 관계, 즉 루소에 대한 스미스의 독해를 통해 이뤄졌다. 스미스는 루소의 저작에 대한 서평을 쓴 바 있다. 그리고 이 서평이야말로 루소와 스미스 모두를 새롭게 읽어내기 위한 중요한 열쇠라고 믿을 만한 충분한 이유가 있다. 나는 1장 끝부분에서 해당 서평을 다루면서 이 사실을 보이고자 한다. 그때까지 나의 주된 과제는 여러분을 준비시키는 것이다.

스미스가 진지한 '상업사회의 도덕이론가'였다고 주장하는 것을 까다롭게 만드는 요소가 있다. 그것이 소위 '애덤 스미스 문제'인데, 이 문제는 1장 말미에서 간략히 분석하려 한다. 지금은 스미스를 상업사회의 도덕이론가로 보는 관점을 확장하고 여기에 루소를 연결하여, '애덤 스미스 문제' 및 이와 유사한 '장-자크 루소 문제'가 실제로는 서로 뒤얽혀 있는 문제임을 확인하는 것이 먼저다. 나는 이 작업이 루소와 스미스의 사상에 대한 이해를 크게 바꿔놓기를 희망한다. 스미스와 루소라는 한 쌍을 연결하는 중심축에는 상업사회 개념이 있다. 상업사회 개념을 통해 두 철학자를 이해할 때, 우리는 이들 사상에서 일부 역설적인 면모를 읽어내게 될지도 모른다. 이 장은 이처럼 언뜻 비정상적인 것처럼 보일 수도 있는 접근법을 독자에게 소개한다. 나는 다음과 같은 질문을 제기한다. 루소와 스미스를 비교하기 위한 정초가 되는 용어로서, 상업사회라는 개념은 어떤 역할을 수행하는가? 상업사회란 도대체 무엇인가? 상업사회 개념의 의미는 무엇이고 그것의 역사는 어떠한가?

상업사회라는 개념은 오늘날 정치사상사 서술에서 도처에 등장한다. 하지만 먼저 이 용어가 쉽게 이해할 수 있거나 널리 쓰이고 있는 말이 아님을 알아야 할 필요가 있다. 그 밑바탕에 명확한 관념이나 개념이 깔려 있다 하더라도, 오늘날의 용법에 비춰볼 때 이 말의 의미가 아주 분명한 것은 아니다. '상업사회'는 스미스가 직접 사용한 용어지만, 스미스의 용례와 강력한 이론적 친연성이 있는 맥락에서조차 아무도 이 용어를 그와 동일한 용법으로 사용하지는 않았던 것으로 보인다. 이 말에 역사적인 가치를 부여하는 근거는 바로 스미스 자신의 용례지만, 그런 의미 부여 과정이 두드러지게 탄탄한 것도 아니다. 그것은 그저 스미스의 문장 속에 덩그러니 놓여 있을 뿐이다.

통상적으로 '상업사회'는 많은 상업 활동이 이루어지는 사회로서, 상인들의 사회 또는 시장경제 주체들의 사회를 가리킨다. 스미스는 이렇게 지극히 평범하지는 않더라도 꽤나 일상적인 것이라는 평가를 받기에 족한 의미를 확장하여 상업사회를 도덕적·정치적 탐색을 요구하는 이론적 대상이자 근본적인 사회 유형으로 정립했다. 또한 그는 이 말을 상업 활동 및 시장 활동이 양적인 차원에서 활발하게 수행되는 사회를 가리키는 개념으로 사용했다. 스미스는 상거래 또는 상업적 유형의 거래가 양적으로 증가하는 것을 사회 변화의 중요한 지표로 간주했다. 그리스 도시국가들에 대한 설명에서 알 수 있듯, 스미스는 특정 사회에서 일어나는 거래 활동의 증가를 그 사회의 기본적인 작동 방식이 질적으로 변화하고 있음을 보여주는 지표로 활용했다. 그는 사회구성원들이 상업적 개인으로서 행동하는 사회, 즉 상인이 시장에 참여할 때와 같은 방식으로 행동하는 사회를 기술하기 위해 상업사회 개념을 사용했다. 스미스가 말하고자 했던 것은 상업사회에서는 구성원들의 사회적 관계가 시장을 닮아가며, 그런 시장적 관계에서 요구되고 또한 그것에 수반되는 효용의 지배를 받게 된다는 점이었다.

핵심은 그런 사회의 구성원들이 서로 많은 거래를 하는지가 아니라 그들이 마치 상인인 것처럼 서로 관계 맺는지 여부였다. 무엇보다 '상업사회'는 사회 외부와의 관계에서보다 사회의 내적 차원에서 '상업적'으로 구성된 것이었다. 상업사회 개념이 지칭하는 대상은 실제로 이뤄지는 물질적 거래가 아니라 해당 사회에 속하는 사람들이 지닌 도덕적 성질이었다. 전통적으로 기독교인들은 상업사회를 엄중히 비판했다. 상업적 거래에서 형성되는 기독교도끼리의 동반자 관계를 통상적인 의미에서 상업적 결사나 무역협회로 부를 수는 있을지언정, 그와 같은 외적인 거래 활동 자체가 해당 집단을 스미스가 말하는 상업사회로 만드는 것은 아니다. 적어도 이론적으로나마 사회를 결속시키는 많은 기독교적 선행, 우정, 연대의식을 갖추면 그 사회는 기독교인들의 사회로 계속해서 남아 있을 수 있을 것이다. 그러나 그들이 일단 서로를 기독교도 형제라기보다 오히려 상인 또는 시장의 중개상으로 간주하여 행동하기 시작하면 그 사회는 완벽하게 스미스적인 의미에서 상업사회가 되어갈 것이다.*

상업사회나 시장사회는 분명 사회의 기본 형태이기에, 우리는 그 이름만으로도 그것이 무엇인지 쉽게 이해할 수 있어야 한다. 하지만 현실은 그렇지 않다. 오늘날 '상업사회'라는 용어가 학계에서 널리 쓰이고 있으나, 많은 경우에 부정확한 방식으

---

*   〔옮긴이〕 Biancamaria Fontana, *Rethinking the Politics of Commercial Society: The Edinburgh Review 1802-1832* (Cambridge: Cambridge University Press, 1985); Robert Wokler, "Rousseau's Pufendorf: Natural Law and the Foundations of Commercial Society," *History of Political Thought*, 15:3 (1994). pp. 373-402; Christopher J. Berry, *The Idea of Commercial Society in the Scottish Enlightenment* (Edinburgh: Edinburgh University Press, 2013); Sophus A. Reinert, *The Academy of Fisticuffs: Political Economy and Commercial Society in Enlightenment Italy* (Cambridge, MA: Harvard University Press, 2018); John Regan, "The Idea of Commercial Society: Changing Contexts and Scales," in Peter de Bolla (ed.), *Explorations in the Digital History of Ideas: New Methods and Computational Approaches* (Cambridge: Cambridge University Press, 2023), pp. 163-83.

로 그리고 이론적으로 불명확하게 사용되고 있다. 사실 **상업사회**가 이론의 범주에서 정확하게 사용되는 경우는 거의 없다. 물론 이는 정치적 담론에서 일반적으로 나타나는 특징이기는 하다. 정치적 담론의 핵심 범주들은 대부분 그 경계가 적절하게 설정되어 있지 않고, 널리 인정된 명칭도 없다. 우리가 어떤 대상을 기술하기 위해 말하고 쓰는 많은 용어는 모호하고 혼란스럽기 마련이다. '국가'라는 단어가 근본적으로 얼마나 모호한지 생각해보는 것으로 충분할 것이다. 특히 근대국가란 무엇인가라는 물음에 답하고자 할 때, 그 답변을 구성하는 매우 중요한 요소가 바로 상업사회 문제다. 이 책의 제목인 "상업사회의 정치사상"이라는 문구는 상업사회를 가장 잘 뒷받침할 수 있는 국가란 과연 어떤 국가인지를 알아내는 문제들과 관련되어 있다.

중요한 정치적 범주들에 이름을 부여하는 일의 어려움은 새삼스럽지 않다. 최근 역사적 맥락주의의 발전에서 약간의 진전을 기대했을 이들도 있겠지만 말이다. 맥락주의가 역사적 정치 담론에서 개별적인 언어 관행을 식별해내는 데는 도움이 되지만, 언어적 유행을 초월하는 핵심 개념을 명명할 때는 별로 생산적이지 못하다는 사실을 우리는 경험을 통해 알고 있다. '공화국'이나 '공화주의' 같은 용어의 의미나 특정한 유형의 자유의 의미를 식별할 때 어떤 난점이 따르는지는 잘 알려져 있다. 정치적 현상과 개념들을 명명하고자 할 때 마주하는 까다로움은 단지 역사가들만 겪는 문제가 아니다. 이 모호함은 역사적 주제 자체에 깊숙이 내재되어 있으며 많은 경우 매우 오랜 시간 지속된다. (그리스어의 **폴리스**polis와 라틴어의 **키위타스**civitas 같은 핵심 용어의 번역 불가능성을 보라.)

'상업사회'라는 표현은 18세기 정치언어의 맥락에서 처음으로 등장했다. 후대에 만들어진 범주 중에서 그런 의미를 가장 생산적으로 포착하는 예로 무엇이 있을까? 상업사회를 가리키는 현대의 이정표들 가운데 가장 잘 알려진 예는 아마도 1887년 독일의 사회학자 페르디난트 퇴니스Ferdinand Tönnies가 내놓은 **이익사회**Gesellschaft와 **공동사회**Gemeinschaft의 구분일 것이다.*
이는 현대 미국의 공동체주의 정치언어가 발전하는 토대가 되었다. 중요한 것은 퇴니스가 정치사상사가였다는 사실이다. 그는 홉스Thomas Hobbes 전문가였으며, 그가 제시한 범주는 본래 홉스가 1640년에 출간한 《법의 원리The Elements of Law, Natural and Politic》(퇴니스는 이 텍스트를 편찬한 바 있다)와 1642년에 출간한 《시민론De Cive》에 빈번히 출현하는 용어들을 번역한 것이었다. 이런 사실로부터 퇴니스가 제시한 범주에 깃든 역사적 의미를 복원할 수 있다. 우리는 이를 통해 스미스와 루소가 퇴니스를 예기했다는 통념과 달리, 실제로는 퇴니스가 그 두 사상가 이전에 존재했던 정치언어의 범주를 현대적 용법에 맞게 바꾸었다는 사실을 알게 되고, 이로써 케임브리지학파가 실천적으로는 철두철미하게 지키지 못할지언정 적어도 이론적으로는 만장일치로 거부하는 유일한 금기인 예기법prolepsis의 오류를 범하지 않게 된다. 일부 정

---

*   Ferdinand Tönnies, *Gemeinschaft und Gesellschaft: Abhandlung des Communismus und des Socialismus als empirischen Culturformen* (Leipzig: Fues's Verlag, 1887).

치사상사가들은 영어권 정치사상사 서술에서는 홉스에게서 탈출할 방법을 찾아볼 수 없다며 한탄하곤 한다. 그러나 공동사회와 이익사회의 구분에서는 그런 홉스로의 후퇴(다행히 이는 무한 후퇴가 아니다)가 역사적으로 정당하다고 할 수 있다.

    상업사회 개념의 계보라는 맥락에서 퇴니스 외에 간혹 언급되는 인물로는 헤겔Georg Wilhelm Friedrich Hegel이 있다. 그가 사용한 '시민사회'라는 용어의 정확한 의미를 논하기는 너무 복잡하므로, 여기서는 헤겔의 시민사회 혹은 부르주아 이익사회 bürgerliche Gesellschaft가 홉스가 자신의 국가이론의 토대로 사용하기도 했던 말인 라틴어 **키위타스**를 유럽 속어로 번역하는 표준적인 방식이었다는 점만 짚고 넘어가기로 한다. **키위타스**는 자주 '국가'로 번역되었는데, 헤겔의 시민사회론은 국가, 혹은 더 정확하게는 국민국가Volksstaat를 어떻게 규정하느냐의 문제를 다뤘다. 헤겔의 논의는 어느 정도 혁신적인 것이었다. 헤겔이 보기에 국가라는 말은 로마 이후 시대에 나타난 기독교적 색채를 띠고 있었다. 이 말은 기독교의 삼위일체론을 적용함으로써 그리스어의 **폴리스**와 라틴어의 **키위타스**를 근대적으로 종합한 개념으로 이해되어야 했기에, 로마적인 국가 개념 이상의 의미가 부여되었다. '국가'의 또 다른 명칭인 '시민사회'는 국가의 구성요소 또는 기반 구조를 의미했다. 그것은 로마적 **키위타스**의 유산을 노예소유가 사라진 시장사회에 걸맞게 수정하여 기술한 것이었다.

    루소와 스미스를, 그리고 잠재적으로 다른 많은 사상가들을 비교하기 위한 개념어로 상업사회를 적절히 대체할 수 있는 현대적인 용어가 분명히 존재하리라는 생각은 그야말로 환상일 뿐이다. 대부분의 학자들은 마르크스주의 언어 및 사회학의 범주들에서 벗어나고자 '상업사회' 같은 용어들을 사용한다. '자본주의', '부르주아 사회', '무기체적 사회inorganic society' 같은 용어들에는 과거의 무게가 너무 무겁게 실려 있고, 그 각각이 지시하는 범주를 설명하기에도 충격적일 만큼 엉성하다. '상업사회'라는 용어는 이 어휘들에서 벗어나려는 바람직한 의도에서 출발했다. 그러나 그 여정은 아직 끝나지 않았으니, 1장의 목표 중 하나는 상업사회 개념이 정치사상에 이용될 수 있는 가능성을 살펴보는 것이다. 아래에서는 정치사상 문헌들을 이해하는 데 도움이 될 언어의 층위들을 들춰보기 위해 범주와 개념에 대한 고찰을 한 걸음 더 끌고 나갈 생각이다.

퇴니스의 이익사회 개념이 홉스의 국가 개념에 직접적으로 빚지고 있다는 점은 학계에 잘 알려져 있다. 이와 대조적으로, 공동사회 개념은 낭만주의적 원천에서 파생되어 19세기 후반 인류학과 사회학에 의해 다듬어졌다는 가정이 널리 통용된다. 그러나 이 가정은 틀렸다. 원래의 홉스적 언어가 거의 잊혔기 때문에, 두 개념 모두 홉스에게서 파생되었다는 사실을 학자들이 쉽게 알아차리지 못했을 뿐이다. 홉스는 '통합union'과 '화합concord'이라는 개념쌍을 제시했다. 이런 근본 범주들은《시민론》에서는 크게 부각되었으나, 오로지 통합에만 초점을 맞춘《리바이어던Leviathan》(1651)에서 물속 깊이 잠겨버렸다. 퇴니스는《리바이어던》을 속속들이 잘 알았다. 동시에 그는 홉스의《법의 원리》를 편집한 현대의 가장 중요한 편찬자이기도 했다. 그리고 홉스가 통합과 화합이라는 용어를 두드러지게 사용한 저작이 바

홉스의 《리바이어던》(1651)

로 《법의 원리》와 《시민론》이었다.

《리바이어던》의 주요 개념은 화합이 아니라 통합이었다. 그것은 대의제에 기초한 홉스의 국가이론을 지탱하는 기저의 관념이었다. 퇴니스가 행한 **공동사회**와 **이익사회**의 구분은 사회를 두 가지 개념으로 구별한다는 점에서 '사회학적'인 구분처럼 보인다. 그런데 홉스에게 그것은 매우 정치적인 구분이었다. 통합-화합 구분은 홉스가 공화주의와 저항이론을 공격할 때 가장 핵심적인 위치를 차지했다. 홉스는 《시민론》에서 인간이 천성적으로 사회적인 존재라는 생각을 명시적으로 부인함으로써 아리스토텔레스적 전통의 영향을 지우려 했다. 이는 그가 본성적으로 사회적인 존재는 본성적으로 정치적일 수도 있다는 관념을 깨뜨리고자 했기 때문이다. 그는 자연적 사회성natural sociability이, 상업의 상호성에서 비롯되는 효용에 기초한 유대관계를 포함해 어떤 형태로든 국가의 기반으로서 정치적으로 유효하게 작용할 수 없다고 진단했다. 대신 그는 기존에 합의가 존재하지 않는 상태, 그리고 정치체가 결성되기 이전 사회 통합이 존재하지 않는 상태에서 안정과 평화를 제공할 간접적 인민주권 이론을 만들어 냈다. 이것을 근거로 홉스는 근대 정치사상의 창시자를 자임했다. 그는 사회성의 토대 위에서 이미 존재하는 합의를 가정하는 대안적 모형을 '화합'이라 불렀고, 자신의 국가를 '통합'이라 불렀다. 국체를 형식에 따라 이렇게 두 유형으로 구분하는 방식 자체는 이전에 존재하던 구별 방식에 바탕을 둔 것이었다. 그러나 그런 국체들을 아예 별개의 공동체 형태로 확실하게 나눠야 한다고 역설하고 통합의 기원을 새롭게 설명한 것은 진정한 혁신이었다.

홉스는 궁극적으로 상업적 사회성commercial sociability이 자신의 정치적 목적에 무용하다고 판단한 것으로 보인다. 《시민론》에서 그는 정치체가 시민의 '화합'이나 '합의consensus'에 구속된 채로 존속할 희망은 없다고 선언했다. 그에 따르면, 오직 '화합'의 **반대 개념**Gegenbegriff인 '통합'만이 근대국가의 토대가 될 수 있었다. 죽음에 대한 공포와 자기보존 욕구에 바탕을 둔 극도의 최소주의적 합의만을 상정하면서, 홉스는 통합이 대의제를 통해 정치적 결속을 일궈낸다고 주장했다. 그는 인간이 정치적이거나 사회적인 동물, 즉 **조온 폴리티콘**zoon politikon이라는 아리스토텔레스의 생각을 거부함으로써 사회성에 입각한 국가sociable commonwealth라는 관념의 토대를 허물고자 했다.

따라서 홉스는 선천적 사회성이라는 관념을 거부했다. "인간이 다른 인간을 사랑하도록 타고났더라면" 만인의 지구사회가 존재하겠지만, 실제로는 인류 차원의 단일사회 대신 여러 민족과 국가가 분리되어 존재한다는 것이 그 근거였다. 홉스는 이처럼 '만인애love of all'가 아닌 '자기애love of self'에 기초하여 서로 다른 국가들로 나뉘어 있는 사회들의 여러 관행을 설명하는 것이 정치이론의 목적이라고 선언했다. 홉스의 주장에 따르면, '우정'은 국가가 효과적으로 작동하는 데 부차적으로만 작용하는 요소였다. 그는 사랑 역시 인간의 삶에 유효하게 작용하는 힘이 아니라고 여긴 반면, 사회를 만들어내는 실질적인 원인이 효용에 있다는 것은 인정했다. 홉스 자신의 사유체계 안에서는 두드러지지 않았지만, 그는 후천적으로 획득된 상업적 사회성에 관한 대단히 튼튼한 이론을 지니고 있었다.*

홉스는 인간이 정치적 동물이 아니라고 주장했는데, 이는 곧 정치의 토대가 될 수 있는 더 높은 수준의 사회성 같은 자질들이 인간에게 결여되어 있음을 뜻했다. 홉스의 혁신성은 이미 주어진 사회구성원 간의 화합이나 합의와 같은 국가의 토대를 이론적으로 미리 상정하지 않고서도 정치사상이 작동할 수 있는 전망을 제시했다는 데 있다. 오늘날에는 이런 맥락에서 아

---

*   Thomas Hobbes, *De Cive: The Latin Version*, ed. H. Warrander (Oxford: Oxford University Press, 1984), 1.2.

리스토텔레스가 국가 창설 모형으로 제시한 우정론을 홉스에 대립하는 사회성 모형으로 언급하곤 한다. 그러나—비록 아리스토텔레스의 구분이 무시된 것은 아니지만—스미스나 루소는 그런 맥락에서 아리스토텔레스식의 주장을 직접적으로 제기하지는 않았다. 하지만 스미스가 《도덕감정론Theory of Moral Sentiments》(1759)에서 우정의 문제와 상업사회의 건설을 나란히 다뤘다는 점은 흥미롭다.

홉스는 사회성이 없다면 어떤 일차적이거나 근본적인 화합도 존재할 수 없다고 보았다. 《리바이어던》에서 '화합'이라는 단어는 새로운 유형의 국가가 무엇을 목표로 하는지를 설명하는 과정에서 '평화와 화합'이라는 개념쌍의 한 부분으로 가끔 등장한다. 이것은 《법의 원리》와 《시민론》에서 논의되는 화합 개념에 어떤 의미가 담겨 있는지를 잘 보여주기보다는 오히려 그것을 은폐한다. 물론 화합은 통합의 목적이자 결과이기도 하다. 화합과 합의는 국가를 위해 필요하다.

여기서 문제는 어떤 순서를 채택하느냐에 있다. 즉 화합이 정치체제의 형성보다 선행하는 것인가, 혹은 정치체제가 형성된 결과로 화합이 나타난 것인가? (이것은 혈통 또는 인종에 기초한 관계가 국가 형성 이전pre-state의 화합과 국가 형성 이후post-state의 화합 모두를 보장한다고 전제하는 민족주의 이론에서 잘 알려진 문제이다.) 《리바이어던》이 제시한 화합은 국가 형성 이후에 등장하는 이차적 화합이다. 여기서 쟁점은 국가 형성 이전에도 화합이 존재하는지, 또는 홉스식 국가에 의해 만들어진 화합과 구별되는 또 다른 대안적인 유형의 화합이 존재하는지 여부였다.

마지막으로 한 번만 더 퇴니스로 돌아와, 그가 공동사회를 화합의 사회적 단위로 설명한다는 사실에 주목하자. 이런 의미에서 퇴니스는 루소와 스미스를 비교하는 그 어떤 글에서든 홉스가 비록 명시되지는 않으나 일종의 제3자로 존재하고 있다는 생각을 하게끔 만든다. 물론 이런 생각 자체도 흥미롭지만, 퇴니스에서 홉스로 거슬러 올라가는 시도가 흥미로운 작업이 되려면 이를 뒷받침하는 실질적인 역사적 연결고리가 있어야 한다. 다행히도 그런 연관성은 실제로 존재한다. 스미스가 홉스주의적 계보에 직결되는 맥락에서 상업사회 개념을 끄집어낸 것이다.

스미스에게 상업사회란 더 낮은 수준의 이차적 화합 모형, 즉 홉스식 통합에 의해 만들어진 이차적 화합의 부가물 혹은 그에 대한 대안이었다. 스미스가 상업사회를 직접적으로 중요하게 언급한 것은 《도덕감정론》에서 한 번, 그리고 《국부론 An Inquiry into the Nature and Causes of the Wealth of Nations》(1776)에서 또 한 번, 이렇게 두 번이다. 둘 중 더 중요한 대목은 해당 문맥이 홉스와 직결되어 있으며, 상업과 정치경제의 쟁점들을 명시적으로 서술하는 도식에서 벗어나 있는 《도덕감정론》에서의 언급이다. 여기서 스미스는 상업사회를 도덕이론 논의의 일부로서 논했다.

《도덕감정론》에서 스미스는 해당 용어를 사용하지 않으면서도 통합-화합 구분을 반복했다. 그리고 두 개념 사이에 위치한다고 할 수 있는 세 번째 용어를 끼워넣었다. 이는 화합의 개념에 요구되는 정도에는 미치지 못하지만, 적어도 통합의 개념이 성립하기 위한 전제조건—즉 사회성이 완전히 결여된 상태—에 비해서는 어느 정도 사회성이 작동하는 상태를 가리켰다. 스미스는 《도덕감정론》에서 사랑, 두려움, 효용이라는 세 가지 형태의 사회를 개관했다.

> 1. 필요한 원조가 사랑, 감사, 우정, 존경에 기반해 상호적으로 제공되는 곳에서 사회가 번성하고 그 구성원들이 행복하다. 그곳의 다른 모든 구성원들은 사랑과 애정의 끈으로 결합되어 있으며, 언제나 그랬듯 상호선의라는 공동의 중심으로 이끌린다.*
> 2. 그러나 항상 타인에게 위해와 상처를 가할 준비가 되어 있는 사람들 사이에서는 사회가 존속할 수 없다. 가해가 시작되는 순간, 원망과 반감이 생겨나는 순간, 사회의 모든 끈은 산산조각 난다. 그리고 그 사회의 구성원들은 불화하는 정념들의 폭력과 대립에 의해 분쇄되어 바깥으로 흩뿌려진다. 만약 강도나 살인자로 구성된 어떤 사회가 존재한다면, 일상적인 감시를 통해 적어도 서로에 대해서는 강도질과 살인을 하지 못하도록 금지해야 한다. 그러므로 사회라는 존재에는 선행보다 정의가 더 필수적이다.**

스미스는 세 번째 모형인 상업사회를—비록 완벽한 중간

---

*　Adam Smith, *The Theory of Moral Sentiments*, in D. D. Raphael and A. L. Macfie (eds.), *The Glasgow Edition of the Works and Correspondence of Adam Smith*〔이하 *TMS*〕(Oxford: Oxford University Press, 1976), II.ii.3.1.
**　Ibid., II.ii.3.3.

(왼쪽부터) 스미스의 《도덕감정론》(1759) 및 《국부론》(1776)

은 아니라 해도—이 두 극단 사이에 놓았다. 그는 사회가 자선 없이도 버틸 수 있다고 주장했다. 비록 그것이 사회의 가장 편안한 상태는 아닐지라도 말이다. 하지만 불의가 만연하면 사회는 반드시 완전히 파괴된다. 그러니 자선은 없어도 되지만 정의justice는 없어선 안 된다. 이처럼 자선이 아닌 정의에 기초한, 그다지 편하지만은 않은 사회가 바로 상업사회다.

3. 사회는 사회의 효용에 대한 감각이 있다면 타인들 사이에서도 존속할 수 있다. 마치 상인들 사이에서처럼 상호 간에 사랑이나 애정이 없더라도 말이다. 그 경우 비록 사회에 속한 어느 누구도 타인에게 종속되어 의무를 지거나 타인의 은혜에 속박되어서는 안 되지만, 이때 사회

는 합의된 가치 책정에 기초해 이윤 추구를 위한 적절한 용역을 교환하는 행위를 통해 계속해서 유지될 수 있을 것이다.*

스미스는 《국부론》에서 이 실체entity를 상업사회로 명명했다.**

이 시점에서 효용에 기초한 사회성utility-based sociability을 지칭하는 용어를 스미스 이전에 다른 누군가가 사용했는지, 그리고 만약 그렇다면 그 용어의 사용과 관련하여 무슨 일이 일어났던 것인지 질문해보자. 만약 정말로 그런 용어가 존재했다가 사라진 것이라면, 홉스의 정치이론에 대한 사람들의 인식에서 그 용어가 자취를 감추게 된 이유는 무엇이었을까? 이 질문들은 제기할 만한 가치가 있다. 왜냐하면 홉스가 자신에게 전략적으로 가장 중요한 목표를(즉 국가와 주권에 기초한 정치적 통합을) 강조하는 데 치중하는 바람에 사람들은 그가 여타의 정치언어를 이해하지 못했다고 생각하게 되었고, 이에 따라 사회성의 경우와 같이 눈에 덜 띄지만 여전히 중요한 주제들에 대한 홉스의 견해들을 대개 인지하지 못하게 되었으며 확실히 과소평가했기 때문이다.

---

*   Ibid., II.ii.3.2.
** Adam Smith, *An Inquiry into the Nature and Causes of the Wealth of Nations*(이하 *WN*), in R. H. Campbell, A. S. Skinner, and W. B. Todd (eds.), *The Glasgow Edition of the Works and Correspondence of Adam Smith* (Oxford: Oxford University Press, 1976), I.iv.1.

우정은 진정한 화합의 정치문화를 낳을 수 있는 동시에 그것을 묵살할 수도 있는 고도의 사회성을 의미했는데, 이것이 홉스가 야기한 여러 문제 중 가장 논쟁적인 주제는 아니었다. 사회성 개념에서 가장 자주 언급되는 지점은 사회가 '욕구'에 의해 유지된다는 것이었다. 사회가 '욕구'로 인해 만들어졌으며, 또 도시국가가 모든 인간을 보편적으로 포함하지 않고 한정된 사람들만을 품게 된 까닭 역시 '욕구'에서 기인한다는 이런 주장은 종종 아리스토텔레스와 결부되었지만, 사실은 아리스토텔레스로부터 비롯되지 않았다. 이런 맥락에서 자주 원용된 것은 플라톤의 《국가 πολιτεία, The Republic》, 그리고 가구망 network of households 과 대외무역에 대한 아리스토텔레스의 묘사였다. 홉스는 사회가 상호필요에 의해 만들어졌다는 생각을 명백하게 폄하했다. 그러나 자신의 그런 폄하에 제기된 불만을 무시하지는 않았다. 홉스는 자신을 비판하는 사람들에 대한 응답으로 《시민론》 제2판(1647)에 긴 주석들을 달았고, 특히 그중 한 주석에서 사회성 문제에 답하고 있다. 거기서 홉스는 이후의 자무엘 푸펜도르프 Samuel Pufendorf처럼 욕구 indigentia가 사회 societas의 강력한 원인이라는 관점을 받아들였다. 왜냐하면 욕구는 인간으로 하여금 이윤 utile과 편의 commodium를 추구하게 만드는 촉매였기 때문이다. 욕구는 우정이나 사랑과는 완전히 달랐지만 마찬가지로 지속적인 사회적 행위를 낳았다. 《시민론》 초기 판본에서 효용적 사회성을 묵살했다는 비판이 일자, 홉스는 "우리가 자연의 자극 nature cogente appetere에 따라 서로의 동행 congressus을 찾는다는 것을 부정하는 것이 아니"라고 답했다. 그는 사람들이 본성의 강제에 의해서라도 함께 모이기를 욕망한다는 점alteru, alterus congressum을 부인하지 않았다.* 인간은 고독한 존재라기보다는 사회적인 존재였다. 무언가를 절실히 필요로 하는 상태에 있다는 것은 그 자체로 실질적인 위협이었다. 아이는 혼자서는 살아남을 수 없었고, 어른들은 홀로 "잘 살 수" 없었다. 동물사회와 인간사회를 비교하는 유서 깊은 도식은 타당했다. 인간은 약했고 짐승의 뿔, 이빨, 침 같은 막강한 무기를 타고나지 못했다. (칸트Immanuel Kant는 나중에 자신의 '비사회적 사회성unsocial sociability' 테제를 확립하기 위해 정확히 이와 동일한 논거를 사용했다.) 그러나 동물의 욕구는 제한적이고 고정적인 반면, 인간은 육체적으로는 약하지만 다른 능력을 가지고 있었다. 결국 사회는 사람들이 동물의 자연적 무기를 무력하게 만들 인공적 무기(칼과 총)를 획득할 수 있도록 해주었다. 홉스는 기술과 과학을 "동물의 삶을 능가하는 〔······〕 인간 삶의 막대한 이점"의 원인이라고 열렬히 찬양했다. 그는 사회성의 소통 수단인 언어가 인간을 동물보다 훨씬 우월한 존재로 만들었다고 주장했다. 언어는 셈으로 이어졌고, 셈은 과학으로 이어져 결국 고차원의 물질문명이 이룩되었다.** 여기서는 이후의 분석을 위해 루소와 스미스 모두 바로 이 주장을 반복했다는 점을 짚고 넘어갈 필요가 있다.

  논의를 정리해보자. 홉스는 신체적 욕구가 효용에 의한

---

* Hobbes, *De Cive*, 1.2 annotation.
** Hobbes, *De Homine*, trans. C. T. Wood, T. S. K. Scott Craig, and B. Gert, in *Man and Citizen*, ed. B. Gert (Atlantic Highlands, NJ: Humanities Press, 1972), chap. 10, sect. 3–5, pp. 39–43.

사회 형성의 중요한 원인이라는 점을 인정했다. 그러나 그는 사회를 형성하게 하는 또 다른 욕구가 인간에게 있다고 강조했다. 바로 타인에게 인정받으려는 욕구였다. 이런 심리적 욕구는 육체적 욕구만큼이나 강하고 근원적이었다. 인정을 구하려는 충동은 강했기에 사회를 만들지 않고는 그것을 만족시킬 수 없었다. 그러나 홉스가 강조한 것처럼 이것은 매우 파괴적인 욕구였다. 인정은 우월성을 추구했으며, 그러므로 승자와 패자를 낳는 제로섬 게임이었다. 효용적인 경제적 사회성은 기존의 사회에 새로운 무언가를 더할 수 있지만, 인정을 위한 심리적 욕구는 그럴 수 없었다. 엄격한 평등을 전제로 인정이 추구되는 경우는 예외일 수 있으나, 홉스는 이 가능성을 부정했다. 홉스의 주장에 따르면, 심리적 욕구의 동역학은 신체적 욕구의 동역학을 압도할 수밖에 없었으며, 정치를 이해하는 데 기반이 되는 것은 후자가 아니라 전자였다.

홉스의 구도에서는 화합을 낳을 수 있는 강한 사회성의 존재 가능성이 단숨에 부정된다. 남는 것은 효용utility과 자존심pride 사이의 갈등struggle, 길항antagonism, 긴장tension 따위(뭐라고 부르든 간에)인데, 여기서 홉스는 정치를 이해하려면 자존심, 영광glory 또는 허명vainglory을 추구하는 인간의 심리를 분석할 필요가 있다고 주장한다. 다시 말해 그는 시장과 경제적 협력의 정치가 아니라 인정認定의 정치를 파악해야 정치를 이해할 수 있다고 주장했다. (여기서 경제적 협력의 정치는 인정의 정치와 구분되는 별도의 연결점으로 제시되었으나, 사실 그 둘은 별개가 아니었으며 홉스도 다른 사람들처럼 그 사실을 잘 알고 있었다.) 무정부 상태는 허명의 작품이다. 홉스는 자존심('pride' 혹은 'amour-propre')이 붕괴를 야기하고, 이로 인해 '통합'이 필요해진다고 주장했다. 이 책이 홉스가 아닌 루소와 스미스를 다루는 작업인 만큼 루소도 《인간불평등기원론》Discours sur l'origine et les fondemens de l'inégalité parmi les hommes》(1755) 말미에서 그와 동일한 주장을 되풀이했음을 언급할 필요가 있겠다. 우리는 홉스의 핵심 주장을 승인하는 것이 《인간불평등기원론》의 목적 중 하나였다고 말할 수 있다. 또한 루소는 자존심과 상업의 결합이 유럽 근대 군주정의 기저에 놓여 있는 사회경제적 역학관계를 안정화하는 중요한 요인이 될 수 있다는 몽테스키외Charles Louis de Secondat, baron de la Brède et de Montesquieu의 주장을 비판했는데, 이 비판의 중심에 놓여 있던 것이 홉스의 핵심 주장이었다고도 말할 수 있다. 이 문제는 차후 상세히 다루고자 한다.

  1640년대에 홉스의 동시대인들은 이런 논의를 바탕으로 그를 논박하고자 했다. 이들은 인간으로 하여금 효용에 기초해 사회를 형성하게 하는 사회성이 인정의 정치와 얽혀 작용하는, 언제나 존재하는 힘으로서 마땅히 다뤄졌어야 했다고 주장했다. 루소나 스미스가 아닌 홉스가 인정의 정치를 발명했다는 사실은 이어지는 장들에서 전개될 나의 루소 해석에서 중요한 역할을 할 것이다. 여기서 핵심은 상업적 사회성 개념이 인간사회에서 필요, 곧 상호적인 필요가 중요하다는 인식을 지켜내려는 목표를 품고 있었다는 데 있다. 상업사회라는 관념은 한편으로는 조온 폴리티콘(그리고 화합을 생산할 수 있는 강력한 사회성의 모든 연관된 판본들) 개념을 묵살하는 홉스의 사고를 공유하되, 다른 한편으로는 인간의 결합에서 사회성의 능동적인 힘으로 작용하는 효용의 통합력이 인정의 정치에 의해 완전히 압도당한다는 홉스의 진술과는 거리를 둔다.

      인간사회에서 상호필요의 중요성을 다시금 부각시키는 이 작업을 처음으로 공식화한 사람은 푸펜도르프였다. 그는 본질적으로 신아리스토텔레스주의적인 이런 논변을 홉스의 언어로 다시 설명하고자 했다. 그는 홉스의 방법론과 수사를 활용하되 자연상태를 모형화하는 별도의 절차를 개발해, 홉스와 달리 정치와 국가가 아닌 사회의 기원을 먼저 설명하고 그로부터 정치와 국가의 기원이 설명될 수 있도록 설계된 논변을 제시했다. 푸펜도르프의 혁신은 바로 여기에 있었다. 홉스의 담론에 아리스토텔레스주의를 주입한 이와 같은 사상은 이후 '사회주의'라고 불리게 되었다. 왜냐하면 그의 사상이 (조온 폴리티콘의 두터운 사회성보다는) 자연법 체계 내에서 확고하게 공리주의적으로 구축된 논리에 따라 사회의 토대를 찾는 데 초점을 맞췄기 때문이다. 물론 나는 루소와 스미스가 사회주의자라고 주장하려는 것이 아니다. 그들은 결코 사회주의자가 아니었고, 나중에 살펴보겠지만 '사회주의'의 후계자는 공리주의였다. 18세기 말 이탈리아의 기독교인 비판자들이 사회주의자로 지목해 공격한 대상은 다름 아닌 체자레 베카리아 Cesare Beccaria 였던 것이다. 이러한 18세기 '사회주의' 전통은 19세기 초에 '개인주의'로 개명되었다. 그런 점에서 근대 사회주의자들은 법리적·공리주의적이었던 원래의 사회주의자들의 후계자가 아니라 그 적들의 후계자다. 피에르-조제프 프루동 Pierre-Joseph Proudhon 과 마르크스 Karl Marx 같은 중요한 예외가 있지만 말이다. 그러나 이 문제는 1장 또는 이 책에서 다루는 주제가 아니다.*

앨버트 허시먼Albert O. Hirschman은 이와 같은 전개를 일종의 마키아벨리적 언어 혹은 국가이성적reason-of-state 언어로 이해해야 한다고 제안했다. 예를 들면 정념passions과 이익interests의 대조 같은 것 말이다. 그와 달리 나는 상업사회의 토대에는 효용과 자존심 간의 대조와 대립에 근거한 개념적 도식이 있었다는 점에 주목하자고 제안한다. 강한 사회성은 제3의 개념이었을 것이다. 정념과 이익의 대조보다는 효용과 자존심의 상호작용이야말로 근대 상업사회의 이른바 안정화 요소라고 할 수 있다. 이것이 칸트가 '비사회적 사회성'이라고 부른 방정식이다. 칸트는 이 방정식에 대한 분석이 사회과학, 즉 사회에 관한 과학적 탐구를 발전시킬 열쇠가 된다고 주장했다. 스미스가 상업사회라고 묘사한 것은 곧 칸트가 비사회적 사회성ungesellige Geselligkeit이라고 부른 것에 해당한다.** 칸트의 이 용어는 상업사회의 개념을 의도적 모

---

*　푸펜도르프의 사회성 이론과 18세기 '사회주의' 개념에 대해서는 다음을 참조하라. István Hont, "The Language of Sociability and Commerce: Samuel Pufendorf and the Theoretical Foundations of the 'Four-Stages' Theory," in *Jealousy of Trade: International Competition and the Nation-State in Historical Perspective* (Cambridge, MA: Harvard Belknap, 2005), pp. 159-84.
**　Immanuel Kant, "Idea for a Universal History with a Cosmopolitan Aim," trans. A. W. Wood, in R. B. Louden and G. Zöller (eds.), *The Cambridge Edition of the Works of Immanuel Kant: Anthropology, History, and Education* (Cambridge: Cambridge University Press, 2007), p. 111.

순어법에 따른 표현으로, 혹은 적어도 절충주의나 생산적인 타협의 표현으로 만든다는 점에서 유용하다. 칸트의 유명한 은유에 따르면, "뒤틀린 목재로 만들어진" 인류가 실제로 감당할 수 있는 종류의 사회성은 바로 이런 사회성이다.

'상업사회'와 마찬가지로 '비사회적 사회성'은 이 탁월하지만 유별난 사상가(칸트)와 연관된 주제에서만 사용되는 용어로 남아 있었으며, 설사 사용되었다고 해도 자주 언급된 것은 아니었다. 실제로 18세기인들은 다른 대체 용어들을 사용하여 이런 입장을 표현했다. 특히 도덕철학에서 근대의 입장과 고대의 입장 사이에 연관성을 부여하는 것이 그런 대체 용어들의 가장 중요한 용법이었다. 당시에는 누구나 고대의 사상과 역사를 공부했다. 18세기 사람들은 근대의 입장들을 각각 고대의 특정한 관점을 되살려내는 시도로 규정할 수 있다고 생각했다. 그래서 근대 사상가들을 각각 신플라톤주의자, 신아리스토텔레스주의자, 신스토아주의자, 신에피쿠로스주의자 등으로 불렀다. 이 각각의 입장은 기독교와 비교·대조되기도 했고, 기독교적 요소와 뒤섞이기도 했다. 더 중요한 것은 근대의 논쟁들이 고대에 있었던 논쟁을 재현하는 것으로 이해되기도 했다는 점이다. 따라서 사람들은 논쟁을 이루는 테제와 반테제 모두를 적어도 특정한 형태로나마 이미 알고 있었고, 그렇기에 무엇이 혁신적인지 혹은 혁신성을 결여하고 있는지를 손쉽게 파악할 수 있었다.

18세기의 사고방식을 복원하기 위해서는 이 사실을 기억하는 것이 매우 중요하다. 그러나 방법론적으로 주의할 사항이 있다. 최근 학계에서는 이런 신고대적 범주들이 복원되어, 18세기에 가리켰던 당대의 도덕철학적·정치철학적 입장을 지칭하는 역사적으로 유효한 개념으로 사용되고 있다. 물론 그것들의 '역사성'에 대해서는 의심의 여지가 없다. 중요한 사실은 '스토아적Stoic', '에피쿠로스적Epicurean' 같은 형용사들은 (유사)역사적 계보를 끌어다 쓰지 않고서는 난립한 입장들을 명명하기 어렵다는, 오늘날 우리가 직면하는 것과 마찬가지의 곤란함을 해결하기 위해 그 시기에 널리 사용된 면이 있다는 점이다. 이 형용사들은 근대의 입장에 이름표를 붙이기 위해 고대적 입장의 특정한 면모를 취사선택해 만들어낸 일종의 인위적인 고안물이었으며, 지금도 그렇게 사용된다. 그것들은 다양한 층위에서 활용되었고, 그 정확한 의미를 두고 갖가지 논쟁이 무성했다. 이런 이름표는 일종의 대리물로서, 그것이 논쟁의 도구로 활용되었던 각 시대의 정확한 층위에서 복원되어야 한다. 고대 도덕철학의 이름표를 근대의 명명 도구로 사용하는 것은 예나 지금이나 논쟁을 불러일으킨다. 그 개념들이 18세기에 사용되었을 때 내포했던 복잡성보다 더 세밀한 의미를 우리가 지금 그것들에 부여할 필요는 없다. 고대의 철학적 입장들에 대한 오늘날의 정교한 연구 결과를 바탕으로 그 이름표들을 재구성하는 것이 몇몇 철학적 의미와 개념적 가능성을 더 명확히 밝히는 데 도움이 될 수는 있지만, 그런 대체 작업이 초기 근대, 18세기의 논쟁을 이해하는 데 오히려 방해가 되는 경우가 많다. 물론 18세기의 철학자들 역시 늘 이런 기술을 활용하곤 했다. 그러나 이와 같은 기술적 차원을 넘어서까지 그런 이름표를 사용하는 것은 도움이 되지 않는다. 그것은 역사적 맥락을 벗어나는 일이다.

홉스의 정치철학이 비록 아리스토텔레스의 조온 폴리티콘 개념을 일축하는 데서 출발하기는 하지만, '사회성에 근거하지 않은 사회'에 대한 논쟁을 재구성하는 시도가 그 자체로 플라톤이나 아리스토텔레스의 입장과 동일한 것은 아니다. 실제로 이 논쟁은 후기 그리스 또는 헬레니즘 도덕철학의 학파들 간의 대조를 통해, 특히 대체로 에피쿠로스주의와 스토아주의를 대조하는 방식으로 진행되었다. 에피쿠로스주의와 스토아주의의 다양한 측면이 부각되어왔으나, 근본적으로 에피쿠로스주의라는 이름표는 인간의 정초적 사회성이 존재하지 않거나 극도로 약하다는 입장을, 스토아주의라는 이름표는 사회성 이론을 옹호하는 입장을 가리키는 용도로 사용되었다. 스토아주의자와 에피쿠로스주의자는 도덕철학자였고, 우주론을 다룰 때를 제외하면 그들의 교의는 도덕철학의 근본적인 유형을 분류하는 기준으로 간주되었다. 이 경우 스토아주의는 행복과 효용보다 덕과 도덕성이 우선한다는 사고를 가리키는 것이 되었다. 에피쿠로스는 그 자신은 매우 도덕적인 인물로 인정받았으나 삶의 궁극적인 목적은 행복이며 도덕성은 그것에 도달하는 수단이라고 설파한 사람으로 인식되었다. 도덕철학을 가르치던 18세기의 교사들은 일반적으로 스토아주의와 에피쿠로스주의 사이에 이처럼 목적과 수단의 근본적인 구분이 존재했다고 가정하고 그것을 소개함으로써 도덕에 대한 논의를 시작했다. 이런 식의 토론에서 출발점이 되는 문헌은 키케로의 《최고선악론 De finibus bonorum et malorum》(45 BCE)이었는데, 각 입장을 소개하고 그것들의 단점을 논증하는 내용을 담고 있었기 때문이다. 스미스는 1750년대에 글래스고대학에서 도덕철학사를 강의할 때 《최고선악론》을 교재로 사용했으며, 같은 시대에 칸트 역시 쾨니히스베르크에서 같은 주제를 강의할 때 그렇게 했다. 스미스가 《최고선악론》을 사용한 방식을 살펴볼 기회가 차후에 있겠지만, 그전에 서론격으로 칸트의 《윤리학강의Lectures on Ethics》(1760~1794)에서 제시된 이 고대 학파들에 대한 명료한 정의를 살펴보자.*

  나는 지금 칸트를 그가 이후의 비판기에 개진할 도덕철학에 바탕을 둔 권위 있는 사상가로서가 아니라, 스미스와 루소를 비교하는 작업에 대조군 역할을 하는 당대의 텍스트로서 활용하고 있다. 곧 살펴보겠지만, 칸트는 고대의 입장들을 가리키는 애초의 유형론에 견유학파Cynics와 디오게네스를 추가함으로써 자신의 도덕철학사 서술 안에 루소의 입장이 놓일 수 있는 여지를 만들었다. 칸트는 《최고선악론》을 출발점으로 삼아 고대 도덕철학이 '최고선supreme good, summum bonum'에 대한 정의로부터 시작되었다고 진술했다. 최고선은 육체적 선과 도덕적 선으로 이뤄졌는데, 그것들은 각각 수단과 목적에 대한 논의로 연결되었다. 칸트에 따르면 에피쿠로스는 행복이 목적이고 도덕은 그것에 도달하는 수단이라고 믿었고, 스토아주의의 창시자인 제논은 그와 반대로 가르쳤다. 스토아주의에서는 도덕성이 목적이었고 행복은 도덕성의 산물이었다. 스토아주의는 도덕성이 우선한다고 가

---

* Immanuel Kant, "Moral Philosophy: Collins's Lecture Notes," trans. P. Heath, in P. Heath and J. B. Schneewind (eds.), *The Cambridge Edition of the Works of Immanuel Kant: Lectures on Ethics* (Cambridge: Cambridge University Press, 1997), pp. 44–54.

르친 반면, 에피쿠로스주의는 도덕성이 행복 추구의 결과라고, 즉 도덕성이 중요하기는 하지만 부차적인 것이라고 설명했다.

목적과 수단을 한 쌍으로 놓는 이와 같은 도덕철학적 도식은 18세기 논쟁의 근본적인 구조였다. 이 논쟁에서 도덕성을 우선하는 관점은 사회성을 우선하는 입장과 같은 것으로 간주되었다. 반대로 도덕성의 결여, 적어도 초기 인류에게 도덕성이 결여되어 있었다는 관점은 인간의 본원적 사회성을 부정하는 입장과 동일한 것으로 간주되었다. 그 결과 스토아주의와 에피쿠로스주의의 차이는 도덕철학과 정치철학의 기저에 있는 인간학적 범주로서의 사회성 문제에 대한 대립으로 바뀌었다. 근대의 정전正典 또한 이에 따라 구축되었다. 홉스는 인간의 사회성을 부정하는 사람으로 서술되었으며, 따라서 에피쿠로스주의자로 간주되었다. 홉스가 말하는 자연상태는 분명 사회성이 사라졌거나 불충분한 최소치로 전락한 상태였는데, 이와 조금이라도 비슷한 입장은 모두 에피쿠로스주의로 서술되었다. 비록 당대 사료에서 '상업사회'라는 표현이 사용되는 예시나 (푸펜도르프라는 의미심장한 예외를 제외하면) 그것에 대한 명확한 분석적 논의가 흔히 발견되는 것은 아니지만, 자연상태 개념과 그 파생 개념들의 의의와 용법이 쟁점이 되는 경우에 에피쿠로스주의라는 비난이 등장하는 것을 종종 찾아볼 수 있다.

도덕성 논쟁과 사회성 논쟁 사이에 이런 식의 직접적인 연결을 상정하는 사고가 초기 근대 유럽의 전통에 보편적으로 존재했던 것은 아니다. 그러나 스미스는 바로 그와 같이 사고하는 전통 아래에서 교육받았다. 그의 스승이자 글래스고대학의 전임자였던 프랜시스 허치슨Francis Hutcheson은 자신의 전임자로부터 최소한 명목상으로나마 푸펜도르프의 사상을 중심으로 구성된 자연법학과 도덕철학 교과과정을 물려받았다. 그는 도덕성과 사회성 개념을 거의 동의어처럼 사용하면서 두 개념 모두를 옹호했고, 자신을 근대 기독교 스토아주의자로 기술했다. 허치슨은 에피쿠로스주의가 인간의 일차적인 사회성과 도덕성을 부정하는 입장이라고 보았기에 그것을 경멸하고 비판했으며, 홉스를 근대 에피쿠로스주의의 지도자로 명확히 지목했다. 우리는 푸펜도르프를 홉스의 비판자이자 기독교적 사회성의 지지자로 생각할 수 있지만, 허치슨이 볼 때 그는 일종의 홉스주의자였다. 왜냐하면 푸펜도르프는 사회성 논의에 홉스의 자연상태 방법론을 끌어들여 적용함으로써 적어도 최초의 순간을 상정할 때는 효용으로부터 사회성을 도출했기 때문이다. 허치슨은 스미스에게 이런 입장을 거부하라고 가르쳤다.

  허치슨의 학문적 논적은 푸펜도르프였지만, 그의 진짜 적은 버나드 맨더빌Bernard Mandeville이었다. 맨더빌은 네덜란드 사람으로《꿀벌의 우화The Fable of The Bees or Private Vices, Publick Benefits》(1714)의 저자였는데, 허치슨은 맨더빌이 도덕성과 덕을 추구하는 정치의 적이자 위험한 에피쿠로스주의자라고 생각했다. 아일랜드에서 공화주의자 집단에 합류했던 허치슨은 이후 글래스고대학의 도덕철학 교수로 임명되면서 아일랜드 공화주의 사상을 들여왔다. 청년 스미스는 허치슨에게서 공화주의 정치사상과 기독교적 신스토아주의 윤리학을 교조적으로 가르치는 수업을 받았다. 그 강의는 홉스, 푸펜도르프, 맨더빌 등의 이름과 결부된 일종의 흐릿한 사회성 개념, 그리고 상업사회에 대한 본능적 증오에 바탕을 두고 있었다. 허치슨은 아일랜드와 글래스고에서 자신이 가르친 내용을 집대성한 대표작 《도덕철학 체계A System of Moral Philosophy》(1738)에 대해 "뒤죽박죽"이라고 묘사했다. 이는 그가 자신의 저술을 철학적 격언들의 혼합에 불과한 실패작으로 간주했다는 의미로 해석된다. 이 말은 아마도 자기 시대의 학문적 자연법학을 지배했던 포스트-푸펜도르프주의의 틀 안에서는 자신의 스토아주의와 공화주의를 적절히 표현할 수 없다는 뜻이었을 것이다. 그러나 그 표현은 그의 도덕적·정치적 입장을 그 법학적 외피로부터 분리해내는 데는 도움이 된다. 허치슨은 인간이 종種으로서 사회성을 타고난다는 것에 대해 근본적이고도 강력한 도덕적인 입장을 견지할 필요가 있다고 주장했는데, 이때 그는 자신의 도덕철학·정치철학과 기독교 신앙을 함께 잘 조화시켜 사용했다.*

바로 이 지점에서 나는 이 장의 부제인 '장-자크 루소 문제'로 진입하려 한다. 물론 이 구절은 일종의 농담이지만, 진지한 의도를 담은 농담이다. 이 표현은 나와 마찬가지로 루소를 다

---

* 〔옮긴이〕 Gabriella Silvestrini, "Rousseau, Pufendorf and the Eighteenth-Century Natural Law Tradition," *History of European Ideas*, 36:3 (2010), pp. 280-301; Lisa Broussois, "Francis Hutcheson on Luxury and Intemperance: The Mandeville Threat," *History of European Ideas*, 41:8 (2015), pp. 1093-106; Erik W. Matson, "Commerce as Cooperation with the Deity: Self-Love, the Common Good, and the Coherence of Francis Hutcheson," *The European Journal of the History of Economic Thought*, 30:4 (2023), pp. 507-24.

룬 에른스트 카시러Ernst Cassirer의 아주 유사한 문구인 "장 자크 루소의 문제Das Problem Jean Jacques Rousseau"와는 조금 다르다. 나의 표현이 모방하고 있는 이른바 '애덤 스미스 문제'는 스미스를 이해하려는 이들에게 오랫동안 주된 걸림돌로 여겨졌다. 여기서 '문제'란 스미스가 도덕철학을 다룬 《도덕감정론》과 정치경제학을 논한 《국부론》이라는 두 권의 주저를 출간했다는 사실에서 비롯된 불행한 결과물이었다. '애덤 스미스 문제'는 기본적으로 스미스의 (비)일관성을 어떻게 해석하느냐의 문제라고 할 수 있다. 이 문제의 바탕에는 시장에는 도덕성이 결여되어 있으며 따라서 시장의 이론가들에게도 도덕성이 결여되어 있을 것이라는 철학적 전제가 깔려 있다. 갖가지 오해로 (그리고 사실상 《도덕감정론》에 대한 단순한 지식 부족으로) 인해 《도덕감정론》은 순전히 도덕성을 논의하는 책으로 간주되었으며, 이는 스미스가 자유무역을 열렬히 지지하는 정치경제학자였다는 사실과 양립할 수 없다고 여겨졌다. 결과적으로 스미스는 첫 번째 책을 출간한 뒤 두 번째 책을 쓰는 기간에 프랑스의 에피쿠로스주의적 유물론자들과 중농주의자들Physiocrats, économistes의 영향을 받아 생각을 바꾼 것으로 추정되었다.

이러한 가설은 19세기 말에 전기적biographical 차원에서 결정적으로 반박되었다. 철학적 논의에서는 '애덤 스미스 문제'가 독일의 둔감한 지성에서 비롯된 것으로 간주되었다. 이는 스위스에서 활동한 독일인 경제학자 아우구스트 옹켄August Oncken이 1898년에 만든 해당 표현이 이제 거의 유행하지 않게 된 이유 가운데 하나일 것이다. 종종 지적되듯, 《도덕감정론》은 《국부론》

과 마찬가지로 상업사회를 분석했다. 즉 두 책의 분석 대상은 동일했다. 이런 사실에도 불구하고 '애덤 스미스 문제'를 별로 중요하지 않은 것으로 넘겨버린다면 본래의 요점을 놓칠 수 있다. 과연 우리는 상업사회를, 또 그에 대한 모든 분석을 도덕적인 것으로 간주할 수 있는가? 또는 그렇게 간주해야만 하는가? 스미스는 어떻게 그토록 미덥지 못한 기초 위에서 가까스로 도덕성을 짜낼 수 있었던 것일까? 만약 스미스가 정말로 상업사회를 도덕성의 원천으로 분석하고 있었다면, 그는 홉스주의자나 에피쿠로스주의자로 분류될 위협을 무릅쓰고 있었던 셈이다. 이것이 사실이라면, 현대의 많은 주석가들이 가정하듯 두 책 모두에 도덕적인 내용이 없으므로 그 둘은 조화를 이루게 된다. 앞으로 살펴보겠지만, 이는 《도덕감정론》을 읽은 동시대 스코틀랜드인 다수의 견해이기도 했다. 이 문제는 나중에 스미스와 루소를 비교 분석하면서 중점적으로 조명할 예정이다.

이른바 '장-자크 루소 문제'는 어떤 의미에서 '애덤 스미스 문제'와 정반대의 양상을 띤다고 할 수 있다. 스미스가 그 시대의 상업적 현실과 정치를 옹호한 이로 간주된 반면, 루소는 그에 대한 가장 비타협적인 혹은 몹시 신랄한 비판자로 인식되었다. 만일 상업사회에 대한 도덕적인 입장과 정치적인 입장 사이에 연관성이 있다고 보는 것이 맞다면, 루소는 마땅히 반에피쿠로스주의 편에 선 완고한 도덕주의자여야 했을 것이다. 그러나 아무리 상상의 나래를 펼쳐보아도 루소는 그런 유의 도덕주의자가 아니었다. 이 자명한 사실 때문에 그때나 지금이나 그의 벗들은 그를 해석하길 어렵게 여긴다. 루소의 도덕적 인간학과 정치사상 사이에는 균열이 존재하는데, 이는 일종의 전도된 애덤 스미스 문제라고 할 수 있다. 흥미롭게도, 출판된 글을 통해 이 사실을 처음 지적한 사람은 스미스였던 것으로 보인다. 루소의《인간불평등기원론》은 1755년 4월 말에 출판되었고, 이 작품에 대한 스미스의 서평은 그로부터 채 1년도 지나지 않은 1756년 3월에 (결국 단명한) 1기《에든버러 비평Edinburgh Review》(1755~1756)의 제2호 겸 최종호에 게재되었다. 이 서평에서 스미스는 영국적 맥락에서 자신의 스승 허치슨이 속한 세대의 업적을 검토한 뒤 프랑스 도덕철학의 현황을 검토했다. 스미스는 이전 세대의 영국 도덕철학자들이 진정으로 혁신적이었다고 주장하는 한편, 1740년대부터는 도덕철학이 프랑스에서 활력을 얻었으며 혁신적인 작업의 다음 물결이 등장할 것으로 예상되는 지역 또한 프랑스라고 주장했다. 이런 맥락에서 그는 루소에 관해 자신이 다뤘던 그 어떤 저작보다 긴 분량의, 그리고 18세기의 기준에서는 이례적일 만큼 솔직하고 분석적이며 대놓고 도발적인 논평을 썼다.

    허치슨이 공화주의, 사회성에 대한 신념, 그리고 신스토아주의를 빈틈없이 통합해 하나의 담론으로 결합시킨 반면, 스미스는 바로 그런 스승과 의견을 달리하는 제자였다는 사실을 기억하자. 스미스는 루소가 플라톤적인 숭고함을 지니고 자신의 정치적인 신조를 저술하는 강경한 공화주의자라는 점을 간파했다. 그는 특히 이 제네바인이 자기 고향에 바친《인간불평등기원론》의 장황한 연설에 드러난 애국심에 경탄했다. 그러나 이 서평의 절정이자 가장 극적인 명제는 루소 글의 중심을 이

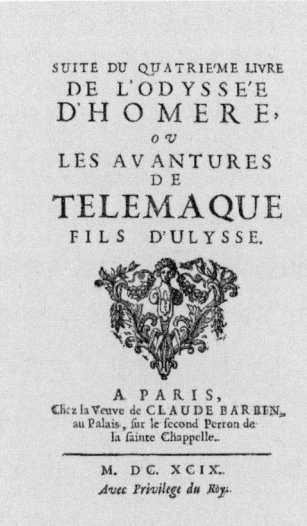 

(왼쪽부터) 페늘롱의《텔레마코스의 모험》(1699), 맨더빌의《꿀벌의 우화》(1714)

루는 도덕적·이론적 담론이 허치슨의 숙적인 맨더빌의 작업과 몹시 비슷하며 어쩌면 그것에 빚지고 있을 수도 있다는 것이었다. 스미스는 맨더빌을 "사적 악덕이 곧 공적 이익"이라는 역설의 저자로서 언급하지는 않았다. 그 역설은 맨더빌의 초기 작업, 즉 그가 자코바이트 페늘롱주의Jacobite Fenelonianism에 맞서 1704년에 내놓았으며 1714년에 확장한 비판에 등장했던 구호였다.* 스미스는 루소를 맨더빌의《꿀벌의 우화》초판과 동일시하지는

---

* 다음을 참조하라. István Hont, "The Early Enlightenment Debate on Commerce and Luxury," in M. Goldie and R. Wokler (eds.), *The Cambridge History of Eighteenth-Century Political Thought* (Cambridge: Cambridge University Press, 2005), pp. 377–418.

않았다. 오히려 그는 《인간불평등기원론》과 《꿀벌의 우화 제2권》의 유사점을 지적했다. 《꿀벌의 우화 제2권》은 이전의 《꿀벌의 우화》 초판과는 별개의 저작으로 1728년에 처음 출간되었으며, 1732년 맨더빌이 명예와 애국심에 관한 책을 출간하면서 마무리되었다.* 초판은 프랑수아 페늘롱François Fénelon의 《텔레마코스의 모험Les Aventures de Télémaque》(1699)을 비판했다. 샤프츠베리 Anthony Ashley Cooper, 3rd Earl of Shaftesbury를 비판하는** 《꿀벌의 우화 제2권》은 사회성의 근원과 그것에서 귀결되는 도덕성의 근원에 초점을 맞췄다. 특히 자존심amour-propre의 개념과 어휘를 둘러싸고 논의를 전개하는 저작으로서, 이 책은 영어로 해당 개념의 대응어를 만들어내고 이와 반대되는 도덕적 의미를 내포할 수 있는 혁신적 신조어를 만들고자 했다. 스미스는 루소가 맨더빌처럼 인간이 자연적 사회성을 갖지 않는다는 전제에서 출발해 그로부터 근대 문명의 더욱 세련된 특징들, 곧 도덕적·문화적 특징들이 출현하게 되는 역사를 구축하고 있음을 한 치의 망설임 없이 지적했다.

  스미스는 맨더빌과 루소가 서로 다른 각도에서 이 주제에 접근했다는 점을 인지하면서도 둘 사이에 분명한 공통점이 있다고 말했다. "두 사람 모두 인간에게는 사회 그 자체를 위해 사회를 추구하게 만드는 강력한 본능이 없다고 상정한다."*** 즉 스

---

*   Bernard Mandeville, *An Enquiry into the Origin of Honour; and the Usefulness of Christianity in War* (London: John Brotherton, 1732).
**   다음을 참조하라. Hont, "Early Enlightenment Debate," pp. 377–418.
***   Adam Smith, "A Letter to the Authors of the Edinburgh Review,"

미스가 볼 때 루소의 사상은 맨더빌의 저속함을 피하면서도 허치슨의 공화주의와는 반대되는 근원에서 출발하는 공화주의였다. 도덕이론에 관한 당시의 지배적인 고정관념에 따르면, 루소의 공화주의는 에피쿠로스주의적인, 즉 홉스주의적인 공화주의였다. 스미스는 루소가 도덕적 토대의 한 가지 특정 지점에서 맨더빌을 비판하고 또 이 영국계 네덜란드인 저자(맨더빌)의 논리를 유의미하게 개량하고 있음에 주목했다. 맨더빌은 인간의 체질 안에 타인을 배려하는 본능 혹은 느낌이 존재한다는 것을 인정했는데, 그것은 곧 연민pity 혹은 타인의 고통에 공감할 수 있는 능력을 가리켰다. 맨더빌은 이것이 매우 자기중심적이고 이기적인 행동이라고 생각했다. 그러나 스미스는 루소에게서 다음과 같은 사실을 알아차렸다. 루소에 따르면 연민의 기저에 있는 메커니즘에는 자기중심성보다 훨씬 더 바람직한 것, 다시 말해 덕성을, 혹은 좀 더 정확하게 복수형으로 말하자면 (맨더빌의 이기적인 체계가 부정했던) 온갖 덕성들virtues 혹은 칭송할 가치가 있는 행위 양상들을 생산해낼 능력이 있었다. 스미스가 당대인들이 에피쿠로스주의를 떠올릴 법한 입장에 매우 가까운 방식으로 덧붙인 바에 따르면, 루소의 사상에서는 이런 방식으로 덕성을 생산하는 메커니즘 그 자체가 덕성은 아니었으므로, 그것은 사회적 지위에 관계없이 모든 인간에게서 작동할 수 있었다. 여기

---

in W. P. D. Wightman (ed.), *The Glasgow Edition of the Works and Correspondence of Adam Smith: Essays on Philosophical Subjects* (Oxford: Oxford University Press, 1980), p. 250.

서 스미스는 사회에서 높은 문화적 지위를 점한다는 사실을 보여주는 특징이 전혀 없는 사람이라 할지라도 도덕문화를 생산할 수 있는 여지가 있다고 주장했다. 그는 이것이야말로 만인이 참여할 수 있는 민주적 도덕문화의 기반이라고 보았다.

  스미스는 루소를 맨더빌보다 더 많은 진전을 이뤄낸, 맨더빌보다 뛰어난 맨더빌로 묘사했다. 그는 자신의 책《도덕감정론》에서 동일한 전략을 채택했는데, 루소가 맨더빌을 넘어설 수 있었던 통찰, 즉 연민에 작용하는 메커니즘을 인식 가능한 도덕성의 모든 양상에 일반화하여 적용하는 방식을 자기 책의 주춧돌로 삼았다. '애덤 스미스 문제'를 해명하고자 하는 사람은 누구든 연민의 본능을 이처럼 도덕성의 원형으로 활용하려는 시도가 유의미한 도덕이론으로 발전해나갈 수 있을지, 아니면 그저 잘못된 토대에서 출발한 실패에 불과한지 평가해야만 한다. '장-자크 루소 문제'도 마찬가지다. 루소의 공화주의를 평가하기 위해서는 이런 출발점이 루소의 정치사상에서 어떤 결과들로 귀결되었는지를 명확히 할 필요가 있다. 루소는 당대에 빈번히 에피쿠로스주의자나 홉스주의자로 간주되었는데, 이런 비난이 타당한지는 검토가 필요한 문제다. 어쨌든 '정치경제학자 스미스'와 '정치경제의 핵심적 비판자 루소'는 도덕적 토대를 공유한 것으로 보인다. 이는 그 자체로 면밀하게 살펴볼 가치가 있는 사실이다.

  비록 스미스가 루소 도덕철학의 출발점을 칭찬하고 또 음미하기는 했지만, 그렇다고 루소의 정치사상을 지지한 것은 아니었다. 그가 루소의 공화주의를 유감스럽게 바라보았을지는 전혀 분명하지 않지만, 루소의 담론에서 도덕과 정치라는 두 부분이 서로 연결되는 방식에는 매우 비판적이었다. 스미스는 인류사의 초기 단계가 (이를 비참하게 평가한 맨더빌과 달리) 바람직했고 다만 그 귀결이 좋지 않았다는 루소의 상충된 평가를 논하면서, 이것이 목가적인 소설과 회화에나 어울릴 법한 도구를 사용해 만들어진 역사관이라고 기술했다. 숭고한 플라톤주의의 수사적 성취라는 평가가 냉소적인 뉘앙스를 띠는 것과 마찬가지로, 이 말은 칭찬이 아니었다. 또한 스미스는 루소가 어느 정도 '철학적 화학'을 실행했다고 주장했는데, 이런 논평 역시 루소가 문헌이나 개념을 기민하게 취급했다는 가치중립적인 묘사와는 거리가 멀었다. '철학적 화학'이라는 개념을 사용했던 또 다른 예로는 데이비드 흄David Hume을 들 수 있는데, 그는 도덕적 삶의 위선, 즉 모든 도덕적 또는 사회적 행위의 이면에는 이기적인 동기가 있다는 점을 증명하기 위해 "이기적 체계selfish system" 사상을 전개한 프랑스의 도덕가들을 묘사하면서 이 개념을 언급한 바 있었다.* 이와 마찬가지로 스미스에게 루소는 반대편의 문학적 장르로 위장했을 뿐 실제로는 라 로슈푸코François de La Rochefoucauld나 맨더빌의 풍자를 능숙하게 모방하고 있는 작가로 보였다. 더욱 중요한 것은 스미스가 정의(또는 법제도와 법률)와 정치의 기원에 대한 루소의 생각을 신랄하게 비판했다는 점이다. 스미스

---

* David Hume, *An Enquiry concerning the Principles of Morals*, in T. L. Beauchamp (ed.), *The Clarendon Edition of the Works of David Hume* (Oxford: Oxford University Press, 1998), A2.1–4; SBN 295–97.

는 자존심이 역사적으로 만들어진 것이라는 생각은 기꺼이 인정했다. 그러나 그는 맨더빌과 루소 모두에게서 찾아볼 수 있는 생각, 즉 정의와 정부가 남보다 우월해지고자 하는 인간 욕망(자존심)의 산물이라는 규정은 거부했다. 스미스는 루소의 생각을 다음과 같이 요약했다. "모든 사람들 사이에 존재하는 현재의 불평등을 유지시키는 정의의 법칙은 본래 타인에 대한 비자연적이고 부당한 우월성을 유지하거나 얻으려 하는 교활하고 힘 있는 자들의 발명품이다."* 스미스는 여기에 직접적인 논평을 덧붙이지는 않았으나, 그의 책을 읽는 사람이라면 누구든 스미스가 루소의 이런 생각에 동의하지 않는다는 것을 알 수 있다.

사태는 매우 명확하다. 이 해석이 옳다면 스미스와 루소는 도덕적 기초에 대한 이론들, 그리고 어쩌면 정치적인 꿈 또는 목표까지도 일부 공유했을 것이다. 스미스가 공화주의를 못마땅하게 여기고 있음을 짐작케 하는 구체적인 단서는 이 서평에 나타나지 않는다. 또한 우리는 1784년에 스미스를 만난 프랑스인 여행자 바르텔레미 포자 드 생-퐁Barthélemy Faujas de Saint-Fond의 기록을 통해 스미스가 루소에 대한 존경을 표현했으며 포자에게 "《사회계약론》이 언젠가 루소가 겪은 모든 박해를 보상해줄 것"이라고 말했다는 사실을 알고 있다.** 그러나 스미스는 적어

---

*   Smith, "Letter," p. 251.
**   Barthélemy Faujas de Saint-Fond, *A Journey Through England and Scotland to the Hebrides in 1784: Undertaken for the Purpose of Examining the State of the Arts, the Sciences, Natural History and Manners, in Great Britain*, 2 vols., trans. Sir Archibald Geikie (London: James

도 《인간불평등기원론》(이 작품의 독특한 면모는 나중에 더 논의할 생각이다)에 대한 서평에서는 루소가 그 자신의 기획에서 도덕과 정치라는 양쪽 꼭지를 연결하는 방식을 두고 분명하게 불만을 표시했다. 스미스와 루소가 적어도 일정 선까지는 동일한 도덕이론을 공유했지만, 더 나아가서는 도덕의 토대와 사회성의 양식에 관한 동일한 관념에 상이한 정치적 전망을 결합했다고 할 수 있다. 좀 더 정확하게 말하자면 양자는 동일한 도덕이론에 상이한 정치이론을 연결했으며, 이는 다시 서로 매우 다른 여러 판본의 공화주의를 출현시켰다. 이런 주장을 탐구하는 것이 바로 이 책의 주된 목표다.

    이제 이 장의 마지막 부분으로 넘어갈 차례다. 루소와 스미스에게는 또 다른 공통점이 있었으니, 이는 바로 두 저자 모두 매우 야심 찬 사상가였다는 사실이다. 1750년대 중반, 대략 비슷한 시기에 그들은 서로 매우 유사한 거대한 정치사상적 기획을 발전시켰다. 두 사람 모두 몽테스키외의 《법의 정신 De l'Esprit des loix》(1748)에 깊은 감명을 받았으며, 아마도 그 글을 읽고 동요했을 것이다. 그들은 그 저작의 이론화가 충분히 수행되지 않았다고, 혹은 저작에 담긴 이론이 무수한 사실과 경험적 분석의 바다 밑에 가라앉아 있다고 느꼈다. 또한 두 사람 모두 정치에 대한 체계적인 연구, 이를테면 근대 자연법·국제법 전통의 주춧돌이 된 그로티우스 Hugo Grotius의 《전쟁과 평화의 법 De iure belli ac pacis》(1625)에 맞먹거나 더 뛰어난 연구가 필요하다고 느꼈다. 스미

Ridgway, 1799), vol. 2, p. 242.

스는 1759년에《도덕감정론》을 발표하면서 다음 작업을 예고했다. 물론 예정되어 있던 그 작업의 일부가《국부론》과 겹쳤고《국부론》제3권은 아예 통째로 그 기획에서 비롯되긴 했지만, 그것은《국부론》과는 별개의 저작이었다. 스미스는 정의에 대한 고대 도덕철학자들의 작업에 불만을 표했다. 또한 그는 각국의 근대적 법체계의 발전 및 법률적 비판에 필요한 규범적인 핵심 담론이 부재한다고 한탄했다. "각국 법률의 미비한 점과 개선점에 대한 법률가들의 추론이 현존하는 모든 제도로부터 독립적으로 존재하는 정의의 자연법칙에 대한 탐구를 불러일으켰으리라 생각해볼 법한데", 이는 "만민법을 관통하며 그것의 근간이 되어야 마땅한 일반 원칙들의 이론"으로 이어질 수 있을 만한 것이었다. 그리고 그는 계속해서 다음과 같은 야심을 드러냈다.

> 그로티우스는 만민법을 관통하며 그것의 근간이 되어야 마땅한 저 원칙들의 체계 비슷한 것을 세상에 내놓으려 한 최초의 인물인 것으로 보인다. 그리고 전쟁과 평화의 법에 대한 그의 논고는 그 불완전성에도 불구하고 아마 지금으로서는 이 주제에 관한 최고의 저작일 것이다. 나는 다른 글에서 법과 정부의 일반 원칙들을 설명하고, 법과 정부가 정의와 관련해, 치안, 조세 수입, 군대 등과 관련해, 그리고 그 밖에 법의 대상이 되는 모든 것들과 관련해 사회의 다른 시기·시대에 거쳐간 서로 다른 여러 변혁에 대해 설명하고자 한다.*

루소 역시 자서전에서 '가능한 최상의 정부형태가 무엇인가'라는 거대한 질문에 답하기 위해 정치제도에 관한 책을 쓰고자 한다고 밝혔다. 이 때문에 그는 앞의 질문과 동일하지는 않지만 그로부터 촉발되는 다음 질문에 답할 필요가 있었다. "본성상 법에 가장 가까운 정부는 무엇인가? 그리고 법이란 무엇인가?"** 《인간불평등기원론》, 《언어기원론 Essai sur l'origine des langues où il est parlé de la mélodie et de l'imitation musicale》(1755/1781), 《사회계약론 Du contrat social ou Principes du droit politique》(1762)이 바로 이러한 기획에 속하는 저작이었다. 루소는 자신의 기획이 체계 측면에서는 그로티우스로부터 영감을 얻었을 수 있다고 쓰면서도, 동시에 정치적 권리rights의 개념이라는 측면에서 보면 그로티우스와 홉스 사이에서 별다른 차이를 찾을 수 없다고 단언했다. 그는 그로티우스를 칭송하고 홉스를 배척하는 사람들이 그들 사상의 기저에 놓인 쟁점을 전혀 이해하지 못한다고 비판했다.*** 그러나 그것을 이해하고 있던 루소 본인도 홉스를 전면적으로 분해·정비하려는 스스로의 기획을 마무리하지는 못했다.

루소와 스미스의 야심은 분명 놀라울 정도로 비슷했으며,

---

* Smith, *TMS*, VII.iv.37.
** Jean-Jacques Rousseau, *The Confessions and Correspondence, Including the Letters to Malesherbes*, ed. C. Kelly, R. D. Masters, and P. Stillman, trans. C. Kelly (Hanover, NH: University Press of New England, 1995), book 9, 2.1, p. 340.
*** Jean-Jacques Rousseau, *Émile or on Education*, trans. and ed. C. Kelly and A. Bloom (Hanover, NH: University Press of New England, 2010), p. 649.

거의 동일하다고까지 말할 수 있다. 마찬가지로 그들의 작업 또한 미완성으로 남아 있다. 우리에게 남겨진 저작은 모두 야심 찬 기획의 편린들에 불과하다. 심지어 《국부론》이나 《사회계약론》과 같이 정식으로 출간된 책에 남아 있는 것조차도 말이다. 소실된 체계들을 완전히 되살려내는 일은 아마 불가능할 것이다. 그러나 그것들의 개요, 의도, 주된 이론적 취지가 무엇이었는지를 복원할 수는 있다. 우리가 이 사상가들을 과거 문헌의 저자로서뿐 아니라 오늘날 우리 시대의 이론적 사고 안에 여전히 남아 있는 존재로 이해하고자 한다면, 이런 복원 작업은 반드시 필요하다. 아마도 그들의 정치사상을 체계적으로 비교하는 일이 그 작업에 도움이 될 것이다. 이것이 이 책의 야심 찬 목표다. 여기서 나의 운명이 저 두 독창적인 사상가들의 운명과 다르지 않으리라는 것은 명백하다. 그러나 독자가 이 기획의 요점과 필요성을 분명히 이해하게 된다면 그것만으로도 이 책은 목표를 달성하는 셈이다. 서구에서 논의되는 '근대 대의제 상업공화국'의 사상적 기원을 살펴보면 그것이 루소와 스미스의 작업을 종합한 결과물임을 쉽게 알 수 있다. 그런 종합이 가능한 것은 두 사상가 모두가 상업사회의 이론가였기 때문이라고 볼 수밖에 없다. 특히 에마뉘엘 조제프 시에예스Emmanuel Joseph Sieyès의 정치사상은 대리적 노동에 의해 창조된 상업사회라는 이론에 닻을 내리고 루소와 스미스를 결합한 결과라고 볼 수 있다.* 루소와 스미스가 구상했

---

* Emmanuel-Joseph Sieyès, "What Is the Third Estate?," in *Political Writings, Including the Debate between Sieyès and Tom Paine in 1791*, ed.

던 (오늘날에는 소실된) 거대한 정치이론적 기획의 형태를 복원한다면, 우리는 그 두 사상가의 융합에 대해 일정한 판단을 내릴 수 있을 것이고, 또한 홉스 이후로 논의되어온 근대국가의 내적인 비밀 일부를 알 수 있을 것이다.

Michael Sonenscher (Indianapolis: Hackett, 2003).

2부
상업적 사회성

애덤 스미스 문제

앞 장에서 나는 루소와 스미스의 도덕이론이 특정한 토대를 공유했음을 논증했다. 그러한 공통의 토대로부터 우리는 루소의 도덕철학과 정치철학에서 '애덤 스미스 문제'라고 불리게 된 것과 유사한 내용을 찾을 수 있다. 나는 두 사상가가 모두 인간의 본성에는 도덕과 정치 양쪽의 토대가 될 수 있는 사회성이라는 일차적 혹은 천부적 원리가 부재한다는 생각을 기정사실로 받아들였음을 밝혔다. 따라서 루소와 스미스에게 사회란 이차적인 형태의 사회성을 낳을 수 있는 인간 본성의 다른 측면들을 통해 지탱되어야만 하는 것이었다. 나는 이처럼 사회가 역사적으로, 즉 일차적이 아니라 이차적으로 형성되는 과정을 설명하기 위해 상업사회 개념이 발명되었다고 말했다.

앞으로 나는 루소와 스미스의 정치사상이 상업사회에서 뻗어나온 것으로 간주되어야 한다는 전제 아래, 이차적 사회성이라는 토대 위에 세워질 수 있는 정치의 종류를 설명할 것이다. 1장에서 지적한 바와 같이 스미스가 루소의 가장 유명하고 영향력 있는 저작인 《인간불평등기원론》을 비평했을 때, 그는 도덕의 근원에 관한 루소의 통찰을 열렬히 지지하면서도 루소가 그 통찰로부터 정치이론을 추론해낸 방식 자체는 날카롭게 비판했다. 이 비판은 가치 판단의 차원에서 비롯된 것은 아니었다. 스미스가 문제 삼은 것은 루소가 인간이 가진 최소한의 사회성이 제공한 기초로부터 곧바로 정치적 역사를 전개하지 못했다는 점이었다. 이 비판은 상업사회에서의 정치에 대한 전망을 구체화하는 방식에서 둘 사이에 결정적인 차이가 있음을 드러내는 최초의 신호였다. 이 정치적 분기의 문제를 명확히 밝히는 일이 나의 목표이지만, 이번 장에서는 여전히 루소의 도덕적 전망과 스미스의 그것이 지녔던 가족유사성family resemblance에 초점을 맞추고자 한다. 다시 말해, 일단 '애덤 스미스 문제'와 '장-자크 루소 문제' 사이에서 의미 있는 유사성을 확인할 수 있다는 발상을 더 밀고 나가려 한다.

  나는 이 장을 스미스에서 시작해 그에게 대부분의 분량을 할애할 것이다. 비교연구를 수행하기 위해서는 스미스의 윤리사상이 루소의 사상과 어떤 점에서 같고 다른지가 쉽게 드러나는 방식으로 서술할 필요가 있기 때문이다. 내 생각으로는 스미스의 《도덕감정론》에 루소가 각인되어 있다고 주장할 만한, 언뜻 보기에도 명백한 근거가 있다. 루소에 대한 스미스의 서평에는 《인간불평등기원론》의 긴 발췌 번역문 세 단락이 포함되어 있었다. 스미스는 이후 자신의 《도덕감정론》 본문에서, 특히 발전된 상업경제의 형성에 효용이 기여한 역할에 대해 논하는 장에서 그것들을 (비록 루소의 이름이 언급되어 있지는 않지만) 인용하거나 다른 말로 바꿔 표현하기도 했다.* 차후 정치와 경제 사이의 관련성을 다루는 부분에 이르면 이처럼 스미스가 직접적으로 루소를 겨냥해 논쟁을 제기한 내용으로 다시 돌아오겠지만, 지금은 《도덕감정론》의 서두에 주목하고자 한다. 그 부분이 《도덕감정론》에 새겨진 루소의 직접적인 각인을 드러내는 훨씬 더 명백한 지점이기 때문이다. 맨더빌을 루소의 선배 격으로 보는 스미스는 이 서평에서 루소가 맨더빌을 뛰어넘어 이룩한 최고의 진전이 무엇인지를 다음과 같이 강조한다.

> 그러나 루소씨는 맨더빌 박사가 인간에게 자연적인 것이라고 유일하게 인정하는 상냥한 원칙인 '연민' 이외의 다른 덕성들에 대해서는 그 실재성을 부인했다고 비판한다. 루소씨가 볼 때 연민이 낳을 수 있는 다른 덕성들도 실재성이 있다는 것이다. 동시에 루소씨는 이 원칙이 그 자체로는 덕성이 아니지만, 야만인들과 가장 저속한 자들이 가장 세련되고 교양 있는 예절을 갖춘 사람들보다 더 높은 완성도로 그것을 간직하고 있다고 생각하는 듯하다.**

---

*   Smith, *TMS*, IV.I.10.
** Adam Smith, "Letter," p. 251.

《도덕감정론》의 서두는 바로 이 생각을 분명하게 힘주어 반복한다. 스미스는 책의 바로 첫 문장에서 연민이 타인을 배려하는 완전히 자연적인 메커니즘으로서 인간 본성에 내재해 있다는 생각을 독자들에게 다음과 같이 제시한다.

> 인간을 아무리 이기적 존재로 추정한다 하더라도, 인간의 본성에는 분명 몇 가지 원칙이 있다. 그 원칙들은 인간으로 하여금 다른 사람들의 운명에 관심을 갖게 하고, 그들의 행복이 자신에게 필요한 것이 되도록 만든다. 비록 그들의 행복을 목격하는 데서 얻는 즐거움 외에는 아무것도 얻지 못함에도 말이다. 이런 종류의 원칙이 바로 우리가 다른 사람들의 비참함을 보거나 매우 생동감 있게 인지할 때 느끼는 감정인 연민이나 동정심compassion이다.[*]

그런 다음 스미스는 서평에서 이미 강조했던 생각, 즉 연민은 문명적 성취나 문명의 효과가 아니며 감정적으로 세련된 사람뿐 아니라 모든 인간에게 존재한다는 생각을 다음과 같이 되풀이하여 말한다.

> 우리가 종종 다른 사람들의 슬픔을 보고 자신도 슬픔을 느낀다는 것은 어떤 증거 사례도 필요하지 않을 정도로 명백한 사실이다. 이런 감정은 인간 본성의 다른 모든 근

---

[*] Smith, *TMS*, I.i.I.1.

원적 정념들과 마찬가지로 결코 덕성 있고 인정 많은 사람들만 갖고 있는 것이 아니기 때문이다. 비록 그들이 아마도 가장 예민한 감수성으로 이런 감정을 느낄 수는 있겠지만 말이다. 사회의 법률을 아무렇지 않게 위반하는 가장 악독한 범죄자조차 이런 감정을 아예 느끼지 못하는 것은 아니다.**

그런 다음 스미스는 연민이 관찰자적 현상이지만 그렇다고 그것이 슬픔과 고통을 눈앞에서 실제로 관찰하는 경우에만 국한되는 것은 아니라고 설명하면서, 그 논리가 일반적으로 확장될 수 있다고 주장한다. 그는 동정심이 치명적인 재난을 눈으로 본 경우뿐만 아니라 모든 종류의 상황에서 인간의 모든 감정적 반응을 포괄하는 것일 수 있다고 말한다.

고통이나 슬픔을 만들어내는 눈앞의 상황들만이 동료감 fellow-feeling을 불러일으키는 것은 아니다. 어떤 대상이 어떤 사람의 내면에 일으키는 정념이 무엇이든 간에, 그가 처해 있는 상황을 생각하는 동안 모든 사려 깊은 관찰자의 마음에는 그에게 일어나는 것과 유사한 감정이 솟아오른다.***

**   Ibid.
***   Ibid., I.i.I.4.

마지막으로 스미스는 연민이나 동정심보다는 공감sympathy이 자신이 기술하는 일반적인 현상의 총칭이 되어야 한다고 제안한다. 이런 용어 사용이 대부분의 일반적인 언어 사용자들이 가진 직관과 다소 충돌하더라도 말이다.

연민과 동정심은 다른 사람의 슬픔에 대해 우리가 느끼는 동료감을 가리킬 때 사용되는 말이다. 아마도 원래는 공감이 〔연민이나 동정심과〕 뜻이 같았겠지만, 이제 공감은 모든 종류의 정념에 대해 우리가 느끼는 동료감을 가리킬 때 사용해도 별로 문제가 되지 않는 단어가 되었다.*

여기서 루소 사상과의 유사성을 분명하게 확인할 수 있도록 스미스를 재구성할 필요가 있겠다. 《도덕감정론》의 서문이 크게 내세우는 관념은 다름 아닌 '연민'으로, 스미스는 《인간불평등기원론》에 대한 서평에서 루소의 사상 중 이것을 가장 매혹적인 요소로 꼽은 바 있었다. 스미스의 서평을 읽은 사람이라면, 적어도 스코틀랜드에 살면서 그의 친구들과 교류했던 사람이라면 누구나 이 사실을 쉽게 간파할 수 있었다.

《도덕감정론》의 핵심 논거를 재구성하기 전에 내 해석의 역사적 근거를 좀 더 강조하고자 한다. 유럽 대륙, 특히 스위스에서는 루소가 인간의 사회성을 부정한 것을 일종의 에피쿠로스주의로 인식했으며, 그가 사회적 덕성이라는 대의와 거리를 두

---

* Ibid., I.i.I.5.

었다는 점에 주목했다. 19세기 독일에서 스미스의 도덕철학과 경제학 사이의 불일치에 (그것이 실제로 존재하든 혹은 상상의 산물이든) 주목했던 스미스 해석자들 또한 비슷한 생각, 즉 정치경제학이 본질적으로 에피쿠로스주의적이며 그런 점에서 근본적으로 비도덕적인 담론이라는 믿음을 물려받았다. 나는 이것이 스미스와 같은 시대에 살았던 대다수 스코틀랜드인의 관점이기도 했다는 사실을 보여주고자 한다. 그들의 관점에서는 비일관성이 초래하는 '애덤 스미스 문제' 따위는 존재하지 않았다. 오히려 그들이 보기에 《도덕감정론》은 《국부론》과 동일하게 '이기적인' 옷감으로 만들어진 옷이었다. 《도덕감정론》에 대한 당대의 반응 일부를 훑어보기만 해도, 당시 사람들이 스미스를 진지한 도덕이론가로 받아들이길 거부했음을 알 수 있다. 애덤 퍼거슨Adam Ferguson은 다음과 같이 썼다.

> 당신(스미스)은 두 명 이상의 사람 중 누군가가 행동을 하고 나머지 타인이 그 행동을 관찰할 때 그들(관찰하는 사람들)이 행동하는 사람의 감정에 동의하거나 동의하지 않는 것, 즉 찬성하거나 반대하는 것이 공감 혹은 공감의 결핍이라고 말한다. 당신은 우리에게 모든 차이가 결국 이런 공감 혹은 공감의 결핍에서 비롯된다고 말함으로써 옳고 그름에 대한 판단은 하지 않은 채 넘어가려고 한다.**

** Adam Ferguson, "Of the Principle of Moral Estimation," in J. Reeder (ed.), *On Moral Sentiments: Contemporary Responses to Adam*

퍼거슨은 공감이나 비공감이 발생하거나 관찰되지 않는 경우에 옳고 그름의 구별 역시 존재하지 않는다는 것이 스미스가 진정으로 주장하고자 하는 바였는지 질문한 후 다음과 같은 물음을 덧붙였다. "공감이 존재하느냐 아니냐에 따라 어떤 행위의 옳고 그름도 달라지는 것인가?"*

글래스고대학에서 스미스의 도덕철학 강좌 주임직을 이어받은 토머스 리드Thomas Reid는 퍼거슨보다 더 노골적이었다. 그는 자신의 전임자를 다음과 같이 비난했다.

> 이 공감 체계에 따르면, 인간의 행동에서 옳고 그름의 궁극적인 기준과 척도가 되는 것은 충분한 정보를 갖춘 양심의 명령이나 진실에 기반을 둔 어떤 고정된 판단이 아니라 인간의 다양한 의견과 정념이라는 점이 명백하다. 그러므로 우리는 키케로가 에피쿠로스주의자에 대해 한 말을 이 체계에 적용할 수 있다. "그러니까 너희 학파는 명백히 진정한 진품 정의 대신 정의의 모조품을 설파하는구나."**

계속해서 리드는, 스미스에 따르면 "사회적 덕성은 결국 허영이나 이기심 중 하나로 귀착될 것"이라고 말했다.*** 비록

Smith (Bristol: Thoemmes Press, 1997), pp. 92–93.
*   Ibid., p. 93.
**   Thomas Reid, "A Sketch of Dr. Smith's Theory of Morals," in Reeder (ed.), *On Moral Sentiments*, pp. 81–82.

스미스의 관점에서는 "우리의 모든 도덕감정들이 공감으로 귀착되지만", 리드가 보기에는 "이 공감마저도 자기애로 귀착되며, 단지 상상력의 작용에 의해 그 자기애의 방향에 어떤 변화가 일어난 것일 뿐"이었다.**** 리드의 비판은 "스미스 박사의 공감 체계는 틀렸다. 그것은 단지 이기심의 체계를 세련되게 다듬은 것에 불과하다"라는 말로 마무리된다.*****

스미스 사후에 에든버러 왕립학회가 그의 추도 강연자로 지정한 듀걸드 스튜어트Dugald Stewart는 《도덕감정론》에 대한 난처함을 숨기지 않았다. 그는 이 책을 최선을 다해, 할 수 있는 만큼 요약했으나 책의 주장에 중대한 이의를 제기했다. 스튜어트가 공식적인 추도식 와중에조차 이런 이의를 진술해야만 했다는 점을 고려할 때, 그가 이러한 견해 차이를 얼마나 심각하게 느꼈는지 짐작해볼 수 있다.****** 스튜어트는 대학 강의에서 리드가 스미스에게 가한 비판을 다음과 같이 되풀이했다. 스미스의 공감 이론은 "인간이 어떻게 덕성의 외관을 취하게 되는지에 대해서는 설명할 수 있다". 덧붙여 그는 타인의 감정을 살펴가며 행동가짐을 바로 하는 것이 "세련된 사회에서는 올바른 예의범절이라는 규칙의 진정한 기원인 만큼" 이것이 사소한 문제가 아니

***   Ibid., p. 77.
****   Ibid., p. 70.
*****   Thomas Reid, "Letter from Thomas Reid to Lord Kames," in Reeder (ed.), *On Moral Sentiments*, p. 66.
******   Dugald Stewart, "Account of the Life and Writings of Adam Smith LL.D.," in W. Hamilton (ed.), *The Collected Works of Dugald Stewart*, vol. 10.

라고 말했다.* 이런 폄하의 구절을 리드는 애버딘대학의 도덕철학 교수인 제임스 비티James Beattie로부터 차용했다. 그 뜻은 명확했다. 스미스가 도덕에 관한 이론이 아니라 예의범절에 관한 이론을 썼으며, 그것이 도덕사회학일 수는 있을지언정 진정한 도덕철학은 아니었다는 것이다. 스튜어트의 비판은 계속됐다. 스미스는 비일관적이고 모호한 방식으로 "공감"이라는 단어를 사용했으며, "우리의 도덕적 체질 안에 있는 몹시 부차적인 원칙(혹은 오히려 의무감에 대한 보조적 요소로서 우리의 도덕적 체질에 덧붙여진 원칙)을 옳고 그름을 구분하는 능력으로 착각했다".** 그는 스미스를 혹독하게 비판하며 다음과 같이 주장했다.

> 스미스씨의 이론은 우리로 하여금 도덕적 판단을 교정하도록 하기 위해 자연이 부여한 수단이나 방편을 우리의 체질 안에 도덕적 판단의 원천으로 자리 잡고 있는 원칙들과 혼동하고 있다는 점에서 문제가 있다. 그는 이런 수단이나 방편들을 묘사하는 데서 실제로 뛰어난 통찰과 지혜를 보여주었으며, 이로써 실천적인 도덕에 새롭고 가장 중요한 빛을 비췄다. 그러나 이 주제에 대한 그의 모든 추론 이후에도 우리의 도덕적 관념과 감정의 일차적 근원에 관한 형이상학적 문제는 예전과 마찬가지로 계속

---

*   Dugald Stewart, *The Philosophy of the Active and Moral Powers of Man* (Boston: Wells and Lilly, 1828), p. 228.
**   Ibid., pp. 225–26.

어둠 속에 놓여 있을 것이다.***

스튜어트는 인간이 내재적으로 사회성을 갖지도, 도덕적이지도 않으며 이런 도덕적인 행동의 특징들이 인류 초기의 혹은 고독한 인간들에게는 존재하지 않았다는 스미스의 주장에 주목했다. 스미스의 관점에는 사회 없이는 도덕성이 발전할 수 없을 것이라는 함의가 내포되어 있었다. 스튜어트는 이것이 사실일 수도 있다고 인정했지만, 그러한 함의가 사회가 형성되지 않은 상황에서도 잠재적으로 존재하는 인간의 고유한 도덕적 역량을 부정하기에는 충분치 않다고 보았다.

최근에는 《도덕감정론》이 당대에 매우 중요하고 유명한 책이었다고 말하는 게 유행이 되었으나, 이를 스미스의 동시대인들이 이 책을 승인하거나 수용했다는, 심지어 이해했다는 증표로 받아들여서는 안 된다. 《도덕감정론》은 난해한 책이었으며, 지금과 마찬가지로 당시에도 도덕철학의 발전을 가로막는 막다른 길이라는 비난을 받기도 했다.

더욱 중요한 것은 이 책이 에피쿠로스주의적 저작으로 여겨졌다는 데 있다. 물론 당대에 널리 퍼졌다고 해서 그러한 관점이 완전히 옳다거나 심지어 상당히 옳다는 뜻은 아니다. 스튜어트 역시 자신의 강연에서 스미스가 수년간 키케로의 《최고선악론》에 대해 성공적으로 강의했다고 언급했는데, 이 강의는 《도덕감정론》에 나중에 추가된 부분, 즉 오늘날 스미스의 도덕철

***   Ibid., p. 227.

학사로 알려져 있는 부분의 토대가 되었다. 그러나《최고선악론》에 대해 강의한 어떤 강연자도 단순한 에피쿠로스주의자 혹은 스토아주의자일 수는 없었다.《최고선악론》의 목적은 두 체계 사이의 변증법적 놀이에 있었으며, 양쪽 모두의 부족함을 보여주고자 했다. 스미스가 비교적 에피쿠로스주의 쪽에 더 기울어 있었을지는 모르지만, 그렇다고 단순히 에피쿠로스주의자일 수는 없었다. 스미스의 비판자들이 그를 에피쿠로스주의라고 불렀을 때 의미했던 바는 아마도 칸트가《최고선악론》을 지침으로 삼아 18세기 도덕 교리들을 분류하면서 설명한 내용과 같을 것이다. 이런 관점에서 보면, 비판자들을 언짢게 만든 것은 스미스가 덕성을 스토아주의자처럼 인간의 최종 목표로 삼는 대신 에피쿠로스주의자처럼 행복하고 좋은 삶의 도구로 간주했다는 점이었다.

  스미스에게 제기된 동시대의 신랄한 비판에 놀라서는 안 된다. 상술한 스코틀랜드 비판자들의 주장은 확실히 스미스에게 적대적이었지만 그렇다고 해서 근거가 없는 것은 아니었다. 스미스 자신도 그들의 주장을 인정하거나 다소 자랑스러워하는 태도로 같은 내용을 옹호하기까지 했다. 그는 근대 도덕철학 논쟁이 홉스에 의해 시작되었고 그 후 홉스와 플라톤주의자들 사이의 논쟁을 거쳐 발전했다고 설명했다. (홉스에게 최초로 응답한 사람은 케임브리지대학의 플라톤주의자 레이프 커더스Ralph Cudworth였다.) 스미스가 플라톤주의자 혹은 스토아주의자를 자처했으리라 생각할 만한 이유는 없다. 오히려 그는 자신을 홉스주의적 계보에 속하는 사람으로, 즉 이기심의 초기 대표자들이 채택한 저속하고 잘못된 요소들로부터 이기심의 체계를 해방시켜 참된 결론으로 올바르게 발전시킨 사람으로 그렸다. (그는 홉스, 라 로슈푸코, 푸펜도르프, 맨더빌, 흄을 이 전통에 속하는 인물들로 거명했다.) 스미스는 자신이 이해한 그 공감이 개선된 이기심 체계에서 진정으로 중심적인 위치를 차지하는 도덕적 범주라는 사실을 전혀 숨기지 않았다. 그는 다음과 같이 말했다.

> 인간 본성에 대한 이 모든 설명은 자기애로부터 모든 감정sentiments과 애착affection을 연역한다. 자기애는 이 영역에서 굉장히 많은 논란을 야기하고 있지만 아직까지도 완전히 그리고 명백히 설명된 적은 없다. 그러나 이는 내가 보기에 공감 체계에 대한 일종의 혼란스러운 오해에서 비롯된 것이다.*

《도덕감정론》이 바로잡으려고 의도했던 것이 바로 공감에 대한 이 최초의 오해였다. 스미스가 스스로 규정한 바에 따르면,《도덕감정론》은 강화된 홉스주의와 에피쿠로스주의에 관한 논고였다. 덕성의 지지자들은 이 길이 막다른 골목으로 이어진다고 보았다. 그들은 이기심 체계가 도덕적 검열을 통과할 만큼 충분히 개선될 수 없다고 생각했다. 그 반대편에서 보면, 스미스의 책은 큰 관심거리였다. 스미스를 흥미로운 인물로 만든 것은 아마도 그가 루소와 함께 이기심 체계의 기본적인 통찰력을 버

---

*   Smith, *TMS*, VII.iii.I.4.

리지 않고도 그 체계에서 도덕 담론을 구출하는 일을 해낸 가장 매혹적인 사상가였기 때문일 것이다. 이 야심 찬 목표를 달성하기 위해 스미스가 택한 지적 전략은 무엇이었을까? 그의 체계는 매혹적이었지만 비교적 복잡하기도 했다. 스튜어트가 추모 강연에서 이미 심한 불만을 토로했던 것처럼, 《도덕감정론》은 요약하기 어려운 책이었다.

스미스는 도덕철학의 역사를 잘 알고 있었다. 그가 자신보다 적어도 100년 이상 앞서 존재했던 사회성과 인간 본성에 관한 논쟁에서 '공감'이 필수적인 요소였다고 주장한 것은 전적으로 옳았다. 공감은 홉스의 사상에도 존재했다. 기실 푸펜도르프가 공감을 자신의 사회성 개념에 도입하면서 참조한 대상이 홉스였다. 푸펜도르프는 "우리가 인간의 진정한 조건을 탐구하면서 제일 앞자리에 자기애를 놓은" 이유는 이기주의에 바탕을 둔 도덕성을 긍정하기 위해서라기보다는 모든 인간이 자연적으로 "다른 사람에 대한 사랑보다 자신을 향한 사랑을 더 빨리 알아차린다는" 단순한 사실을 인정하기 위해서라고 주장했다.* 자기존중과 타자존중은 엄격하게 대립하는 관계가 아닌, 서로 결합될 수 있는 것이었다. 푸펜도르프는 이 통찰력을 스토아주의적인 논증이라 칭했으나, 그가 이것을 가져오기 위해 출처로 삼은 것은 정작 홉스 《시민론》의 다음 구절이었다. "누군가가 타인

---

* Samuel Pufendorf, *The Law of Nature and Nations*, ed. J. Barbeyrac, trans. B. Kennett, 5th ed. (London: J. and J. Bonwick, 1749), 3.2.14.

에게 하려는 행동이 자연법에 합치하는지 확신하지 못하고 있다면, 자신이 타인의 자리에 있다고 가정해보라."** 자신이 의도한 행동을 타인의 상황과 감정에 투영하는 이 역할 교대의 기법이 반복적으로 적용되고 그 적용 영역이 다양해진다면 사회성이 탄생할 것이었다. 공감의 체계는 거울에 투영된 상호성의 망에 비춰 자신이 곤경에 처하게 되는 상황을 예상해보는 과정을 그 바탕에 두고 있었다. 스미스가《도덕감정론》에서 착수했던 과제는 그것을 일반화하고, 부드럽게 다듬고, 부패를 초래하리라 예상되는 경향성을 모두 제거하는 일이었다.

공감은 '이입complacency'을 기반으로 하는 것이었다. 여기서 '이입'은 [해당 원어의] 현대적인 의미[안일함]가 아닌 동정심으로서, 타인과 같은 입장cum-placere에 서는 것, 즉 '타인과 함께 느끼는 것'을 뜻하는 옛 의미였다. 이 개념들은 스미스가 속해 있는 학문적·철학적 문화에서 유난히 강도 높게 논의되었다. 이런 이유에서 스미스는 루소의《인간불평등기원론》과 맨더빌의《꿀벌의 우화 제2권》사이의 밀접한 유사성을 그처럼 확신을 가지고 인지할 수 있었던 것이다. 이 논변들은 그가 스승 허치슨의 저작을 둘러싼 논쟁들을 지켜보며 이미 고려한 바 있는 것들이었다. 스스로 이미 루소와 같은 길을 걷고 있었기에, 그는 루소가 연민 개념으로 무엇을 했는지 정확하게 파악할 수 있었다. 공감 및 이입의 본성과 그 둘이 이기심의 체계에서 차지하는 정확한 위치는 허치슨과 맨더빌, 그리고 허치슨과 동시대에 허치슨

** Ibid., 7.1.14.

을 비판한 이들, 즉 존 클라크John Clarke 및 아치볼드 캠벨Archibald Campbell 같은 이들 사이에서 오랜 기간 전개된 열띤 논쟁의 대상이었다. 그들은 허치슨이 정념과 덕성에 관한 도덕철학 논고들의 개정판을 낼 때마다 자기애와 공감에 대한 입장을 수정하게 만들었다.* 허치슨의 비판자들이 하는 말을 듣노라면 마치 스미스의 목소리를 듣는 것 같다. 여하간 그들은 명백히 스미스가 《도덕감정론》에서 다루게 될 것과 같은 종류의 논점들을 다루고 있었다. 그 자신이 정교한 공감 이론가였던 흄 역시 마찬가지였다. 루소가 스미스에게 영향을 미쳤다는 말이 스미스의 지적 발전에 급진적이고 광범위한 단절이 있었다는 뜻은 아니다. 스미스는 아마도 루소를 통해 앞으로 연민 모형을 일반화하는 방향으로 나아가야겠다는 결정을 좀 더 쉽게 내릴 수 있었을지 모른다. 그렇지만 스미스의 체계는 1755년에 이미 마련되어 있었을 것이다. 스미스와 루소의 정신이 서로 만날 수 있었던 것은 이 둘 모두가 동시대의 가장 중심적인 도덕이론 논쟁에 개입하고 있었기 때문이었다.

---

* 허치슨의 첫 주요 저작은 1725년도에 출간된 《미와 덕성 관념의 기원에 관한 탐구An Inquiry into the Original of Our Ideas of Beauty and Virtue》다. 허치슨의 사상은 존 클라크의 1726년 저작 《이론과 실제에서 도덕성의 토대에 대한 고찰Foundation of Morality in Theory and Practice Considered》과 아치볼드 캠벨의 1728년에 출간된 (그리고 1733년에 수많은 수정사항과 함께 재출간된) 《도덕적 덕성의 기원에 관한 탐구 An Enquiry into the Original of Moral Virtue》다. 1728년 허치슨은 《정념과 애착의 본성과 작용에 관한 소고An Essay on the Nature and Conduct of the Passions and Affections》를 출간했는데, 여기서 그는 클라크와 캠벨의 비판을 고려하는 동시에 자신의 관점을 일부 차원에서 수정했다. 또한 그는 《미와 덕성 관념의 기원에 관한 탐구》를 이후 판본에서 계속해서 수정했으며, 이 작업은 1738년까지 이어졌다.

스미스는 《도덕감정론》에서 흄을 바로잡는 것이 자신의 목표라고 분명히 말했다. 그가 명시적으로 가리킨 대상은 흄의 정의론이었다. 흄은 효용이 마음의 질서를 바라는 욕망으로 인도되어 취향을 따라 작용한다면 그로부터 도덕적 행동이 발생할 수 있다고 가정했다. 효용은 심미적인 쾌락, 즉 이기적인 감정으로부터 노골적으로 실리와 이기심을 추구하는 경향을 배제하는 쾌락을 가져왔다. 스미스는 이러한 흄 사상의 주요 취지는 받아들였지만, 흄이 지성의 복잡한 메커니즘을 규정하는 방식에는 동의하지 않았다. 흄에 따르면, 효용을 추구하는 복잡한 장치들로부터 미적인 요소를 발견하는 행위에서 인간 지성의 메커니즘을 읽어낼 수 있었다. 가령 정의가 안정적으로 지켜질 수 있도록 제도들이 작동하는 사회로부터 미적인 요소를 발견하는 사례에서처럼 말이다. 스미스는 이것이 정의의 원형일 수는 없다고 주장했다. 그가 보기에는 그러한 복잡한 작동방식 자체가 그것을 귀족적이고 고상한 것으로 만들었기 때문이다.**

스미스는 담론을 거슬러 올라가 원한 같은 기초적 정념에서 정의의 기원을 찾고자 했다. (이 때문에 사회적 정의에 초점을 맞추던 전통적 방식을 저버리고 형법적 정의에 초점을 맞췄다고 해석되기도 하는데, 일부 현대 학자들은 이를 스미스가 저지른 불가해한 실수로 여긴다.) 이런 관심사가 정의는 인위적인 덕성이라는 흄의 가장 유명한 (그리고 많은 동시대인들이 보기에 그의 가장 에피쿠로스주의적인) 이론의 영역으로 스미스를 이끌었다.* 흄

**   Smith, TMS, IV.1.1–2.12.

은 인간에게 정의감이 내재되어 있지 않다고 주장했다. 흔히들 생각하는 의미에서 정의가 지켜지지 않고 있을뿐더러, 설령 그것이 지침으로 선택되었더라도 거의 무의미해지는 여러 극단적인 경우를 쉽게 상정해볼 수 있기 때문이다. 정의는 자연적이면서도 역사적으로 발전한 현상이었으며, 흄은 독자들에게 정의의 탄생 및 그것이 수많은 실험을 통해 점진적으로 발전해나가는 과정을 설명하는 추론적conjectural 혹은 이론적 역사를 제시했다. 그는 정의를 진전시키는 경로들의 우연적 발견이 이어진 끝에, 정의로 통하는 이와 같은 경로의 효용이 모든 사람에게 명백해지게 되었음을 보여주고자 했다. 정의는 계약의 산물이 아니었다. 본래 서로 간에 특별한 합의가 없었던 사람들 사이에서 시행착오를 거쳐 사회적 협력이 등장했으며, 이로부터 정의가 탄생한 것이었다. 정의의 발견을 이끈 것은 효율적인 운항을 위해 노잡이들이 같은 방향과 같은 속도로 노를 젓는 일치된 움직임을 개발하는 행위처럼 좁은 의미의 도구성이었다. 이는 규율에 맞춰 노를 저으려는 공동의 노력이 가져올 명백한 효용에 대한 암묵적 이해에 토대를 둔 것이었으며, 그 이상의 명시적인 합의가 별다르게 존재하지는 않았다. 규율에 맞춰 노를 젓는 행위는 배와 노의 설계가 역사의 흐름에 따라 목적에 맞게 개선되면서 더욱 용이해졌을 것이다. 스미스는 이 생각에 감명을 받은 것으로

---

*   David Hume, *A Treatise of Human Nature*, in D. F. Norton and M. J. Norton (eds.), *The Clarendon Edition of the Works of David Hume* (Oxford: Oxford University Press, 2007), T.3.2.1–6; SBN 477–534.

보이며, 그것을 공감의 발전을 설명하는 데 적용하기로 했다.

《도덕감정론》을 가장 올바르게 읽는 방법은 흄의 틀을 빌려와 그것을 공감의 자연사 혹은 이론적 역사를 기술한 책으로 이해하는 것이다. 스미스는 흄의 이론에서 정의의 기원을 설명하는 데 사용된 기제를 응용하여 사회 전반에 걸쳐 도덕적 규칙이 발흥한 현상을 설명하고자 했다. 그는 연민을 일반화했을 뿐 아니라 역사화했다. 이 시도는 많은 면에서 루소의 《인간불평등기원론》과 대칭을 이뤘다. 스미스가 제시한 공감의 자연사는 루소가 쓴 자기애self-love의 역사, 자존심amour-propre의 추론적 역사에 대응하는 것이었다. 《도덕감정론》은 스미스의 추론적 역사, 다시 말해 사회성을 획득한 자아의 출현 밑바탕에 어떤 기제들이 깔려 있는지를 그려내면서 상업사회의 기원을 기술하는 추론적 역사였다.

스미스와 루소 둘 다 역사를 구성해야 했다. 자연적 사회성natural sociability이 존재하지 않는다면 모든 사회성은 인위적인 것, 곧 개발된 것, 또는 자연법학의 오래된 기술적 언어로 표현하자면 (내적 필연성에서 기인하지 않은) 우발적인 것이기 때문이었다. 스미스가 볼 때 인간은 원래 휴면 상태 혹은 극도로 미발달된 상태의 심리적 능력만을 가진 형이하학적 존재에 지나지 않았다. 고독한 상태의 인간은 고독한 채로는 정신을 발달시킬 수 없었다. 또한 그런 피조물은 자신의 인간성을 의식할 수도 없었다. 웅덩이에 비친 자신을 볼 수는 있었겠지만 자신의 외모를 평가할 수는 없었다. 아름다운가 아니면 못났는가? 조화로운가 아니면 기형적인가? 남들과 비슷한가 아니면 다른가? 이런 것들은 비교를 통해서만, 타인과의 유대관계를 통해서만 발견될 수 있었다. 다른 사람들과 마찬가지로 스미스도 인간이 육체와 정신 혹은 영혼을 가지며 두 차원 모두에서 욕구와 역량을 갖는다는 것을 당연하게 여겼다. 심리적 역량은 대체로 분노와 같은 감정이나 정념의 기초적 구성요소였다. 홉스에게서 실마리를 얻은 스미스는 아리스토텔레스의 수사학에 있는 능력심리학faculty psychology으로 돌아가, 인간에게는 서로를 판단하는 원초적인 판단 능력, 특히 서로의 기형이나 비표준성을 판단하는 능력이 있다고 추론했다. 이는 허치슨 등이 주장했던 선악 판단 능력과는 다른 것이었으며, 우위에 대한 욕망 혹은 스미스가 몹시 강조한 바와 같이 열등하다는 평가를 피하려는 욕망을 전제하고 있었다.

    인간은 타인의 의견과 비판을 중요하게 여겼다. 이는 인간의 근원적 본성이었다. 비하는 심리적 고통을 야기했다. 모든 동물이 고통을 피하길 원하듯 인간은 서로에 대한 비판적 판단에서 원초적으로 벗어나길 원했다. 스미스는 분명 홉스의 웃음 이론에 대한 허치슨의 혹평을 알고 있었고, 그것을 자신의 이론에 유용하게 사용했다.* 인간은 타인과 마주하게 되면서 자신의 신체적·정신적 약점을 깨달았고 책망받는 것에 대한 혐오를 자각하게 되었다. 인간의 이런 판단 원칙은 명백히 미적인 것이었다. 즉 그것은 초기 단계의 취향incipient taste이었다. 이에 대응해

---

*   프랜시스 허치슨은 1725년 《더블린 신문Dublin Journal》에 웃음에 관한 짧은 시론 세 편을 기고했으며, 그중 첫 번째가 홉스에 대한 반론이었다. 이 세 편의 글은 모두 다음 책에 실려 있다. Francis Hutcheson, *Reflections upon Laughter and Remarks upon The Fable of the Bees* (Glasgow: R. Urie, 1750).

인간은 타인을 기쁘게 만들고 싶은 욕구를 갖게 되었다. 이것은 보편적으로 인간이 자신을 타인과 끊임없이 비교하는 존재라는 사실에 따른 신중한 대응이었다. 비교를 통해 형성된 인간 자아의 발흥과 그 자아의 심리적 욕구의 대두는 초창기의 육체적 자아 혹은 고독한 자아의 생리적 욕구를 압도하는 단계에 이르렀다. 홉스와 루소 모두 이 점을 힘주어 강조했다. 곧이어 스미스는 인간이 내적으로는 심리적 균형을, 외부로부터는 인정을 추구한 것이 어떻게 불평등의 씨앗이 되었는지를 설명했다. 외적인 품위는 우월함의 감정을 싣고 있었다. 이 심리적 욕구와 병리학이 사회적 계층화의 대두, 달리 말하자면 신분의 기원을 설명해주었다.

스미스가 개진한 자아이론의 골자에는 타인을 판단하려 드는 인간의 본성이 있었다. 이로부터 다양한 심리학적 결과들이 도출되었다. 타인의 판단으로부터 벗어나기 위해 개개인은 자신을 타인에게 맞춰야 했다. 이것이 사회화, 수치심, 위선 따위를 낳았다. 이것이 첫 번째 심리적 방어선이었으며, 이기심의 체계를 공격한 비평가들이 가짜 덕성의 기원으로 간주한 것이었다. 그러나 이런 발전이 개인 간의 경쟁을 감소시키지는 않았으며, 다만 개인들을 새로운 행동 양식으로 이끌 뿐이었다. 진정한 해결책은 비교에 기초한 판단의 경쟁이 매우 극심하게 전개되는 이 게임에서 완전히 손을 뗌으로써 자존심에 대한 의존도를 줄이는 데 있었을 것이다. 심리적으로 취약한 개인들(사실상 모든 인간)에게 가장 중요한 보호막은 자기인정이나 자기존중이었으며, 이는 곧 타인을 향하는 자아의 경향성에 역행하는 것이었다.

이것이 가짜 덕성이 아닌 진정한 덕성에 이르는 유일한 길이었다. 스미스가 지적했다시피 도덕론자들은 경쟁심의 난장판에 맞서 심리적 방어를 위한 많은 수단, 이를테면 인간적 감정, 자비심, 인류애, 이웃 사랑 따위의 수단을 발명하려고 했다. 그러나 스미스가 볼 때 이것들은 모두 미미하게만 작용할 뿐이었다. 타인의 의견 앞에 선 인간이 갖는 불안은 자신에 대한 사랑, 자신의 덕성에 대한 사랑으로 조절되어야 했다.

다른 사람의 판단이 아니라 공정한 관찰자impartial spectator의 판단을 믿어야 하며 그 판단을 자기방어의 도구로 삼아야 한다는 스미스의 주장은 이러한 경로를 통해 등장했다. 이를 위해서는 개인으로 하여금 균형 잡히고 표준화된 사회적 평가를 내면적으로 수용하도록 하는 판단의 근원이 필요했다. 공정한 관찰자는 자아에 대한 내적 규제를 위한 장치, 다시 말해 자제self-command의 조력자였다. 흔히 자제는 스토아적 덕성으로 이해되지만, 스미스에게는 그렇지 않았다. 그가 생각한 덕성은 영혼의 통치에 대한 강고한 이론에 바탕을 둔 영웅적인 덕성이 아니었다. 오히려 그것은 자제에 대한 에피쿠로스적 이론이었다. 그 내용은 바로 우리 자신의 이기심을 다른 이기적인 행위자들이 용납할 수 있는 수준으로 감소시킴으로써 원초적 이기심과 그것의 자기강화를 완화해야 한다는 것이었다. 이에 대해 스미스는 다음과 같이 썼다.

많은 경우 우리에게 덕성의 실천을 일깨우는 것은 이웃이나 인류에 대한 사랑이 아니라 자신에 대한 더 강한 사랑, 더 강한 애착이다. 즉 명예롭고 고귀한 것에 대한 사랑, 웅장함과 위엄에 대한 사랑, 그리고 자신의 인격적 우월성에 대한 사랑이다.*

이렇게 부드러워지고 세련되게 다듬어진 자기애 모형에서는 자신의 우월성을 확신하는 것, 혹은 어쨌든 다른 사람들 앞에서 난공불락의 지위를 확신하는 것이 무엇보다 중요했다. 이를 위해서는 표준화된 형태의 심리적 자족감을 성취할 필요가 있었는데, 그럴 수 있으려면 사회적 규범의 내용을 파악해야만 했다. 스미스는 이 요구사항을 다음과 같이 표현했다.

우리는 우리 자신을 스스로의 행동에 대한 관찰자라고 상정하고, 이러한 관점에서 그 행동이 자신에게 어떤 영향을 미칠지 상상하려고 노력한다. 그 상상은 우리로 하여금 몇몇 측면에서 타인의 눈으로 자기 행동의 적절성을 면밀히 검토할 수 있게 해주는 유일한 거울이다.**

이로써 스미스는 사전에 경쟁을 염두에 두고 긍정의 황금률 자체를 조정하는 방식으로 자제의 개념을 재정립할 수 있었다. 이는 실제로는 이기심 체계의 요건에 부합하도록 규칙을 뒤집은 것이었다.

---

*   Smith, *TMS*, III.3.4.
**   Ibid., III.1.5.

타인에 대해 풍부한 감정을 느끼고 우리 자신에 대해서는 감정을 자제하는 것, 그리고 우리의 이기심을 억제하고 자비로운 감정을 발산하는 것은 곧 인간 본성의 완성이다. 그리고 이것만이 온전한 품위와 행위의 적절함의 밑바탕에 놓여 있는 감성과 정념의 조화를 인간들 사이에서 이뤄낼 수 있다. 자신을 사랑하듯이 이웃을 사랑하는 것이 기독교의 위대한 법칙인 것처럼, 우리가 이웃을 사랑하는 꼭 그만큼, 혹은 결국 같은 말이지만 이웃이 우리를 사랑할 수 있는 꼭 그만큼 우리 자신을 사랑하는 것이 자연의 위대한 계율이다.*

스미스가 취한 전략의 토대에 주목하자. 그에게 중요한 문제는 언제나 자애와 타애라는 감정들 사이에서 성립할 수 있는 균형 또는 적절성이었다. 이는 기술적인 의미에서 전적으로 감성주의적 이론이었다고 할 수 있다. 그러나 스미스는 당대의 다른 많은 감성주의자들과 달리 사회에서 어떻게 사랑을 증대시킬 수 있는가 하는 문제에 결코 천착하지 않았다. 오히려 그는 원초적인 자기애가 줄어들기를 바랐다. 자기애 또는 자존심은 감소되고 약화되어 자기통제 아래에 놓여야 하겠지만(스미스는 외부의 통제에 전적으로 반대한다), 그렇다고 다른 것으로 완전히 대체되어서는 안 된다. 사실상 모든 것이 자기애에서 비롯되었지만, 자기애는 사회 그 자체만큼이나 복잡했다. 상업사회가 사

---

*   Ibid., I.i.5.5.

랑과 목적을 가지고 의도적으로 이뤄지는 협력에 바탕을 둔 사회라기보다는 접착성이 약하고 말썽이 많은 일관되지 못한 사회로 규정되었음을 기억해야 한다. 스미스가 고안해낸 것은 상업사회에 대한 도덕심리학적 정의였다.

만인이 각자 타인에게 베푸는 사랑과 타인이 자신에게 베푸는 사랑이 명백히 가시적이지 않은 상황에서, 모든 개인의 목표는 타인의 비판에서 벗어나는 데 있었다. 개인은 자기 안에서 사는 동시에 사회 안에서 살아야 했다. 그들은 헛되게도 타인에게 인정받기 위해 자신을 내던지기보다는 사회의 규범을 생존의 도구로서 자신의 내면에 수용해야 했다. 이 생각은 매력적이었지만 이것이 유효하게 작동하기 위해서는 사회적 규범에 근거를 둔 자신에 대한 판단을 신뢰할 수 있어야 한다는 조건이 필요했다. 스미스는 현실의 상황이나 타인의 견해와 무관하게 자신을 보호할 방패처럼 사용되곤 하는 자기기만, 자기정당화, 심화된 이기주의 따위가 초래할 끔찍한 위험을 자주 지적했다.

여기서도 스미스는 동일한 논쟁 전략을 사용했다. 그가 제시한 해결책은 한층 더 높은 수준의 자제, 자기기만의 힘을 극복할 수 있을 자제의 존재 가능성을 따져보는 것이었다. 외부에서 내려지는 자아에 대한 판단에 대항하는 자기방어 심리는 사회적 규범들에 기초한 자기판단의 규칙들을 수용하는 과정을 통해 안정되어야 했다. 이런 과정을 통해 내재화된 규칙은 자기기만을 감지하는 것을 도울 수 있는 장치였으며, 무슨 수를 써서라도 자신을 방어하고자 하는 인간의 원초적인 충동을 완화했다. 바로 이 지점에서 스미스의 《도덕감정론》과 흄의 인위적 정의이론 사이의 유사성이 분명하게 드러난다. 개인은 사회적 규범에 입각한 규칙의 도움이 있을 때에만 자기기만을 피할 수 있다. 이러한 일반적인 도덕 규칙들은 사회에서 개인이 타인을 판단하고 또 타인에 의해 평가받는 길고 지속적인 역사적 경험을 통해서만 형성될 수 있었고, 그런 경험에 기반을 둘 수밖에 없었다. 우리의 정신에 유입된 이런 규칙들은 우리의 가슴속에 공정한 관찰자를 만들어냈다. 그러므로 우리 안에 있는 이 공정한 관찰자는 인간사회를 특징짓는 만인에 대한 만인의 심리적 전쟁에서 우리를 구원해주는 구세주였다.

규칙들, 즉 사회적 규범들을 알면 자기기만을 바로잡을 수 있었다. 그러나 규칙을 아는 것만으로는 충분하지 않았다. 이런 규칙이 자제의 도구로 기능할 수 있도록 하기 위해서는 정신적인 인정 또한 강화할 필요가 있었다. 스미스는 이 방향으로 매우 많은 논증을 전개했다. 그러나 이 지면에서는 단지 그 논증들의 목록 정도를 보여줄 수 있을 뿐이다. 스미스는 종교가 도덕규범을 강화하기 위해 만들어진 사회제도라고 보았다. 이보다 더 발전한 단계에서는 도덕이론 혹은 도덕철학이 우리의 도덕적 자기방어가 훌륭하게 그리고 통제 가능한 방식으로 작동하도록 도와준다고 보았다. 전반적으로 스미스는 정념으로 정념을 통제한다는 생각에 동의하지 않았다. 또한 그는 정념을 억압하는 것에도 찬성하지 않았다. 그는 이론가로서 인간의 상상력이 공감을 통해 작동하는 것을 신뢰했다. 일반화된 동정심 이론에서 알 수 있듯, 그는 공감의 발전을 그것의 원초적인 물리적 기반에서부터 추적했다. 사회의 심리적인 조류가 밀려 들어왔다가 다시 빠져나가고 또 수축됐다가 다시 퍼져나가듯, 감정들은 쉴 새 없이 개개인을 기쁘게 하기도 하고 불쾌하게 만들기도 하면서 작용했다. 여기서 스미스는 심리적인 고통의 역할을 강조했다. 이러한 고통은 도덕적 규칙을 위반한 이에게 부과되는 진정한 처벌이자, 사회적 규범을 이탈한 자들에게 가해지는 제재였다. 일차적 처벌의 고통에 더해 행복과 효용 혹은 일반적인 사회규범에 비춰 지각되는 이차적 강화로서의 정신적 고통의 역할은 흄에게서 가져온 것이다. 스미스 역시 샤프츠베리를 본떠 교화된 사회성과 무리 안에서의 대화가 불안을 경감하는 치료적 성격을 띤다는 점을 강조했는데, 이런 것들이 결국 인간이 함께 살아가는 데 도움을 줄 수 있을 터였다.

　　스미스의 이러한 사상이 만들어낸 더 광범위한 결과들에 대해서는 논의할 기회가 있을 것이다. 비록 세부 사항은 많이 달라졌지만, 스미스는 홉스만큼이나 심리적 욕구의 중요성을 힘주어 강조한 것처럼 보인다. 스미스는 정치적 측면을 논의하는 데서도 심리적 민주주의에 대한 홉스의 강조에서 도움을 받았다. 영광의 추구가 개인들 사이에 불평등을 야기했으나, 이것은 비단 성공한 엘리트만의 고통이 아니었다. 노동계급을 포함한 모든 인간은 이런 고통을 겪었고 그것에 지배당했다. 자존심 혹은 타인의 존경을 얻고자 하는 경향에 부응하려는 노력, 그리고 끊임없이 더 나은 상황에 이르고자 하는 심리적 욕구는 체제의 특권을 누린 사람들에게 영향을 미친 만큼 혹은 그 이상으로 일반 대중의 정치에도 큰 영향을 미쳤다.

　　지금까지 나는 스미스를 조명하면서 그의 관심사와 루소

의 관심사 사이의 유사성을 뚜렷하게 부각하고자 했다. 이제 루소에게 눈을 돌릴 차례다. 마찬가지로 제네바인 루소와 스코틀랜드인 스미스의 관심사가 서로 얼마나 비슷했는지 분명히 드러내는 방식으로 루소를 보여주고자 한다. 스미스와 루소 모두 칼뱅주의가 지배하는 사회 출신이라는 사실을 지적하는 것이 그 한 가지 방법일 수 있겠다. 당시 칼뱅주의 사회들에서는 원죄의 교리를 완화하고 타락한 인류의 역사를 말 그대로 계몽enlighten하려는 ('계몽Enlightenment'은 신학적 용어이기에) 시도를 중심으로 주요한 신학적-철학적 논쟁이 전개되었다. 이것이 이기심 체계에 대한 스코틀랜드 철학자 허치슨의 공격이 의도한 취지였으며, 스위스에서 벌어진 이와 비슷한 논쟁이 루소의 사상적 배경이 되었다. 둘의 유사성을 확인하는 또 다른 방법은 전기적 유사점을 검토하는 것이다. 둘의 활동 시기가 겹치기는 하지만 엄밀히 세대를 따져 말하자면 루소의 동시대인은 흄이었으며, 스미스는 이들보다 한 세대 어렸다. 비교연구의 관점에서 볼 때 이 사실은 그들의 저작에 대해 많은 것을 설명해준다. 스미스의 출발점은 허치슨의 이론을 겨냥한 흄의 회의론이었다. 바로 그 덕분에 스미스는《인간불평등기원론》에 담긴 루소의 사상이 흄의 사상과 평행선을 그린다는 사실을 알 수 있었다. 루소와 스미스의 조우는 수사학과 근대문학에 대한 스미스의 관심을 통해서도 살펴볼 수 있다. 스미스는 루소가 최고의 문장가이자 수사학자라는 것을 인정하는 동시에 그 재능을 독이 든 성배라고 생각했다.

  몇몇 사례에서 루소의 표현은 매우 효과적이었다. 그러나 자신의 저작이 나오자마자 쏟아진 오독을 반박하기 위해 루소가 공공연히 또 극성스럽게 노력했음에도, 그의 표현은 쉽사리 오해를 사곤 했다(루소의 사상을 오해한 것은 후대인들뿐이며 그의 동시대인들은 그렇지 않았다고 믿어서는 곤란하다). 루소가 인간은 본래 선한 존재였고 악과 부패를 초래하는 것은 오직 상업사회(타인과 자신을 비교하는 자기애, 즉 자존심에 기반을 둔 사회)일 뿐이라고 주장했다는 오독이 그 단적인 예이다. 이러한 오독의 결과, 루소가 사회적으로 구성된 자기애를 인류사에서 순전히 부정적인 작용인으로 인식했다는 만연한(그러나 틀린) 믿음이 생겨났다. 그러나 실제로는 스미스와 마찬가지로 루소도 이러한 인식을 타락한 인간성이라는 교리를 뒤엎으려고 시도했던 이전 사상가들 일부가 저지른 터무니없는 실수라고 평가했다. 최근 들어 루소의 사상에서 자존심이 좋고 나쁨을 떠나 사회의 접착제이자 부패와 과잉만이 아닌 문화와 도덕의 기원으로도 작용하는 요인이었음을 지적하며 위와 같은 오해에서 루소를 건져내려는 활발한 시도가 이뤄지고 있다. 루소와 스미스 양자 모두를 상업사회에 관한 이론가들로 간주한다면 이는 더할 나위 없이 당연한 이야기이다. 상업사회란 선천적인 사회성을 갖추지 못한 이기적인 개인들이 서로 함께 살아가야만 한다는 필요성에 의해 모든 것을 (정의상으로는 좋은 것과 나쁜 것 모두를) 만들어내는 사회 형태이기 때문이다.

　　이후 이기심 체계를 구출하려는 루소의 시도를 복원하고자 노력했던 학자들의 주장에 따르면, 루소는 (자신이 처음으로 묘사한) 거울효과 기제와 역할 교대 기제를 활용하여 어떻게 자존심에 결부된 감정과 판단이 유의미한 도덕적 작용으로 변할 수 있는지를 설명할 수 있었을 것이다. 사실 이번 장에서 내가 주장하는 바는 루소가 이 체계를 개발하기 시작했으며, 루소가 실제로 이러한 기획을 수행할 수 있었다고 서술하는 일이 옳은지 그른지와 무관하게, 그것이 또한 스미스의 실제 기획이기도 했다는 데 반론의 여지가 없다는 것이다. 이는 문자 그대로 사실이다. 스미스는 《인간불평등기원론》으로부터 이 발상을 취했고, 그것이 허치슨과 샤프츠베리의 유산을 파괴하려는 자신의 목적에 유용하다는 점을 알아차렸다. (허치슨과 샤프츠베리의 의견은 서로 같지 않으며, 루소에 대한 스미스의 서평이 게재된 《에든버러 비평》 해당 권호에 허치슨과 샤프츠베리를 비교하는 연구도 실렸다. 이 연구는 이 둘의 출발점을 각각 허치슨의 이기심 체계와 샤프츠베리의 자애심 체계로 대비시켰고, 두 사상가의 생각이 같거나 유사하다는 오해를 타파했다.) 또한 스미스는 흄이 이 논의와 관련해 어떤 작업을 했는지 파악하여 책을 쓰기 시작했다. 거칠게 말하자면, 루소의 자존심 개념을 탐구하는 근대의 해석자들 일부가 '루소가 써야만 했던 혹은 쓸 수 있었던 책'을 이야기하곤 하는데, 내용이 약간 다르기는 하지만 《도덕감정론》이야말로 바로 그러한 책이라 할 수 있다. 길을 밝혀준 이는 분명 루소였다. 중요한 사실은 그는 책을 쓰지 않았고 스미스는 썼다는 것이다. 그리하여 상업사회에서의 정치에 관한 두 가지 전망이 주어졌는데, 이 문제는 뒤에서 다루도록 하자.

  루소와 스미스를 비교하는 또 다른, 그리고 아마도 더 생산적인 결과를 기대할 수 있는 방법은 《도덕감정론》과 《인간불평등기원론》 사이의 형태적 유사성을 지적하는 것이다. 일단

《도덕감정론》의 핵심이 공감의 자연사에 있다는 점을 인식한다면, 그것이 루소가 보여주는 자존심의 자연사와 유사하다는 점은 명백해질 것이다. 《종교의 자연사The Natural History of Religion》 (1757)에 나타난 흄의 자연사가 유럽 차원의 패러다임을 확립하는 수준에 이르지 못한 것과 달리, 루소의 《인간불평등기원론》이 해당 과제를 달성했음은 분명하다. 그것은 인류의 역사를 서술하는 새로운 장르를 창출했다. (루소와 같은 스위스인으로서 제네바는 아니지만 마찬가지로 상업공화국이었던 바젤 출신인 이작 이젤린Isaak Iselin은 1764년의 저작 《인류의 역사Geschichte der Menschheit》를 통해 이 장르를 창안한 공로를 일반적으로 인정받고 있다. 이젤린의 이 책은 거의 틀림없이 루소에 대한 직접적인 답변이었는데, 말하자면 스코틀랜드 논쟁에서 허치슨이 맡았던 역할을 스위스에서 맡았다고 할 수 있다.) 라인하르트 코젤렉Reinhart Koselleck은 카를 슈미트Carl Schmitt가 제공한 실마리를 따라 이러한 종류의 역사를 실제 역사의 숙적이자 계몽사상의 유산 중 가장 유독한 것이라 비난한 바 있다.* 루소와 스미스의 이론적 역사는 기록된 역사에 대한 실제적 설명이 아니라 역사 서술의 형태로 제시된 도덕철학·정치철학이었으며,** 이 점에서 코젤렉의 판단은 옳다. 그러

---

* Reinhart Koselleck, *Critique and Crisis: Enlightenment and the Pathogenesis of Modern Society* (1954) (Cambridge, MA: MIT Press, 1988).
** 〔옮긴이〕 J. G. A. Pocock, *Barbarism and Religion*, vol. 1: *The Enlightenments of Edward Gibbon, 1737-1764* (Cambridge: Cambridge University Press, 1999); J. G. A. Pocock, *Barbarism and Religion*, vol. 2: *Narratives of Civil Government* (Cambridge: Cambridge University Press, 1999).

나 철학자들에게는 이러한 '역사적' 장르도 문제적이었다. 직접적 규범성normativity에 대립되는 이 역사성historicity은 에피쿠로스주의적이라고 묘사되었다. 이러한 에피쿠로스주의적 표현법에서 도덕성은 도구적인 것으로, 그리고 바로 그 때문에 연약한 것으로 여겨졌다. 도덕성은 정치에 의해 지탱되지 않고서는 살아남을 수 없었는데, 이처럼 도덕이론이 정치에 의존하는 면모에 대해서는 뒤의 여러 장에서 상술할 것이다. 지금 나의 즉각적인 관심은 사회적 자아에 대한 루소의 이론적 역사 서술과 스미스의 그것이 나아가는 궤적이 아주 비슷하거나 동일한데도 어째서 그 사실이 그토록 오랫동안 독자들의 눈에 띄지 않았는가를 파악하는 것이다. 《인간불평등기원론》이라는 저술은 역사적·준역사적 용어들에 의해 포장된 상태로 스미스의 근접 표적으로 여겨지는 이기심 체계에 대한 방어 및 비평의 전장 한가운데로 곧바로 내던져졌는데, 나는 그 과정을 보여주려고 한다. 이를 위해서는 허치슨, 흄, 루소, 스미스 및 (같은 장르의 걸출한 저자이지만 더 앞선 시대에 활약했던 나폴리의 잠바티스타 비코Giambattista Vico를 포함한) 유럽 전역의 다른 많은 이들이 참여하고 있던 도덕이론 논쟁의 또 다른 탁월한 참가자, 즉 몽테스키외에게로 향해야만 한다.

이어서 몽테스키외 사상의 드넓은 영역을 빠른 걸음으로 혹은 심지어 질주하며 살펴볼 텐데, 몽테스키외의 주장들을 자세히 설명하는 대신 몇 가지 안내표지판만을 세우면서 일별할 것이다. 루소는 디종 아카데미Académie de Dijon가 제시한 질문들에 대한 답변으로 그 유명한 제1논고 《학예론Discours sur les sciences et les

(왼쪽부터) 루소의 《학예론》(1750) 및 《인간불평등기원론》(1755)

arts》(1750)과 제2논고 《인간불평등기원론》을 내놓았다. 그의 답변은 대단히 넓은 범위를 포괄했으나 결코 표적을 놓치지 않았다. 르네상스(당시 사람들은 르네상스 대신 예술과 과학의 부활이라고 말했다)가 유럽의 도덕성을 드높였는지를 묻는 첫 번째 질문은 루소로부터 추론적 역사의 형태를 띤 방대한 답변을 이끌어냈다. 불평등에 관해 묻는 두 번째 질문은 사실상 근대 군주정의 도덕적 상태에 대한 직접적인 질문이었다.

흔히들 몽테스키외가 정치체제 삼분론을 만들었다고 믿는데, 이는 틀렸다. 그가 제시한 것은 사실 두 겹으로 된 이중성 체계였다. 첫 번째 이중성 체계에서 그는 우선 정치체를 적법한 정체政體와 전제적인 정체로, 즉 법치法治와 인치人治로 구분했다. 두 번째 이중성 체계에서 그는 다시 적법한 체제들, 즉 국가들

rei publicae을 평등에 근거한 정체(공화국 또는 집단적으로 통치하는 정권)와 불평등에 근거한 정체로 나눴다.* 몽테스키외는 사회적 불평등에 바탕을 둔 국가 res publica를 수직적으로 계층화된 공화국, 즉 군주정으로 명명했다. 18세기 후반부에 위험을 무릅쓰고 정치적 저서를 낸 사람이라면 누구나 매우 명백하게 이 사실을 인지했다. 불평등에 관해 질문한다는 것은 곧 (민주공화국이나 귀족공화국과 대조되는) 군주제에 관해 질문하는 것과 같았다.

몽테스키외의 위대한 공헌은 평등주의적이거나 불평등주의적인 국가들 rei publicae이 서로 다른 정부형태를 가질 뿐 아니라 서로 다른 도덕문화에 기초하고 있다고 주장한 점이다. 잘 알려진 것처럼, 그는 평등주의 공화국이 자아를 억제하는 도덕문화의 바탕 위에서 수립되어야 한다고 주장했다.** 이것은 인간의 본성이 이기적이라고 가정할 경우에만 말이 된다. 평등은 개개인에게 자신의 이기적인 성향을 바로잡기 위한 자제의 실천을 요구했다. (이는 루소의《사회계약론》의 주제였으며, 여기서 루소는 어째서 이기적인 자아를 통제하는 방식 자체가 비록 집단적인 형태이긴 하지만 이기적일 수밖에 없는지를 설명했다.) 이와 달리 군주정에서 불평등은 체제 내적인 특성이었기 때문에 평등을 목표로 하는 자제가 필요하지 않았다. (몽테스키외는 군주제에서 자제가 정치적인 측면에서는 심지어 해롭기까지 하다고 암시해 독자들

---

*   Montesquieu, *The Spirit of the Laws*, ed. A. M. Cohler, B. C. Miller, and H. S. Stone (Cambridge: Cambridge University Press, 1989), pt. 1, bk. 3.
**   Ibid., pt. 1, bk. 3, chaps. 2–5.

을 분노케 했다.) 대신 상업사회에서 이기심의 억제는 다양한 이기심들을 서로 경쟁시키는 방식으로 이뤄져야만 했다. 근대 군주제의 도덕문화에 대해 몽테스키외가 규정한 최고의 정의는 군주제를 중력이 행성들을 태양으로 끌어들이지 못하는 행성계에 비유한 것이었다.*** 여기서 중력은 이기심, 즉 효용에 의해 유도되는 시장 행위의 이기심이었다. 이 이기심은 자존심, 오만함, 그리고 인정에 대한 심리적 욕구에 의해 억제될 수 있다. 자존심이나 웅장함에 대한 추구는 성문화되어 하나의 제도로 자리 잡을 경우 명예의 체계가 되었다. 몽테스키외가 강조했듯, 이는 가짜 명예와 가짜 영광의 체계였으며, 도덕적 가치를 결여한 그저 우월감에 대한 사랑에 불과했다.**** 이 관념은 동일한 이론의 아우구스티누스주의적 기독교 판본이었던 프랑스 얀센주의 전통에 대해 몽테스키외가 가지고 있었던 상당한 수준의 지식에서 나온 것이다. 또한 몽테스키외는 같은 시대 조지프 애디슨Joseph Addison의 영어 잡지 《관찰자The Spectator》(1711~1714)에 실린 정념의 체계에 관한 기고문(그중 핵심 대목의 저자는 애디슨이 아닌 헨리 그로브Henry Grove였지만)을 읽음으로써 이러한 관념을 더욱 강화했을 수도 있다.*****

***   Ibid., pt. 1, bk. 3, chap. 7.
****   Ibid.
*****   혼트는 헨리 그로브의 1714년 9월 1일자 기사(588호)를 염두에 두고 있다. István Hont, "The Early Enlightenment Debate on Commerce and Luxury," in M. Goldie and R. Wokler (eds.), *The Cambridge History of Eighteenth-Century Political Thought* (Cambridge: Cambridge University Press, 2005), p. 405.

몽테스키외의 《법의 정신》에 나오는 군주정 이론은 그가 그로부터 20여 년 전에 쓴 《페르시아인의 편지Lettres persanes》(1721)에 수록된 〈동굴인 이야기Les Troglodytes〉의 마지막 단계에 해당했다. 이야기는 원시 동굴인들이 순수한 사랑으로 수립한 정체가 순수한 이기심에 기반을 둔 정체로 넘어가는 대목에서 시작되

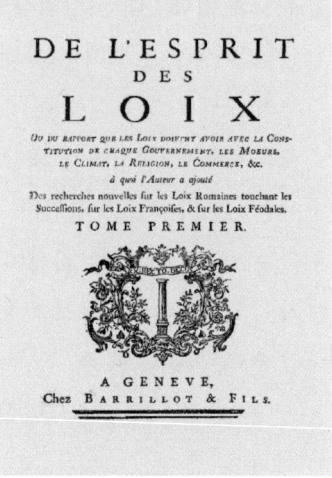

몽테스키외의 《법의 정신》(1748)

었다.* 그것은 사랑의 정체 아래 살던 동굴인들이 갓 생겨난 자존심을 통해 자신들의 진정한 자아, 곧 이기적인 자아를 억누르는 삶에 지치게 되자 자발적으로 사치스러운 군주제로 전환한다는 이야기였다. 근대 군주정에 관한 몽테스키외의 이론에 따르면, 안정적인 정치체제란 사랑과 이기심 간의 균형, 명예와 효용 사이의 균형에 기초해야만 지속될 수 있었다. 이를 위해서는 명예의 체계를 구축할 필요가 있었다. 몽테스키외의 이와 같은 근대 군주정 이론을 격파하는 것이 루소의 《인간불평등기원론》의 목표였다. 루소는 이러한 사회가 홉스주의적 결과를 피할 수 없으며 일단 사회가 상업적으로 조직된 뒤에는 홉스주의적 장치들

---

* 혼트는 몽테스키외의 동굴인 이야기를 다음의 글에서 다뤘다. "The Early Enlightenment Debate on Commerce and Luxury," pp. 405-7.

조차 그 사회를 안정시킬 수 없다는 것을 증명하고, 끝없는 혁명의 파괴적인 반복과 순환 속에서 유럽에 카이사르주의와 민주주의가 번갈아 도래하게 될 것이라고 예측했다.** 몽테스키외는 근대 군주정을 적어도 특정한 제도적 환경에서나마 이기심을 누그러뜨리고 자존심을 스스로 억제하는 도덕문화로 정의했다. 루소는 몽테스키외의 이 견해가 실현되기 힘들고 근거도 갖추지 못한 희망에 불과함을 입증하기 위해 《인간불평등기원론》 제2부에서 자존심의 역사를 제시했다.

루소는 군주제에 만연한 문화인 위선의 심리역학을 통해서는 상업사회를 안정시킬 수 없을 것이라고 주장했다. 몽테스키외가 서술한 18세기 정치의 걸작품은 실제로는 작동할 수 없

** 〔옮긴이〕 이 시기 카이사르주의와 민주주의의 지성사는 다음을 참조하라. Iain McDaniel, *Adam Ferguson in the Scottish Enlightenment: The Roman Past and Europe's Future* (Cambridge, MA: Harvard University Press, 2013); Joanna Innes and Mark Philp (eds.), *Re-imagining Democracy in the Age of Revolutions: America, France, Britain, Ireland 1750-1850* (Oxford: Oxford University Press, 2013); Richard Bourke and Quentin Skinner (eds.), *Popular Sovereignty in Historical Perspective* (Cambridge: Cambridge University Press, 2016); Minchul Kim, "Republicanism in the Age of Commerce and Revolutions: Barère's Reading of Montesquieu," *French History*, 30:3 (2016), pp. 354-75; Cesare Cuttica and Markku Peltonen (eds.), *Democracy and Anti-Democracy in Early Modern England 1603-1689* (Leiden: Brill, 2019); Minchul Kim, "Condorcet and the Viability of Democracy in Modern Republics, 1789-1794," *European History Quarterly*, 49:2 (2019), pp. 179-202; Iain McDaniel, "Ochlocracy and Democracy in the 'Long Quarrel': Modern Republicanism and Its Ancient Rivals Revisited," in Jacques Bos and Jan Rotmans (eds.), *The Long Quarrel: Past and Present in the Eighteenth Century* (Leiden: Brill, 2022), pp. 161-83.

는 것이었다. 이후 스미스는 자존심에 대한 이론적 역사의 대안적인 판본을 내놓았다. 이로써 그는 만약 자존심이 적절하게 작용하도록 한다면 그 걸작품이 작동할 수도 있으리라는 희망의 불씨를 되살렸다. 이러한 관점에서 볼 때 《도덕감정론》은 스미스가 몽테스키외와 루소 양자에게 내놓은 답변의 출발점이었다.

이번 장에서 마지막으로 다룰 것은 《인간불평등기원론》 제1부의 문제다. 《인간불평등기원론》 제2부는 사회성이 거의 혹은 전혀 존재하지 않지만 효용상의 이유로 인간들 사이의 협력이 몹시 필요한 상태의 상업사회를 전제하고, 그로부터 상업사회에 관한 순수이론을 출범시킨다. 이는 상업사회에 관한 이론들이 너도나도 즐겨 사용하던 서곡이었다. 비록 루소가 갖가지 매력적인 수정을 가하긴 했지만 그의 서곡도 본질적으로 다르지 않았다. 그러한 표준적인 서술 양식에 따르면, 상업사회는 앞서 언급한 의미에서 인간이 처한, 혹은 (저자가 기독교도일 경우에는) 타락한 인류가 처한 험난한 조건과 같은 것이었다. 특히 인기 있었던 것은 인간과 동물을 비교함으로써 인간에게는 상업사회가 필연적이라는 점을 역설하는 방식이었다. 동물은 본능을 따르며 강력하지만 협소하게 방향지워진 자기애amour de soi-meme를 가지고 있었는데, 이것은 상황이 허락하는 한 생존을 보장해주었다. 동물과 대조적으로 인간은 실질적인 생존에 걸맞은 신체적 준비가 되어 있지 않았다. 이런 약점을 보충하는 요소가 두뇌와 정신으로 스스로 배우고 변화할 수 있는 인간의 능력이었으니, 인간은 이를 통해 인위적인 사회성을 창출할 수 있었다. 사회는 인간이 동물을 이길 수 있는 큰 장점이었다. 처음의 비교에서 드러났던 동물의 유리함이 무색해질 정도로, 사회를 이룬 인류는 동물을 크게 능가할 수 있었다. 그러나 이 이기심의 경제적 역학을 위해 지불해야 할 대가가 있었으니, 바로 불평등이었다.

    루소는 이 이론의 첫 번째 전제, 즉 불평등이 인간 본성의 강고한 특징들에 기초하고 있다는 전제를 제거하기로 마음먹었다. 대신 그는 불평등이 역사의 산물, 더 정확히 말하자면 사회적 자아의 역사 또는 자존심의 역사가 빚어낸 산물이라고 주장했다. 루소에 따르면, 태초의 인간은 동물과 비교했을 때 불리하지 않았다. 그들은 동물만큼 강했다. 인간이 허약하다거나 저능하다는 명제는 오류이거나 이데올로기였다. 인간은 처음부터 동물을 앞지를 수 있는 추가적 잠재력을 지니고 있었다. 다만 그 잠재력이 휴면 상태였을 뿐이다. 사회도, 사회성도 갖추지 못한 인간은 사실상 동물이었다. 그들은 살아남으려 할 때는 사악했지만, 반대로 그 외에는 다른 목적이 없었기 때문에 선하기도 했다. 그들에게는 도덕적 개념이 없었다. 도덕성은 사회적 상호작용을 통해 생성되는 것이었기 때문이다.

    몽테스키외의 훌륭한 학생으로서, 루소는 이러한 발상에 지리적 차원을 부여했다. 그는 인간 이전의 인간prehuman humans이 생존하기 쉬운 아프리카의 열대지방을 인류의 발상지로 지목했다. 상업사회는 남방이 아닌 북방의 사회가 갖는 특징이었는데, 이는 북방의 환경에서는 인간이 허약하다는 명제가 명백한 참이 되었기 때문이다. 루소는 인류가 남방에서 북방으로 확산한 것이 자연재해의 결과라고 추정했다. 그것은 인간과 자연적인 서식지 사이에 있는 본래의 연결고리를 끊어낸 생태학적 재앙의 결과였다. 인간은 새로운 서식지에서 비로소 다른 정치사상가들이 주장했던 것처럼 생존하기 위해 사회를 필요로 하게 되었다.

《인간불평등기원론》은 이런 종류의 사회에 해당하는 엄밀한 심리적 발생학을 제시하지 않았다. 루소는 단지 이 문제를 암시하기만 했다. 사회의 심리적 발생학을 제시하려면 사회의 의사소통 수단인 언어의 탄생에 대해 먼저 설명해야 했기 때문이다. 루소는《인간불평등기원론》에서 이것이 자신이 해명할 수 없는 닭과 달걀의 문제라고 설명했다 (이런 식의 설명은 독자들로 하여금 스스로 답을 알아내도록 자극했다. 여기에 자신만의 답변을 내놓은 독자로는 스미스와 함께, 잘 알려져 있듯 요한 고트프리트 헤르더Johann Gottfried Herder가 있었다). 따라서《인간불평등기원론》에서 사회와 자존심의 자연사는 매우 짧고 개략적으로만 언급되었다. 루소와 스미스의 유사점이 눈에 잘 띄지 않게 된 것은 이 때문이다.

여기서 나는 내가 독자들에게 스미스와 루소 모두가 사실상 동일하게 표명했다고 언급한 바 있는 포부, 즉 몽테스키외에 이어 법·사회·정치를 포괄하려는 이론적 사유의 관점에서 그로티우스와 홉스의 정치사상을 재구성하고자 하는 두 사람의 포부를 상기시키고자 한다. 스미스에게서 그 재구성의 윤곽을 포착하기 위해서는《도덕감정론》을 공감의 자연사로 읽을 필요가 있다. 이와 동시에 원래 제2논고인《인간불평등기원론》의 일부분이었음이 거의 확실한, 내가 루소의 '제3논고'라고 부르는《언어기원론》을 고려하면, 루소 역시 스미스와 몹시 비슷한 노력을 기울였다는 점이 분명히 드러난다.

《언어기원론》은 인류가 아프리카에서 북쪽으로 이주하는 과정 및 그 속에서 언어를 통해 사회를 형성하는 과정에 대한 역사를 제시했다. 언어는 자기중심적 기호 사용을 수반하는 연극과 음악을 통해 생겨났다. 그것은 효용적 인식론이 아닌 심미적 인식론을 담고 있었다. 언어의 이러한 심미적 측면은 효용에 기반한 북쪽 상업사회들의 역사에서는 포착되지 않으나, 그 형태는 스미스가 지리적 변화나 다른 고려 사항들을 설명에 개입시키지 않은 채 순수한 추론적 역사로만 제시한 공감적 자아의 역사 서술과 매우 비슷했다. 스미스는 루소의 《언어기원론》과 일정 정도 비슷한 궤적을 따라 움직였는데, 이제 우리는 《언어기원론》이 《인간불평등기원론》 제1부와 제2부 사이의 사라진 고리라고 생각할 수 있다. 듀걸드 스튜어트가 강조했다시피 스미스가 도덕이론에 기여한 아마도 가장 지속적인 공헌은 바로 (옛 법학에서 사용하는 개념적 의미에서) 공리주의와 사회주의로 이어지는 길을 틀어막은 것이었을 테다. 스미스는 도덕이론에서 의도주의자intentionalist였지만 자신의 도덕이론을 이기심 체계의 세련된 판본 위에 정초했다. 정치는 이기적인 인간 본성의 복잡한 귀결이었다. 그 심리적 토대를 충분히 살펴보기 전까지는(이에 대해서는 이후 장들에서 간략하게나마 이야기할 것이다) 루소와 스미스의 정치사상을 결코 진지하게 견줘볼 수 없을 것이다.

3부

정부의 역사

법과 법관, 무엇이 먼저 나타났는가?

이제 루소와 스미스가 서로 동의하는 지점과 동의하지 않는 지점이 무엇인지 살펴보자. 두 사상가는 공히 인간이 사회성과 도덕성을 타고났다는 점을 부정했다. 그들이 서로 동의하지 않았던 지점들에 초점을 맞추기 위해 먼저 《인간불평등기원론》에 대한 서평에서 스미스가 노골적으로 루소와의 이견을 표명한 그 단락으로 돌아가 시작해보려고 한다. 문제의 그 단락은 맨더빌과 루소가 모두 "인간을 사회에서 함께 살기 적합하게 만드는 모든 재능, 습관, 기술 등이 느리게 진보하며 점진적으로 발전한다고 보았으며, 둘은 이 진보를 거의 흡사한 방식으로 묘사한다"고 서술하고 있다.*

스미스도 여기에 동의했으며, 나중에 이 현상들에 대해

---

*   Smith, "Letter," p. 250.

비슷한 접근법을 채택했다. 그러나 서평의 다음 단계에서 스미스는 비판을 개진한다.

> [맨더빌과 루소]에 따르면, 현재 인류에게 존재하는 불평등을 유지하는 이러한 정의의 법law of justice은 본래 교활하고 힘 있는 자들이 타인에 대한 비자연적이고 부당한 우위를 획득해 유지하기 위해 만든 발명품이었다.*

스미스는 이 논평을 윤색하지 않았다. 왜냐하면 주장의 요점이 애초 맨더빌의 글과 루소의 글에서 발견되는 놀라운 유사성을 겨냥한 데 있었기 때문이다. 하지만 스미스는 이 두 사람의 주장에 동의하지 않았다. 나아가 그는 자신의 후기 저작 전체를 정의justice의 기원에 관한 이와 같은 설명에 맞서 이견을 표명하는 데 할애했다. 스미스가 기술한 공감의 자연사는 맨더빌과 루소가 주장하는 방식 대신 흄이 제시한 정의의 자연사를 모델로 삼았다. 맨더빌 및 루소가 주장하는 방식과의 근본적인 단절은 사실 흄에게서 비롯되었다고 볼 수도 있다. 스미스는 흄의 길을 따라갔지만 그렇다고 흄을 맹종하지도 않았다. 이번 장의 부제—"법과 법관, 무엇이 먼저 나타났는가?"—는 스미스가 이룬 업적의 본질을 포착하기 위해 붙인 것이다. 스미스는 정의와 정부가 인위적이라는, 맨더빌과 루소 역시 주장했던 사실을 단순히 반복하는 대신 정의와 정부의 자연사를 구성하는 데 관심이

---

* Ibid., p. 251.

있었다. 흄은 정의의 자연사를 썼고, 스미스는 정부의 자연사를 쓰고자 시도했다. 반복하자면 핵심은 단순히 정치가 인위적이라는 사실이 아니라 그 인위성의 본질이 무엇인가를 규명하는 것이었다. 이를 포착하기 위해서는 정부의 기원과 역사를 이해할 필요가 있었다.

이 문제를 두고 스미스와 루소 각각이 제시한 근본적인 명제들 일부는 극명한 대조를 이뤘다. 먼저 《인간불평등기원론》을 보자. 루소는 재산의 기원과 사회계약을 설명한 후, "최초의 정부는 지속적이고 규칙적인 형태를 갖지 않았다"고 주장했다.

> 사회는 모든 개인이 준수하기로 서약한 소수의 일반적인 규약으로 구성되었고, 공동체가 이 규약에 대한 개인들의 서약을 보증했다. 경험을 통해 그러한 규약이 얼마나 취약한지가 드러났고, 공중만이 개개인의 잘못에 대한 증인이자 재판관이 되었을 때 범죄자들이 얼마나 쉽게 유죄판결이나 처벌을 면할 수 있는지가 드러났다. 갖은 방법으로 법이 회피되고 불편함과 무질서가 거듭해서 늘어난 뒤에야 사람들은 위태로운 공권력의 관리를 개별 인물들에게 위임하고, 인민의 토론 결과가 존중되도록 만드는 임무를 위정자에게 위임할 생각을 하게 되었다.**

** Jean-Jacques Rousseau, "Second Discourse," in V. Gourevitch (ed.), *The Discourses and Other Early Political Writings* (Cambridge: Cambridge University Press, 1997), p. 175.

이 모든 이야기는 익숙하게 들린다. 사회의 초창기에는 인간이 만든 법이 있었다. 그 법은 자연발생적인 것이 아니었다. 법이 지켜지지 않자, 그리고 그때가 되어서야, 법을 집행할 수 있는 사법적 권위를 추가적으로 창설할 필요가 생겨났다. 루소는 이것이 인간이 사법권을 만들어낸 과정의 역사를 설명하는 올바른 방법이라고 단언했다. 처음에 법이 있었으며 그 후에야 법관이나 위정자가 출현했다는 것이다. 《인간불평등기원론》에서 그는 "연맹이 성립되기 전에 족장들이 선출되었고 법의 대행자가 법 이전에 존재했다고 말하는 것은 진지하게 반박할 가치도 없는 가정"이라고 말했다.*

스미스의 입장은 정반대였다. 그는 글래스고대학에서 했던 《법학강의Lectures on Jurisprudence》(1763)와 그것에 기초한 《국부론》 제5권에서 로마제국이 게르마니아 속주에 로마식 법정을 도입했을 때 나타났던 거센 저항에 대해 논했다.

> 재판소가 설치되었을 때, 미개한 사람들에게는 그것이 견딜 수 없을 만큼 전적인 권위를 가진 것처럼 보였다. 그리고 소유권이 상당히 발전한 시대가 되면 법관의 존재는 필수적이다. 법관은 필요하지만 그럼에도 가장 끔찍한 것이다. 이 경우 어떻게 해야 하는가?**

---

*   Ibid., p. 176.
**   Adam Smith, *Lectures on Jurisprudence*, in R. L. Meek, D. D. Raphael, and P. G. Stein (eds.), *The Glasgow Edition of the Works and Correspondence of Adam Smith* (Oxford: Oxford University Press, 1978), p. 314.

스미스가 일견 루소와 흡사한 길을 택한 것처럼 보일 수도 있지만, 사실 그는 정반대의 이론을 전개했다. 이러한 사회들은 현실의 필요로 인해 최초의 법관직들을 창설했다. 그러나 법관의 권력은 분개와 두려움의 대상이었기에 그에 대한 해결책을 마련해야만 했다. 따라서 법관들 스스로가 해석하고 있다고 주장했던 바로 그 규칙들을 문서로 만들어 그들을 통제하고 그들의 활동을 법제화할 필요가 있었다. 스미스는 다음과 같이 썼다. "이것이 인민이 법관의 행동을 규제하는 법을 요구했던 아테네, 스파르타 등지에서 벌어진 일이다. 왜냐하면 법관이 어떤 방식으로 법적 절차를 진행할지 알게 되면 공포가 한결 완화될 것이기 때문이다." 이로부터 스미스는 루소와 정면으로 반대되는 결론을 도출하면서 이렇게 선언했다.

> 이러한 방식을 통해 법은 법관직이 확립된 이후에 생겼다. 법관의 직위가 처음으로 창설되던 시점에는 법률이 없었다. 모든 사람은 자신의 가슴속에 있고 다른 사람에게서도 발견될 것으로 여겨지는 자연적 정의감에 기댔다. 사회 초창기에 법관직보다 법이 먼저 확립되었다면 법은 자유를 구속하는 것이 되겠지만, 법관의 등장 이후에 확립된 법은 자유를 확장하고 보호한다. 왜냐면 법은 사적인 각 개인들의 행동보다는 법관의 권력과 행위를 확정하거나 구속하기 때문이다.***

***   Ibid., p. 314.

이 문제를 놓고 스미스와 루소가 서로 동의하지 않았음은 너무나도 명백하다. 나는 스미스가 여기서 의식적으로 루소에 대한 반론을 펼치고 있었다고 추측한다. 스미스가 위 인용문에서 분명히 밝혔듯, 핵심은 바로 자유에 관한 해석에 있었다. 비록 자유를 바라보는 두 사상가의 관점 자체가 크게 갈라지는 것은 아니었겠지만, 자유가 어떻게 만들어졌으며 그에 따라 정치사회가 어떻게 형성되었는가를 놓고 둘의 견해가 일치하지 않았음은 분명하다. 이들은 근대적인 자유와 법률의 역사를 서로 다르게 서술했으며, 이는 결국 서로 다른 정치적 견해로 이어졌다. 둘 모두 자연적 사회성의 부재라는 공통된 전제에서 출발했으나, 법의 기원에 대한 둘의 상이한 역사 서술은 상업사회의 정치에 대한 상이한 전망으로 이어졌다. 이 차이는 어디에서 비롯되었고 어디까지 이르렀을까?

　　법관과 법률 중 어느 쪽이 먼저 출현했는가에 관한 자신의 견해를 밝힌 바로 그 지면에서, 루소는 사람들이 법관과 족장을 임명하기로 결정했던 이유는 노예가 되거나 종속 상태에 처하기 위해서가 아니라 바로 그들 자신의 자유를 강화하기 위해서였다고 설명했다. 자유의 강화가 사람들의 목적이었다는 점에는 스미스도 동의했다. 그럼에도 두 사상가는 두 가지 중요한 사안에서 견해를 달리했다. 첫 번째 쟁점은 관습의 본질 및 역사에 대한 이해였다. 달리 말해 그들은 사회계약의 개념을 놓고 서로 생각을 달리했다. 잘 알려져 있듯, 흄은 사회계약의 규범적 논리가 강한 설득력을 갖는다는 점을 인정하면서도 사회계약의 관념이 역사적으로 실존했다고 볼 수는 없다고 비판했다.* 글래스

고대학 강의 노트인 《법학강의》에서 스미스는 사회계약론에 대한 흄의 비판을 충실히 되새겼다.** 스미스의 목적은 흄과 마찬가지로 사회계약의 관념 자체를 거부하는 게 아니라 계약을 통해 법적·정치적 규범성이 출현했다는 역사적 설명을 그보다 더 설득력 있는 다른 역사적 설명으로 대체하는 데 있었다. (여기서 '역사'란 이론적 역사, 즉 개념을 시간적 순서에 따라 배치하는 역사를 뜻하며, 그렇기에 법관과 법의 출현 순서를 올바르게 설정하기 위한 루소와 스미스의 논쟁이 중요하다는 사실을 기억하자.)

흄의 발상은 계약을 합의로 대체하는 것이었다. 시간이 흐르면서 축적된 시행착오를 거쳐 협력적 실천들이 형성되는데, 여기서 합의란 이와 같은 협력적 실천들을 통해 표명된 암묵적 동의를 가리켰다. 법관이 법 이전에 존재했다는 생각의 토대에는 정확히 이러한 유형의 사고가 있었다. 유능한 한 개인이 여러 개인 간의 분쟁을 한 번 해결했고, 이런 식의 부탁을 몇 번이고 받으면서 그는 사실상 법관 같은 존재가 되었다. 일단 이 관행의 효용이 다수에게 알려지면서 하나의 체계와 원칙이 만들어졌다. 전문가가 심판이 되는 관행이 널리 확산되자 그 실천은 규범화

---

* Hume, *Treatise of Human Nature*, T.3.2.7–10; SBN 534–67; Hume, "Of the Original Contract," in *Essays Moral, Political and Literary*, ed. E. F. Miller (Indianapolis: Liberty Fund, 1987).

** Smith, *Lectures on Jurisprudence*, pp. 315–17, 402. 혼트는 스미스가 흄의 주장을 로크주의적 사회계약에 대항하여 사용한 것에 대해 다음의 글에서 서술한다. "Adam Smith's History of Law and Government as Political Theory," in R. Bourke and R. Geuss (eds.), *Political Judgement: Essays for John Dunn* (Cambridge: Cambridge University Press, 2009), pp. 138–40.

되었고, 그 원칙은 다시 성문화되어야 했다. 흄은 분배의 절차들을 이렇게 규범화하는 일이 모든 상황에 부합하는 정의인 것은 아니지만, 다소간의 결핍을 지닌 환경에서 생활하며 서로 엇비슷한 육체적·정신적 능력을 지닌 궁핍한 개인들에게는 이것이 꼭 필요했다고 강조했다.* 그들은 생존에 필요하다는 점에서 사유재산을 발명하지 않을 수 없었고, 바로 그 과정에서 사법제도를 창설했다. 흄에게 사법과 소유는 거의 동일한 범주였다.

여기가 루소와 스미스의 갈림길이었다. 족장과 법관의 탄생을 설명하면서 루소는 인민이 스스로가 패배자로 남는 상황을 받아들이는 대신 이 거래(즉 족장과 법관의 수립)에서 무언가를 얻어내고자 스스로 권력자들을 선출했다고 지적했다. 그런데 재산의 경우, 루소는 소유권의 확립이 인민에게 어떠한 이익을 제시하는지 알 수 없었다. 재산의 분배가 장기적으로 그대로 유지되기 위해서는 사람들이 그 상태를 자발적으로 수용할 수 있어야 한다. 만일 사유재산의 배분이 단순히 권력자의 힘에 의해 인민에게 강요된 불의에 따라 이뤄진 것이라면, 사적 소유권은 안정될 수 없었을 것이다. 이는 루소가 다른 설명 방식을 모색해야 했음을 의미했다. 루소가 보기에 다수가 스스로에게 불리한 조건을 자발적으로 수용하는 상황은 인민이 매혹적인 수사에 속아넘어간 경우에만 가능했다. 따라서 사유재산이 합법적 체제로 자리 잡는 방향으로 이뤄진 변화는 인민의 신뢰를 악용한 사

---

* Hume, *Enquiry concerning the Principles of Morals*, 3.1–7; SBN 183–86.

기의 산물이며, 이는 사회의 성장에 영원히 부정적인 영향을 미칠 수밖에 없었다. 루소는 자꾸만 커지는 불평등이 사유재산에 바탕을 두고 있는 모든 정치적 합의를 붕괴시키는 경향이 있다고 주장했다. 그는 전제정과 평등체제가 오락가락하고, 그로 인해 정치적 불안정이 주기적으로, 혹은 (18세기의 표현대로) 회전 gyration하듯 반복되는 암울한 미래를 그렸다.

그러나 스미스는 그렇게 생각하지 않았다. 이는 그가 사유재산이나 불평등을 낙관적으로 바라보았기 때문은 아니었다. 사실 스미스는 둘 모두를 엄중하게 비판했다. 그러나 그는 상업사회 체제가 다수를 위한 더 많은 평등과 물질적 복리를 만들어낸다는 점에서 장기적으로 유익한 경향을 보인다고 생각했다. 이는 분명 《인간불평등기원론》에서 루소가 제시한 견해와 달랐다. 두 사상가는 왜 갈라졌을까?

루소와 스미스는 법과 정치의 기원을 설명하기 위해 정의와 사회의 자연사를 만들어냈다. 사실 둘 다 자신의 이론을 위해 흄과 동일한 분석틀을 채택했다. 그들은 중간 정도의 결핍 상황에 처해 있는, 다시 말해 서유럽의, 그리고 아마도 그리스와 같은 지중해 일부 지방도 포함하는 지역의 정치적·경제적 조건에 놓여 있는 궁핍한 인간들이 만들어낸 정의에 관심이 있었다. 따라서 그들은 온대 기후에 존재했던 사회들의 기원과 역사에 관심을 품게 되었다. 루소의 《인간불평등기원론》의 표현을 빌려 이론적으로 말하자면, 그들의 관심 대상은 신체적 필요로 인해 인간이 결합하게 된 사회들의 역사였다.

루소와 스미스는 모두 홉스의 반아리스토텔레스적 견해,

즉 인간에게는 일차적인 사회성이 부재하다는 견해를 출발점으로 삼아 도덕성과 정부의 역사를 구축하기 시작했다. 홉스와 마찬가지로 그들은 인간이 육체적 욕구와 정신적 욕구 모두를 가지고 있으며, 그중 극도로 강력하고 큰 영향력을 휘두르는 쪽은 정신적 욕구라고 보았다. 이것이 바로 정신적 욕구, 즉 인정 추구 욕구의 만족을 둘러싼 문제가 인간사회의 핵심적인 쟁점인 이유였다. 홉스는 정치를 통해 정신적 욕구, 즉 자존심이나 영광을 추구하는 욕구를 억제하는 쪽에 초점을 맞췄다. 루소와 스미스는 물질적 욕구와 정신적 욕구 사이의 상호작용이 홉스가 생각한 것 이상으로 더 밀접하고 지속적이며 발전한다고 보았다고 할 수 있다. 따라서 그들의 사회사상은 사회의 경제적 구조 또는 효용에 기반을 둔 구조를 홉스보다 더 전면에 내세웠다. 홉스가 정치의 토대에서 사회성과 효용을 배제한 반면 후세 사상가들은 다양한 목적을 위해 이 요소 중 일부를 되살리고자 했는데, 여기서는 그중 일부만을 살펴볼 것이다.

하나의 흥미로운 논변 방식으로 이른바 얀센주의자, 즉 프랑스 아우구스티누스주의자들의 사례를 들 수 있다. 이들은 인간이 원죄를 저지르고 타락했다는 기독교 교리를 강조하는 입장에서 출발하여 인간의 본성적 타락에서 빚어진 혼란을 수습하기 위해 지상의 나라에서 정치적 해법을 찾아야 한다는 홉스의 해결책을 받아들였다. 타락한 인간에 관한 얀센주의자들의 관념은 홉스가 말하는 비사회적·반사회적 인간과 흡사했다. 타락한 인간은 사랑도 자애도 없이 전적으로 영광 추구와 욕정에만 몰두하면서도 여전히 사회 안에서 살아가는 존재였다. 이런 각도에서 볼 때 상업적 효용은 정치체제를 안정시키고 정신적 궁핍이 촉발한 끝없는 경쟁관계를 억제하는 데 도움이 되는 이차적 사회화 요소로 작용하는 것으로 보였다.* 몽테스키외의 근대 군주정 사상 역시 이런 정치적 논증 방식의 계보에 속해 있었다. 피에르 니콜Pierre Nicole을 위시하여 프랑스 절대주의를 비판한 얀센주의자들은 검劍에 의한 징벌적 통치가 지속적인 질서를 확립하기에 충분하지 않다는 점을 명확하게 파악하고 있었다. 불만과 경쟁을 중화하기 위해서는 권력을 노골적으로 행사하는 것 이상의 해법이 필요했다. 여기에는 주로 효용이라는 낚싯바늘을 통해 타락한 인간들을 낚아 올리는 방법, 더 정확히 말하자면 영광을 추구하는 인간의 기질 및 육욕을 받아들이되 그것들이 효용과 뒤섞이도록, 그리고 효용을 통해 발현될 수 있도록 하는 방법이 포함되어야 했다. 부富를 경배하는 마음, 그리고 물질적인 화려함을 통해 개인의 영광을 외적으로 과시하고자 하는 욕망은 모두 철저하게 부패한 정서로서, 타락한 인간의 마음에 거역할 수 없는 힘을 발휘했다. 국가가 정의의 수호자로서 훈육과 지도를 담당한다면, 효용과 자존심은 사회의 평화와 발전에 직접적으로 도움이 되는 결과를 만들어내는 방식으로 결합할 수 있을 것으로 전망되었다. 이런 식의 논변에서 핵심은 홉스주의의 요점, 즉 인정 추구의 정치가 사회의 순수한 물질적·육체적·경제적 연결망을 지배한다는 전제를 유지하는 데 있었다. 그런 점에

---

* 혼트는 다음 글에서 프랑스 얀센주의자들에 대해 논하고 있다. "Jealousy of Trade: An Introduction," in *Jealousy of Trade*, pp. 46-51.

서 얀센주의자들의 논변에는 홉스의 사고방식과 기독교 신학이 뒤얽혀 있었다. 반면 루소와 스미스는 더 순수한 원래의 홉스주의적(혹은 에피쿠로스주의적) 사고방식으로 되돌아갔는데, 다수의 동시대들은 이 사실을 아주 명확하게 인지했다. 사실 정치이론가들이 이런 사고방식들을 명확하게 식별하는 능력을 상실한 것은 아주 최근, 그러니까 20세기에 와서야 벌어진 일이다.

루소는 얀센주의-몽테스키외주의적 해법이 홉스의 사유를 개선하기는커녕 홉스 주권론의 힘을 파괴해버렸음을 논증하려고 했다. 그는 상업적 효용과 인정 추구의 결합이 홉스식 정치를 불안정하게 만들 뿐 아니라 홉스의 국가를 과도한 중앙집권화로 이끌 수밖에 없다고 주장했다. (홉스가 근대적인 상업 정치에 관한 이론가가 아니었고, 그런 이론가가 될 수도 없었다는 것은 이처럼 루소라는 거울을 통해 분명히 드러난다.) 스미스는 흄이 그러했듯이 루소와 반대 방향으로 나아갔다. 스미스는 인정을 추구하는 정치와 효용을 추구하는 정치 사이의 역학이 정의와 법치의 틀 안에서 충분히 작동하도록 해주면 절대주의 정부는 불필요하다고 주장했다. 흄이 주장한 바에 따르면, 정치에는 자유와 권위라는 두 가지 기본 원리가 있었다. 흄은 홉스가 정치적 권위의 이론에서는 위대한 혁신가였지만 17세기의 특수한 정치적 상황 때문에 권위를 과도하게 강조했다고 평가했다. 흄이 볼 때 좋은 정치이론은 자유와 권위가 함께 맞물려 돌아갈 수 있도록 해야 했다.* 권위와 자유가 어떠한 관계여야만 하는가에 대해

---

* Hume, "Of the Origin of Government," in *Essays Moral*, p. 40.

서는 루소와 스미스 모두 같은 의견이었다. 일부 논평가들은 루소가 반홉스주의적 입장을 지나치게 견지한 나머지 정치를 주권에서부터 멀리 떨어뜨려 자유 쪽으로만 옮겨버렸다고 주장한다. 그러나 이러한 견해에는 아무런 가치도 없다. 루소의 주장에 따르면, 정치에서 법이 얼마나 깊은 의미를 지니는지 이해하기 위해서는 인간사회가 발전하는 과정에서 자유와 권위가 어떠한 관계를 맺고 있는가를 아주 정확하게 이해해야만 한다. 스미스도 자신이 제시한 법과 정부의 이론 및 역사에서 같은 주장을 했다. 두 사상가는 서로 매우 유사한 용어를 사용하여 합법적 권위의 가능성이라는 거대한 주제에 대한 역사화된 이론을 구축하는 작업에 착수했다.

이러한 담론에 등장하는 '효용'이라는 말에는 여러 가지 의미가 담겨 있었다. 그중 하나는 '자유'였는데, 특히 흄과 스미스의 용례에서 그러했다. 하나의 경제적 연결고리로서 '효용'은 '욕구에 의해 창조된 사회'를 의미하기도 했다. 그저 권위만이 아닌 효용을 통해 뒷받침되는 정치라는 개념은 사회의 개념, 특히 경제적 상호작용의 한 가지 양식으로 이해되는 사회 개념에 의지하고 있었다. 스미스의 독자들은 이것이 그의 사상의 기저에 존재하는 정치적 체계를 보여주는 유일한 요소라고 오랫동안 생각했다.

마르크스의 선행자를 찾던 사람들은 스미스의 4단계 이론을 발견했는데, 해당 이론에 따르면 사회라는 토대를 규정하는 생활 양식 혹은 생계 유지의 양식이 있으며, 그러한 양식에 따라 정부 및 기타 사회제도를 분류할 수 있었다. 잘 알려져 있는 것처럼 스미스는 수렵-채집 단계, 목양 또는 목축 단계, 농업 단계, 상업 단계라는 4단계를 제시했다. 그는 《도덕감정론》 출간 이전에 이미 이러한 이론화 작업을 진행하고 있었다. 스미스가 옥스퍼드에서 스코틀랜드로 돌아왔을 때, 그의 첫 번째 생계유지 수단은 에든버러의 지주이자 문인이면서 스코틀랜드 원로 법관이었던 케임스 경 헨리 흄Henry Home, Lord Kames의 후원을 받아 야간 강연을 하는 것이었다. 그 강연들에 대해 알려진 바는 거의 없지만 우리는 스미스가 한 번은 일종의 미학 강좌로서 수사학과 문학에 관해, 다른 한 번은 법학의 역사와 원리에 관해 두 차례의 연속강좌를 진행했음을 알고 있다. 스미스의 4단계론이 처음 등장한 것은 후자에서였다. 이 이론은 [명예혁명 이전의 왕가를 회복하려는 시도였던] 1745년 자코바이트 반란이 초래한 공포 이후 시기의 스코틀랜드 엘리트층의 관심사에, 그리고 특히 케임스의 사상에 잘 부합했다. 당시 케임스는 스코틀랜드 법에서 봉건적 잔재를 청산하여 이를 근대화하는 시도를 하고 있었기 때문이다. 사회가 바뀌면 법도 바뀌어야 한다는 주장을 제기하기 위해 이런 유형의 법학이론이 이와 같은 지적 환경에서 처음 모습을 드러냈던 것이다. 오늘날 학계에서는 이와 같은 단계론의 지적 기원을 관습적으로 근대 자연법학 전통, 특히 자연법학의 소유권 이론에서, 그리고 고대 로마의 농업과 토지 경영 사상으로까지 거슬러 올라가는 경제적 개선에 관한 관념에서 찾아내고자 하지만 말이다.

  스미스의 단계론에는 몽테스키외의 《법의 정신》이 끼친 엄청난 영향의 흔적 또한 남아 있다. 《법의 정신》은 법률적·행정적 개혁을 주장하면서 법률의 변화가 기저에 놓인 사회의 정신과 조화를 이룬다면 그 변화는 정당하다고 설명했다. 스미스의 친구들이 계속해서 주장한 바에 따르면, 스미스가 법과 정부에 대한 역사이론을 쓰기 시작했을 때 실제로 염두에 두었던 것은 그로티우스가 아닌 몽테스키외의 도전이었다. 스미스가《도덕감정론》에 이어 두 번째로 준비한 책의 의도는 바로 이 도전에 응답하는 것이었다. (이 책은《국부론》이 아니라 스미스 사후 불태워진 미출간 저작이다.) 이 계획은 1759년《도덕감정론》에서 공언된 바 있었다.* 흔히 근대 미국 사상에서 그러하듯, 시간적 순서에 따라 스미스의 도덕철학이 먼저 있었고 법과 정치에 관한 기획은 그것의 확장이자 연속으로 보아야 한다고 생각할 수도 있다. 하지만 지적 발생의 순서를 뒤집어 생각하는 것도 가능하다. 앞서 많은 동시대인이《도덕감정론》을 도덕이론이 아닌 사회이론으로 치부했음을 언급한 바 있다.《도덕감정론》이 그런 유형의 도덕이론이 된 까닭은 그것이 실제로 스미스가 이미 착수했던 법과 정치에 관한 저작의 서막이었기 때문이었다. 1755년, 즉 루소에 대한 서평을 썼던 시기 스미스의 사상에 대해 우리가 가지고 있는 유일한 증거는, 비록 지금은 사라졌지만 1790년대 초 듀걸드 스튜어트가 스미스에 대한 추모 강의 원고를 작성하던 당시만 해도 이용할 수 있었던 스미스의 유고다. 유고는 18세기 전반에 프랑스에서 이뤄진 이론화 작업을 연상시키는 방식으로 정치 개혁과 자유무역을 다뤘다. 내가 주장하는 바는

---

*   Smith, *TMS*, VII.iv.37.

《도덕감정론》에 서술된 공감의 자연사가 스미스가 서술한 법의 자연사와 동일한 구조를 가지고 있었다는 것이다. 두 저작 모두 사람들이 서로를 판단하고 또 서로가 내리는 가혹한 판단에 맞서 방어막을 세운다는 데 초점을 맞추었다. 《도덕감정론》이 그저 개인적 차원의 용어들을 사용해서 도덕적인 면에 집중한 반면, 법의 자연사는 제도적 차원의 용어들을 사용해서 법적인 면에 집중했을 따름이었다. 두 사례 모두에서 스미스가 원형으로 삼은 것은 정의가 인위적인 덕성으로 자리 잡는 과정을 자연사의 형식으로 그려낸 흄의 탐구였다. 적법성$_{legality}$의 탄생을 기점으로 사실에서 권리로, 역사에서 규범성으로, '그러한 것$_{is}$'에서 '그러해야 하는 것$_{ought}$'으로의 전환이 발생했다고 설명하면서, 스미스는 루소와 달리 계약 관념을 자신의 설명을 구성하는 본질적인 요소로 사용하기를 거부했다.* (사실 흄은 '그러한 것'에서 '그러해야 하는 것'으로의 이행 자체에는 반대하지 않았으며, 다만 그 이행을 부적절한 방식으로 고찰하는 이들을 비판했을 따름이었다.)** 루소는 여전히 홉스를 따른 반면, 스미스는 흄의 반계약주의를 따랐다. 루소도 흄을 읽었더라면 어떻게 되었을지 우리는 결코 알 수 없으리라.

루소와 스미스를 좀 더 명확히 비교하기 위해서는 흄과 홉스의 관계를 제대로 이해할 필요가 있지만 (흄이 비판했던 것

---

*　〔옮긴이〕 '그러한 것$_{is}$'에서 '그러해야 하는 것$_{ought}$'에 관해서는 다음을 참조하라. Stephen Darwall, *The British Moralists and the Internal "Ought," 1640-1740* (Cambridge: Cambridge University Press, 1995).

**　Hume, *Treatise of Human Nature*, 3.1.2.27; SBN 469-70.

은 홉스가 아니라 존 로크John Locke였다) 이는 이 책의 주제가 아니다. 여기서 양자의 상호작용 안에 논쟁의 변증법이 존재하는 만큼 흄과 홉스의 관계를 서술하기 위해 헤겔의 용어 (직역하면 '들어 올리기'로 옮길 수 있는) '지양Aufhebung, 止揚'을 사용할 수도 있겠다. 허치슨은 홉스를 비판했고 흄은 허치슨을 비판했다. 이런 이유로 흄은 본인의 의도와 상관없이 홉스의 몇몇 생각들을 더 높은 층위에서, 혹은 더 적절하게 소화되고 철학화된 층위에서 재천명한 셈이 되었다. 글래스고대학에서 자신의 첫 스승이었던 허치슨에게 반기를 든 스미스 역시 이런 식의 변증법을 따랐다. 홉스라는 기점에서 더 나아가기 위해서는 흄과 스미스 모두 국가의 자연사에서 계약적 요소를 제거해야 했다.

정치에서 효용의 역할을—그것에 대한 홉스의 공격 이후에—다시 강조하는 흐름이 경제구조에 따라 역사가 조직된다는 단계론으로 이어졌다는 발상으로 돌아가보자. 이러한 움직임에 스미스가 관련되어 있다는 것은 잘 알려져 있지만, 루소 역시 같은 방향으로 나아갔다는 사실은 훨씬 덜 주목받았다. 그러나 언어의 기원에 관한 제3논고에서, 특히 본래 제2논고를 위해 작성되었던 부분에서 루소가 하는 말을 들어보자. 루소는 이 글에서 "인간의 산업은 그것을 발생시키는 필요에 의해 확장된다"고 주장했다.

> 인간이 이용할 수 있는 세 가지 삶의 방식인 사냥, 목축, 농업 중에서 사냥은 육체의 힘, 기술, 속도, 그리고 정신의 용기와 교활함을 발달시켜 인간을 강건하고 흉포하게

만든다. 사냥꾼들의 땅은 더 이상 수렵지로 남아 있지 않게 된다. 사냥감을 멀리까지 추적해야 하므로 승마술이 생긴다. 도망친 사냥감을 다시 포획해야 하므로 경무장, 투석구, 화살, 투창이 생긴다. 휴식과 나태함의 아버지인 목축 기술은 가장 자급자족적인 기술이다. 이 기술은 사람들로 하여금 큰 노력 없이도 먹을 것과 옷가지, 심지어 거주지까지 얻을 수 있게 해준다. 최초의 목동들의 천막은 동물의 가죽으로 만들어졌으며, 방주의 지붕과 모세의 성막도 마찬가지였다. 농업은 나중에 발생하여 모든 기술을 아우른다. 농업은 소유, 정부, 법의 탄생을 이끌어내고 점차 비참함과 범죄가 생겨나게 하는데, 우리 종種에게 이러한 요소들은 선과 악에 대한 인식과 불가분의 관계에 있다.*

이는 스미스의 단계론과 크게 다르지 않다. 둘의 유사점은 루소가 경제 발전의 3단계에 대한 위의 묘사를 토대로 자신의 결론을 도출할 때 더욱 명확해진다.

상술한 구분은 사회와 관련해 고찰한 인간의 세 가지 상태에 부합한다. 사냥꾼은 미개인 savage, 목동은 야만인 barbarian, 땅을 경작하는 사람은 문명인 civil man이다. 그러므

---

* Rousseau, "Essay on the Origin of Languages," in Gourevitch (ed.), *The Discourses and Other Early Political Writings*, pp. 271–72.

로 기술의 기원을 조사하든 원시의 도덕(혹은 삶의 방식, 습속)을 연구하든 만사는 원칙적으로 인간이 생계를 확보하는 수단과 관련이 있는 것으로 보인다. 이러한 수단들 가운데 무엇이 인간을 하나로 결집시키는지는 기후와 토질에 의해 결정된다. 그러므로 언어들의 다양성과 상반된 특징들 역시 이와 같은 원인으로 설명해야 한다.**

루소가 《언어기원론》에서 이러한 사유를 담은 대목을 쓴 이유는 《인간불평등기원론》 제1부와 제2부에서 묘사된 인류 이야기의 공백을 메우기 위해서였다. 이런 맥락에서 루소는 홉스의 자연상태 모형의 몰역사성에 대해 자신이 제기했던 유명한 불만을 다른 표현을 빌려 되풀이했다. 그는 인류의 역사가 유럽에서만 전개되었다고 가정하는 것은 유럽적 오류이며 오히려 인류는 열대의 쾌적한 기후, 즉 아프리카에서 왔다고 주장했다. 아프리카에서는 초창기 인간의 허약함이나 무능함에 관한 표준적 가정들이 적용되지 않았다. 인간을 한 기후대에서 다른 기후대로 이주하게 만든 재난 혹은 여타의 자연적 사건으로 인해 인간이라는 동물과 자연적인 서식지 사이의 연결이 끊어졌으며, 그 결과가 바로 지금과 같은 유럽의 역사였다. 따라서 기존의 표준적인 서사는 확실히 유럽에는 적용되었으나 인류 전체에는 적용되지 않았다. 실제로 유럽사회는 필요와 효용으로부터 생겨났다. 한 인간이 다른 인간을 향해 애처롭게 외치는 '도와줘!'라는

** Ibid., p. 272.

말은 곧 동료의 조력을, 사회를 요청하는 것이었다고 루소는 주장했다. 그렇다면 인류의 출발점이었던 남방의 사람들은 어떠했을까? 치명적인 약점이 없었던, 그렇기에 서로를 절박하게 필요로 하지 않았던 그들은 사회 자체를 만들지 않고 살아갔을까? 그곳에서 그들의 인간적 잠재력과 정념은 영원히 잠들어 있는 상태에 처할 운명이었던가? 아프리카에서는 인위적인 사회성이 발달하지 않았는가? 인정받으려는 인간적 욕구는 없었는가? 잘 알려진 것처럼 이것이 루소가 《인간불평등기원론》 본문에서 미해결 상태로 남긴 부분이었다. 이것이 미결 상태로 남게 된 것은, 언어의 기원을 사회성의 일차적 수단으로서 정립하는 작업에 내재된 딜레마 때문이었다. 《언어기원론》에서 그는 이 문제를 본격적으로 다루려는 시도에 착수했다.

이 서사의 첫 단계를 차지한 것은 여전히 효용에 관한 이야기였다. 사회는 인간이 정기적으로 마주하는 곳에서만 만들어질 수 있었다. 이러한 마주침이 있기 위해서는 심지어 아프리카에서조차 어떤 신체적인 욕구가 작용해야만 했다. 그 욕구란 여전히 기본적인 동물적 욕구였는데, 루소가 강조했듯 아프리카의 동물들도 비슷하게 행동했던 것이다. 그 욕구의 정체로 그가 지목한 대상은 갈증 해소를 위해 물을 얻고자 하는 욕구였다. 아프리카인들은 강, 오아시스, 샘에서 서로를 마주쳤고, 그러한 만남 이후 그들은 동물들과 멀어지기 시작했다. 이는 그들이 서로를 비교하면서 자신들이 같은 종에 속한다는 사실을, 즉 스스로의 인간성을 인식했기 때문이었다. 이로부터 비교를 통해 구성되는 사회적 자아의 원시적인 형태가 나타나기 시작했다. 《인간불평등기원론》에서 루소는 유럽문화에서 공동체주의의 상징과도 같은 마을 5월제를 통해 자존심이 급격하게 대두하는 과정을 서술했고, 인간사회에 처음으로 등장한 외모지상주의가 승자와 패자의 구분으로 이어지는 경쟁을, 또 그로 인한 원한과 복수를 낳았음을 입증했다. 《언어기원론》에서는 같은 이야기가 사바나의 물웅덩이에서 만난 아프리카인들에게 적용되었다. 물웅덩이는 모두가 공유하는 자연적인 물 공급원이고 물을 음용하는 것은 개인의 활동이었던 만큼, 아프리카인들이 사회를 만든 것은 협동을 통해 신체적 욕구를 충족시키기 위해서가 아니었다. 오히려 그들은 인정을 갈구하는 심리적 욕구, 곧 자존심을 충족시키기 위해 사회를 만들었다. 그들의 애처로운 외침은 '도와줘!'가 아니라 '사랑해줘!'였다.

  말은 인정을 표현하기 위한 노래와 선율로부터 시작되었다. 언어의 사회성은 경제적 필요가 아닌 문화적 필요의 산물이었다. 이러한 사회성은 인간 정신의 근본적인 심미적 능력에 의해, 그리고 자연 및 다른 인간을 향한 경탄의 마음에서 촉진된 사랑과 질서를 추구하는 경향에 의해 형성되었다. 스미스도 이러한 생각을 전적으로 공유했으나, 지금 당장 다룰 내용은 아니다. 루소에 따르면 인간의 말이 유래한 장소는 남방의 열대지역이었으며, 말이 발달한 시기 또한 인간이 강제로 북쪽으로 이주하기 이전이었다. 북방에 도착해 인간의 타고난 신체적 능력이 새로운 환경에 적응하기에 몹시 부족하다는 사실을 깨달은 사람들은 이미 말을 할 수 있었으며, 따라서 도움을 요청할 수 있었다. 루소가 보기에 북방인들의 언어는 인간이 살기 적합하지 않은 환경에서 비롯된 가혹한 생활 여건의 영향으로 황폐해졌다. 바로 그곳에서 인정의 사회가 상호필요에 따라 형성된 효용의 사회와 중첩되는 일이 일어났다. 좋은 쪽으로든 나쁜 쪽으로든 그 결과는 엄청난 것이었다. 좋든 싫든 북방의 역사는 필요에 의해, 따라서 경제적인 생활 양식에 의해 그 모습이 결정되었다. 남방에는 역사의 여러 단계 대신 오직 하나의 단계만이 존재했을 뿐이었다. 발전 과정으로서의 '역사'는 북방의 발명품이었다.

루소와 스미스의 주된 관심사는 이러한 북방의 서사이자 유럽의 서사, 즉 발전의 서사를 풀어내는 것이었다. 척박한 환경에서 비롯된 궁핍은 이를 극복하기 위한 인간의 노력을 요구했다. 노력은 지성의 발전으로, 잠재 능력의 해방으로 이어졌다. 이는 또한 인간을 둘러싼 환경을 이용하는 방식에도 변화를 초래했다. 필요는 발명의 어머니였다. 북방에서는 물질적 욕구와 심리적 욕구 모두가 사람들이 앞으로 나아가도록 떠밀었다. 이러한 역학의 원천을 제공한 것은 사랑에서 비롯된 사회와 욕구에서 비롯된 사회라는 두 요소의 결합이었다. (자기애amour de soi-même와 자존심amour-propre 둘 다 '사랑amour'이라는 표현을 포함한다는 점에 주목하자. 즉 자기애와 자존심은 '이성'이나 '관념'이 아닌 일종의 '사랑'이었다.) 인간은 '행복한 삶'을 생각하기 전에 일단 생존한다는 의미에서 '삶' 생각을 해야만 했다. 루소는 다음과 같이 말한다.

상호필요는 감정보다 훨씬 더 효과적으로 사람들을 결속시켰고, 사회는 오로지 근면을 통해서만 형성되었으며,

상존常存하는 사멸의 위험은 언어가 몸짓에 제한된 상태로 머무르도록 허락하지 않았다. 그들의 첫마디는 '사랑해줘'가 아니라 '도와줘'였다.*

스미스는 루소가 (그리고 그전에 맨더빌이) 이러한 발전의 서사에 법의 기원을 끼워 넣을 수 없었다고 주장했다. 루소는 정의가 자연적인 것이 아니라 인위적인 것이라고 생각했다. 달리 말해 정의가 관습적인 것이라면, 이는 정의가 협약을 통해 이미 발명되어 있었다는 의미일 수밖에 없었다. 이때 협약의 논리적 원형 혹은 이념형은 계약이었다. 흄과 그를 따른 스미스는 루소의 이러한 생각에 반대했다. 흄은 이에 대한 대안적 관념의 개요를 그려냈고, 스미스는 그것의 자연사를 쓰는 일에 착수했다.

스미스는 자신이 '공화국' 혹은 '국가res publica'(국가들/레스 푸블리카들rei publicae이라는 용어는 포괄적으로 사용할 경우 좁은 의미의 공화국과 군주국 모두를 지칭할 수 있었다. 몽테스키외나 루소 그리고 홉스 역시 해당 용어를 같은 방식으로 사용했다)라고 칭한 제대로 된 법적 체제가 고전고대 시기, 즉 고대 그리스와 그 후의 로마에서 최초로 등장했다고 주장했다. 그는 이러한 발전이 길고 복잡한 역사의 귀결이라고 주장했다. 이 발전은 '법'이 발명되고 이어서 그것이 매우 길고 정교한 제도화를 거치는 순서를 통해 이뤄지지 않았다. 이와 정반대로 스미스는 오랜 시간 점진적인 제도화 과정이 있었으며 그것이 끝내 '법'(혹은 '권리')이

---

*   Ibid., p. 279.

라는 관념을 낳았다고 주장했다. 사회의 증대·강화는 법의 출현을 가능케 한 근본적인 구조화 기제로 작용했다. 필요로 연결된 인간들이 사회 자체를 함께 지탱한다는 점이 받아들여진 것이다. 이미 살펴본 것처럼 루소의 단계론도 이와 비슷한 방식으로 설계되었다.

> 만사는 원칙적으로 인간이 생계를 확보하는 수단과 관련이 있는 것으로 보인다. 이러한 수단들 가운데 무엇이 인간을 하나로 결집시키는지는 기후와 토질에 의해 결정된다.*

나아가 루소는 법치의 발흥을 제3단계, 즉 농업 단계와 연결시켰다.

> 농업은 나중에 발생하여 모든 기술을 아우른다. 농업은 소유, 정부, 법의 탄생을 이끌어내고 점차 비참함과 범죄가 생겨나게 하는데, 우리 종種에게 이러한 요소들은 선과 악에 대한 인식과 불가분의 관계에 있다. 그렇기에 그리스인들은 트리프톨레무스Triptolemus를 단순히 유용한 기술의 창시자일 뿐만 아니라 그들에게 최초의 배움과 법률을 내려준 창시자이자 현인으로 보았다.**

---

*   Ibid., p. 272.
** Ibid.

스미스는 이 견해에 전적으로 동의했지만 한발 더 나아갔다. 비록 직접적으로 언급하지는 않았으나 루소는 네 번째 단계가 무엇인지 알고 있었다. 그것은 도시화의 대두, 즉 인구 밀도가 높고 교환 과정의 빈도가 계속해서 늘어나는 장소인 도시의 발흥이었다. 스미스는 법치, 여러분들에게 좀 더 익숙할 표현을 고른다면 법치국가Rechtsstaat가 그리스에서 대두했다고 지목했다. 이는 그리스에서 농업이 발흥해서만이 아니라(비록 그리스에서 농업이 시작되긴 했지만), 아테네에서 폴리스, 즉 도시국가가 세워졌기 때문이었다. 스미스는 고대 아테네를 신흥 도시사회 혹은 상업사회로 규정했다.

스미스가 역사적으로 법관이 먼저 등장했으며 그 뒤에야 법이 나타났다는 자신의 주장을 어떻게 증명했는지는 아직 자세히 논의하지 않았다. 스미스의 설명은 사회 발전의 처음 두 단계, 즉 수렵-채집 단계와 목축 단계를 아울렀다. 이 논의를 지금까지 미룬 이유는 루소와 스미스의 사상적 뿌리가 얼마나 비슷한지를 보여주고 싶었기 때문이다. 그들은 모두 몽테스키외가 제시한 관념들을 정교하게 다듬고 있었다.《법의 정신》의 저자〔몽테스키외〕역시 그리스의 발전을 설명할 때 지리적인 요인들에 주목하는 데서 출발했다. 루소는 여기에 매료되었다. 그리스 정치의 요람이었던 아티카는 사실 그리스에서 가장 비옥한 지역이 아니라 가장 황폐한 지역이었다. 따라서 그곳에서는 인간의 노력이 결합될 필요가 있었고, 그 결합의 결과는 장대했다. 스미스는 그리스에서 법치 및 농업이 발흥했던 상황을 놓고 목축으로부터 농업 단계를 거쳐 도시-상업적 생활 양식으로 나아가는 이행이 너무 이르게 혹은 특별하게 진행된 사례라고 설명했다. 이것은 전 지구적 혹은 심지어 대륙적인 차원의 사회정치적 변혁의 일부가 아니라, 아시아와 대부분의 유럽 지역에서 지속되었던 목축 생활이라는 거대한 바다 안에 진보의 섬을 만들어낸 전위적 발전이었다. 이 때문에 고대 공화국의 법치제도는 결국 그들을 포위한 목축민족들에 의해 파괴되었다. (여기서 이미 이 이야기에서 경제적인 것이 전부가 아니며 군사적인 측면도 매우 중요함을 알아차릴 수 있다).

목축 정치에서 농업 정치로 (그리고 이후 상업 정치로) 넘어가는 실로 유례없는 체제 전환은 오직 근대 유럽사에서만 일어난 일이었다. 그리스의 경우, 목축에서 농업으로의 이행은 지리적 우연에 의해 결정된, 중요하지만 해당 지역에만 국한된 현상이었다. 초기 그리스인들은 아시아적 목축민족이 살고 있는 비교적 황폐한 아티카 내륙을 정복했는데, 이 땅은 자연적 경계가 뚜렷하여 방어하기가 용이했다. 그리스인들은 공간이 부족했던 탓에 목축 생활을 포기하고 정주하는 농경으로 옮겨갈 수밖에 없었고, 이로 인해 급속한 경제적 발전을 이룩했다. 그리스인들은 생산에서 잉여를 만들어냈고, 이것은 다시 수공업과 상업을 촉진시켰다. 이런 경제적 진보는 중대한 결과를 낳았다. 스미스의 주장에 따르면, 그들이 부유해지면서 강력한 국방력이 요구되었던 것이다. 따라서 그리스 정치를 뒤바꾼 최초의 변화를 촉발한 요인은 경제 논리가 아닌 이 부가 초래한 안보 문제였다. 산이 아티카를 아시아로부터 지켜주었지만, 아티카의 해안선은 무방비 상태였다. 해적에 맞서는 최선의 방어책은 인구 전체를 튼튼한 성벽 안으로 집결시키는 것이었다. 그리스인들은 이런 방법으로 농업 도시국가 또는 공화국을 발명했다. 그리고 도시화는 그리스 정치를 극적으로 변화시켰다.

이전까지 그리스인들의 사회는 후기 목축사회의 공동체 구조를 따르고 있었다. 각 마을에는 고유의 족장이 있었다. 그러나 도시에서는 기존의 부족장 중 어느 누구도 다른 족장들을 지배할 수 없었으며, 도시 전체를 아우르는 족장이 나타나 목축 군주정을 세우는 일도 불가능했다. 게다가 제한된 공간에 사람들이 붐비는 도시의 특성은 이전의 유목 공동체를 특징짓는 광대한 불평등을 불가능하게 만들었다. 아테네 민주주의의 탄생은 점차 평등주의적인 면모를 띠게 된 도시의 재산 균형을 반영한 것이었다. 경제성장과 함께 법률 사무의 필요도 늘어났다. 법률 사무는 처음에는 공동판결로 이뤄졌는데, 이때까지는 누구도 아직 단독 법관 개개인의 판단을 신뢰할 수 없었기 때문이다. 이 사법회의는 이후 입법의회가 되었고, 그 시점이 되어서야 공동체는 실제로 법률을 제정하고 법적 체제를 창설했다. 여기서 스미스는 고대의 상업사회에서 법이 발흥하는 과정을 충분히 예증하기 위해 자신이 고대 공화국의 또 다른 사례로 간주했던 로마를 소환해냈다.

스미스와 루소는 로마에 매료되어 있었다는 점에서 동일했다. 루소는 《인간불평등기원론》을 시작하면서 로마를 제네바에 비교했으며, 자신이 구상하는 근대 공화국이 어떻게 로마의 잘못을 확실히 바로잡을 수 있는가를 의제로 내걸었다. 이 구상은 추후 《사회계약론》에서 자세히 개진되었다. 그중 몇 가지 문제를 나중에 다시 짚어볼 텐데, 이러다가 나도 1755년 디종 아카데미 공모전에 《인간불평등기원론》을 제출한 루소와 같은 운명을 겪지 않을까 두렵다. 당시 지방 아카데미 회원들 사이에는 입선 논문을 매일 오후마다 한 편씩 낭독하고 심사하는 관행이 있었다. 그러나 루소의 걸작은 비난이나 찬사를 받기도 전에 낭독이 중단되고 말았다. 이유는 단순했으니, 전체를 낭독하기에는 너무 긴 분량이라 심사에 부적합하다는 판정을 받은 것이었다.

루소의 정치와 스미스의 정치가 여전히 가까운데도 불구하고 결국 갈라지고야 마는 데는 여러 이유가 있다. 하나는 루소는 제네바인이었고, 《사회계약론》은 제네바와 같은 도시공화국들을 다루는 책이었다는 점이다.* 여기서 루소는 고대 도시국가들의 정치, 특히 로마공화국의 정치가 그로부터 1500년이 지난 뒤에도 이어질 수 있었던 것처럼 보이게 함으로써 유럽의 긴 역사를 단축할 수 있었다. 스미스의 경우, 고대 유럽사와 근대 유럽사는 서로 다른 두 정치적 주기에 속하고 그 둘 사이에는 거대한 간극이 있다고 보았다. 그로서는 근대 유럽의 자유가 고대 도시국가의 자유로부터 이어져온 것이라고는 상상할 수 없었다. 둘 사이에는 로마제국의 멸망과 유럽 인구 구성의 전면적인 변

---

* 〔옮긴이〕 Richard Whatmore, *Against War and Empire: Geneva, Britain, and France in the Eighteenth Century* (New Haven, CT: Yale University Press, 2012); Richard Whatmore, "'A Lover of Peace More than Liberty'? The Genevan Rejection of Rousseau's Politics," in Avi Lifschitz (ed.), *Engaging with Rousseau: Reaction and Interpretation from the Eighteenth Century to the Present* (Cambridge: Cambridge University Press, 2016), pp. 1-16.

루소의 《사회계약론》(1762)

화 그리고 봉건제의 성쇠가 있었기 때문이다. 로마와의 연결고리가 있다한들 근대 유럽의 정치는 더 이상 도시국가의 정치가 아니었다. 이러한 상황에서 법치를 설명하려면 잉글랜드 같은 나라에서 일어난 봉건제의 해체와 그에 따른 근대적 법치의 출현 모두를 설명해야만 했다. 스미스가 쓴 역사는 이러한 의미에서 유럽의 실제 역사라고 할 수 있었다. 루소의 (적어도 《인간불평등기원론》에서 제시된) 역사는 불평등의 출현이라는 단일한 제도적 변화가 초래한 충격으로 인해 정부형태가 뒤바뀌어가는 과정을 서술하는 훨씬 더 신아리스토텔레스주의적인 유형의 역사였다. 그것은 역사적인 증명이 아니라 논리적인 증명이었다. 그는 다음과 같이 설명했다.

> 이와 같은 진행의 필연성을 이해하려면 정치체를 설립하는 동기를 고려하기보다는 그 정치체가 실제로 수립될 때 취하는 형태를, 그리고 그 형태가 갖는 단점을 고려해야 한다. 왜냐하면 사회의 제도들을 필요하게 만드는 악덕은 바로 그 제도들이 불가피하게 남용되도록 만들기 때문이다.**

** Rousseau, "Second Discourse," p. 182.

국가가 사유재산을 보호하기 위해 수립된 것이라면, 국가는 결코 이러한 곤경에서 벗어날 수 없었다. 루소가 입증한 것은 소유관계의 역학이 파괴적이라는 점, 그리고 상업사회의 특성이 이 역학의 심리적 효과로부터 벗어나는 일을 불가능하지는 않더라도 매우 어렵게 만들었다는 점이었다. 근대 경제라는 기계를 작동시키는 요인은 단지 효용만이 아니라, 효용과 인정 추구의 결합이었다. 그 기계를 통제하기 위해서는 인정 추구(즉 자존심)와 효용을 모두 통제해야 했다. 루소는 군주제가 불평등에, 그리고 상호평가와 자부심을 제도화한 위계질서에 바탕을 둔다는 점에서 정치적·심리역학적 평형에 대한 몽테스키외의 기대가 실현되기 힘든 희망에 불과하다는 것을 보여주고 싶어 했다. 군주제에서 상호평가 및 자부심과 같은 요인들을 제거하는 것은 불가능했다. 실제로 몽테스키외는 군주제의 바로 이러한 특징, 즉 명예와 거짓 명예로 작동되는 체제가 내적 통제를 가능케 할 것이라는 데 희망을 품었다. 몽테스키외를 비판한 사람들이 프랑스의 생존을 보장하기 위해서는 좀 더 평등주의적인 체제가 필요하며 그에 따라 명예 체제를 개혁해야 한다고 강조한 것도 이 때문이다. 그들이 보기에 루소는 효용과 자존심이 계속해서 잘못된 방식으로 융합되도록 내버려둔다면 프랑스의 병을 고치는 것이 불가능함을 설득력 있게 증명했다.

  스미스는 루소와 마찬가지로 효용과 자존심을 근대사회에서 서로 연결되어 있는 본질적인 특징으로 취급해야 한다고 주장했다. 그러나 스미스는 정부와 법률에 대한 대안적인 역사에 기초하여, 효용과 권위를 루소가 제시한 바와는 다른 방식으로 연결할 수 있다고 보았다. 루소의 홉스주의적 성향은 홉스의 주권 교리를 마찬가지로 받아들인 스미스에게는 별달리 문제가 되지 않았다. 스미스가 보기에 루소의 문제는 그가 홉스가 개진한 정치적 주장의 특정한 면모를 비판하기 위해 로크에게 의지했다는 데 있었다. 소유의 역사와 정부의 역사를 연결하는 루소의 방식은 로크적인 색채를 강하게 띠었다. 로크는 홉스의 절대주의와 로버트 필머Robert Filmer의 부권주의paternalism에 반대한 바 있었다. 루소는 이러한 역사적 모델을 계승했던 반면 스미스는 이를 철저하게 재검토할 필요가 있다고 판단했다. 스미스는 흄으로부터 로크와 앨저넌 시드니Algernon Sidney의 계약론적 권위 이론을 거부해야 한다는 점을 배웠다. 루소와 스미스의 여행은 유사했지만, 둘은 서로 반대되는 방향으로 나아갔다.

스미스에게 법관과 법의 우선순위에 관한 논쟁은 새로운 문제가 아니었다. 로크의 정치사상에서 눈에 띄는 특징은 그가 자연상태를 법관이 존재하지 않는 상태로 규정했다는 점이었다. 널리 알려져 있듯, 로크는 과거가 현재나 미래를 구속할 수 없기에 역사는 결코 규범성의 진정한 원천이 될 수 없다고도 썼다. 그렇지만 로크는 필머의 절대주의를 반박하기 위해 《통치론Two Treatises of Government: In the Former, The False Principles, and Foundation of Sir Robert Filmer, and His Followers, Are Detected and Overthrown. The Latter Is an Essay Concerning The True Original, Extent, and End of Civil Government》(1689) 제8장 〈정치사회의 기원에 관하여〉에서 자신의 관점에 입각한 '초창기 정부의 역사'를 전개한 바 있었다. (직전의 장은 흄과 스미스에게 사회계약론 비판의 재료를 제공한 제7장 〈정치사회와 시민사회에 관하여〉

로, 이것이 제8장보다 훨씬 더 유명하다.) 제8장에서 로크는 정부가 그 어떤 명시적인 의사 표현이나 법적으로 명확히 표현된 동의 없이 등장했다고 서술한다. 자연상태는 하나의 사회적 상태였으나, 단지 제도화되고 중앙집중화된 형태의 재판 과정이 부재할 뿐이었다. 대신 개개인은 각자 처벌을 집행할 권리를 보유했다. 그러나 로크도 강조했듯, 개개인이 처벌을 실제로 집행하기란 매우 어려운 일이었다. 따라서 인류의 초기 단계에서는 원초적인 형태의 사법을 집단적으로 집행하는 방식으로 실제 처벌이 이루어졌다. 그러므로 정부의 형성 과정은 집단적인 사법권이 서서히 등장하는 과정으로 그려질 수 있었다. 통치 권위에 대한 로크의 추론적 역사는 비록 인간이 법률적·규범적으로는 평등하더라도 신체적·정신적 역량에서는 현저하게 불평등한 존재라는 생각에 근거를 두고 있었다. 연령과 경험의 기본적인 차이 외에도 이와 같은 자연적 불평등의 작용으로 인해 초기 사회에서 지도자가 출현하게 되었다. 로크는 자연적인 권위가 약한 형태의 집행권을 낳았다고 설명했다. 대가족의 아버지는 양육자로서의 역할이 끝난 뒤에도 지도자의 역할을 이어갔다. 이후에 더 큰 사회 단위들이 형성되면서 아버지는 부족들의 족장이 되었고, 결국 민족nations이라 불리는 부족 연합의 족장이 되었다. 이런 상황에서 어떻게 법관들이 출현한 것일까? 로크가 지적했듯, 공동체는 그 내부에서 일어나는 개개인의 범죄에서보다 외부의 다른 공동체로부터 훨씬 더 큰 위협을 받았다. 그러므로 인간에 대한 인간의 지배를 함축하는 지도자라는 관념은 외국의 침략으로부터 공동체의 안보를 확보하려는 시도에서 처음 비롯되었다. 이로 인해 군사직 지휘 구조를 창설할 필요가 생겨났기 때문이다. 일단 군사적 지휘권이 자리를 잡게 되면 사법권은 한층 더 쉽게 만들어질 수 있었다. 판결, 즉 사법권은 군 지휘관의 부차적 직권이 되었다. 애초 그들의 직위는 선출직이었지만 시간이 지나면서 종종 세습직으로 바뀌었다. 이 모든 전개는 오로지 곤란한 상황 때문에 사람들에게 부과된 것일 뿐, 그 밖의 다른 어떤 이유에 의해서도 강요되지 않았으므로 합의에 근거한 것으로 해석되기 쉬웠다. 지도자의 직위는 공동의 필요를 충족시켰고, 공적 효용, 즉 '인민의 안녕 salus populi'을 위한 도구라는 점에서 기꺼이 받아들여졌다. 로크는 자연적 권위에 의한 통치는 순진한 신뢰에, 또 부패가 축적되어 마침내 돌이킬 수 없는 지경에 이르는 위험을 보지 못하는 방심과 무지에 바탕을 두고 있다고 강조했다. 초기 정부의 부패는 적극적인 저항과 혁명을 통해서만 제거될 수 있었고, 이것은 입법권의 창설을 통해 달성되었다. 로크는 부패가 경제 발전의 효과이므로 불가피하다고 생각했다. 자연적 권위와 순진하고 무조건적인 신뢰는 사회적·경제적 삶이 단순하고 상대적으로 갈등이 부재한 상태에서만 성립할 수 있었다. 일단 화폐가 발명되어 재산이 축적되고 소유권이 증식되면 사회적 갈등의 발생 빈도도 급격히 증가했다. 이 과정에서 권력을 남용할 기회도 많아졌다. 로크가 《통치론》에서 서술하고 있는 이와 같은 정부의 역사는 너무나 개략적이어서, 그 서술의 기저에서 작동하는 인과적 메커니즘에 관해서는 간략한 암시만이 남아 있을 뿐이다. 그에 따르면 타락한 인간은 부패하는 경향성을 타고났고, 사유재산의 출현은 이 경향성을 한층 더 강화했으며, 이는 다시 소유욕과 불의injustice를 더욱 부추겼다. 인간의 본성 안에는 경제적 진보가 초래할 부패에 대항할 수 있는 타고난 방어기제가 없었다. 화폐의 발명은 원시사회의 자연적 한계를 모두 깨뜨렸다. 이러한 종류의 부패로부터 사회를 회복시키는 유일한 방법은 통치자와 피통치자에게 똑같이 적용되는, 공개적으로 명시되고 논쟁의 여지가 없는 법을 통해 정치적인 월권을 범죄로 규정하고 처벌하는 것이었다. 이러한 입법이 등장하기 위해서는 동의를 근간으로 하는 새로운 종류의 체제가 수립되어야만 했다. 그 체제에서 입법기관은 최고의 권위를 부여받고 부패를 통제하는 임무를 맡았다. 루소는 로크의 이러한 서사와 소유 및 화폐의 이론으로부터 여러 요소를 이어받아《인간불평등기원론》을 서술했다. 결국 로크의 논의와는 독립적인 방식으로 그것들을 전개했지만 말이다.*

    스미스는 다른 길을 택했다. 법과 정부에 관한 그의 이론적 역사는 유럽의 사회법률적 발전 양상 전체를 가로지르는 복잡하면서도 세밀한 작업이다. 그러나 이를 로크와 루소 양자의 역사 서술과 비교해보면 꽤나 선명한 윤곽이 그려진다. 첫째, 스미스 역시 자연적 권위의 역사에서 출발했다. 둘째, 스미스가 법과 정부 양자의 발전과 경제적 발전을 서로 연결하기 위해 각고의 노력을 기울였음은 분명하다. 로크는 불평등과 화폐가 좋은 정부의 밑둥을 갉아먹었다고 주장했는데, 이는 불평등과 화폐가

---

*   혼트는 다음 글에서 정부 권위의 대두에 관한 로크의 역사에 대해 논한다. "Adam Smith's History of Law and Government," pp. 142–45.

초래하는 부패에 저항하기 위해 완전히 법제화된 정치체제를 수립할 필요가 있음을 의미했다. 스미스는 초기 정부의 역사와 근대 영국의 헌정적 위기의 역사 사이에 로크가 남겨놓은 거대한 공백을 메워야 했다. 게다가 로크가 경제의 부흥이 결국 정부를 타락시켰다고 주장했기 때문에, 스미스는 이 특정한 가설에 대한 답변을 모색해야만 했다. 상업이 자유와 법치를 훼손하기는커녕 그것들을 창조했다는 스미스의 유명한 이론은 그러한 모색의 결과였다. 로크에 대한 스미스의 답변은 이러한 의미에서 루소에 대한 답변이기도 했다. 나는 책의 후반부에서 그 답변의 주된 요점을 살펴보고자 한다.

4부

정부의 역사

공화국, 불평등 그리고 혁명?

앞 장 말미에서는 루소가 로크를 상당히 면밀하게 읽었고 로크의 견해를 차용했으며 결국 스미스와 상반되는 주장을 펼치게 되었다는 다소 놀라운 사실을 설명했다. 우리는 보통 로크의 정치관이 18세기에 끼친 영향이 극히 미미했고 심지어 영국 바깥에서는 그 영향력이 더 약했다고 배운다. 하지만 우리는 루소에게서 로크의 수용과 영향력을 분명하게 감지할 수 있다. 흄은 로크의 계약론이 유럽에 거의 아무런 영향을 주지 않았다고 주장했으며, 물론 로크 본인 역시 비슷한 논조로 자신의 글이 있기 이전에는 로버트 필머의 사상이 유럽에 알려지지 않았다고 주장한 바 있다. 그러나 루소는 자신이 필머의 부권주의 정치관에 반대한다는 점을 강조했다. 그가 필머의 대항마로 거론한 이들은 로크와 앨저넌 시드니였는데, 그들은 흄과 스미스가 잉글랜드에서 속류 휘그주의와 당파 이데올로기가 대두한 상황의 근본 원인으로 지목한 두 인물이었다. 어떤 면에서 루소는 17세기 잉글랜드에서 전개된 논쟁의 특정 요소들을 18세기 중반 유럽의 정치 담론에 들여왔다고 할 수 있다. 오늘날 우리는 로크를 홉스의 적대자로 보아야 하며, 로크의 정치적 의무론을 올바르게 파악하려면 그것을 근본적으로 기독교적인 정치적 존재론에 근거한 것으로 이해해야만 한다고 배운다. 그런데 과연 루소가 홉스의 사상과 로크의 사상을 함께 전개하는 것이 불가능하다고 보았는지는 결코 명확하지 않다. 루소는 저항권 이론가가 아니었으며, 따라서 로크의 사상에서 중요한 쟁점이었던 저항권의 신학적 토대는 사실 루소에게 그다지 중요하지 않았을 수도 있기 때문이다.

어쨌든 우리는 루소가 부권주의 정치관을 즉각적으로 거부하고자 한 이유를 여러 가지로 생각해볼 수 있다. 그가 로크에게서 주로 빌려온 것은 소유론이었다. 루소가 로크에게서 빌려온 이론, 즉 노동의 혼합에 기초한 소유론을 흄과 스미스는 기술적 속임수라며 배격했다. 로크의 이론은 선점first occupation에 의한 재산 취득이라는 표준 이론을 첨부accession에 관한 로마법으로 교묘하게 대체한 것에 지나지 않는다는 것이 그들의 비판이었다. 물론 선점 이론에는 결함이 있었지만 로크가 제시한 노동-혼합의 소유권ownership 이론 역시 해결책이 아니었다. 그럼에도 그것은 루소가 최초로 정부가 등장하는 과정을 설명하는 이론과 역사를 구축하는 데 많은 도움을 주었다. 로크의 소유론을 토대로 루소는 소유가 먼저 만들어진 다음에 비로소 계약에 의해 정부가 만들어졌다고 주장할 수 있었다. 이 루소적 어법은 정치경제 문제와 연관되는 만큼 뒤에서 그 여러 가지 면모를 논할 것이다. 여기서 나의 관심은 루소가 자신의 주된 목적을 위해 소유가 먼저 등장했고 정부가 다음으로 등장했다는 순서를 선택했다는 사실에 있다.

이러한 순서는 여러 면에서 자연법학 전통의 표준적인 설명에 부합하는 것이었으며, 루소는 이 점에서 로크뿐만 아니라 푸펜도르프에게도 의존하고 있었다. 그러나 스미스는 이 전통과 결별했다. 우리는 스미스의 1760년대 초 글래스고대학 자연법학 강의를 기록한 수강생의 필기 두 질을 가지고 있다. 둘의 내용은 거의 동일하며, 푸펜도르프를 원천으로 삼았던 두 전임자, 즉 거숌 카마이클Gershom Carmichael과 허치슨으로부터 스미스가 물려받은 자연법학 교수법의 구조를 여전히 눈에 띄게 따르고 있다. 그러나 면밀하게 조사하면 두 질의 강의록이 어떤 중요한 측면에서 서로 다른 배열로 전개된다는 점이 드러난다. 스미스는 1763~1764년에 해당 강좌를 마지막으로 가르치면서 강의 중 핵심적인 부분의 순서를 수정했다. 소유권의 특성과 기원을 먼저 고려한 다음 가족법에 대한 조사를 거쳐 마침내 정치와 정부 문제에 도달하는 대신, 먼저 정부의 기원을 탐구한 다음에야 소유 문제로 옮겨갔다. 그는 자신이 근대 자연법학적인 방식에서 로마 민법의 배열 방식으로, 즉 푸펜도르프에서 유스티니아누스로 돌아가고자 한다고 설명했다. 스미스는 강의에서 다음과 같이 말한다.

로마 민법학자들은 정부에 대해 먼저 고려한 다음 소유

와 다른 권리들을 다룬다. 이 주제를 다룬 다른 사람들은 소유와 권리에서 시작한 다음 가족과 시민정부를 고려한다. 로마법 쪽이 훨씬 선호할 만한 방식처럼 보이지만 각 방법에는 나름대로 몇 가지 특유한 장점이 있다.*

자연법학적 담론의 순서를 설정하는 일은 이것을 설명하는 내용의 일면에 불과하다. 예를 들어, 루소는 법률의 역사를 오늘날 교과서에서 흔히 제시되는 순수하게 논리적인 순서, 즉 소유-가족-국가의 순서를 따르는 대신 가족-소유-국가의 순서를 따라 제시했다. 이 사실은 중요하다. 루소의 이러한 배열은 소유와 국가가 함께 창안된 것처럼 상상해야 한다는 홉스의 생각에 대해 루소 본인이 제기한 이의와 연관이 있었다. 앞서 설명했듯《인간불평등기원론》의 의도는 몽테스키외의 이론을 그 토대에서부터 무너뜨리는 데 있었으며, 이를 위해서는 소유와 국가의 기원에 관한 홉스적인 논법을 해체해야만 했다. 루소와 스미스는 모두 공화국, 법치국가, 혹은 국가/레스 푸블리카res publica의 이론가였다. 그리고 그들은 '공화국'이 단순히 집단통치 또는 위원회가 이끄는 정부를 의미하는 것이 아니라 정부형태와 무관하게, 즉 한 명에 의한, 소수에 의한, 또는 다수에 의한 정부 중 무엇에 해당하는지에 관계없이 '인간의 통치'가 아니라 '법의 통치'를 의미한다고 규정했다. 루소는《사회계약론》에서 설령 군주정을 정부형태로 채택했다 할지라도 레스 푸블리카로서의 상

---

* Smith, *Lectures on Jurisprudence*, p. 401.

태를 확고하게 유지할 수 있다고 조심스럽게 강조했다.** 마찬가지로 스미스는 동시대인 대부분과 마찬가지로 군주제 공화국을 자주 거론했다. 국가res publica를 공화국과 군주국 두 종류로 구분하는 몽테스키외의 방식은 이와는 다소 다른 분류법에 기초하고 있었다. 몽테스키외에게 군주제는 법치에 기초한 1인 정권 이상의 의미를 지니고 있었다. 그는 군주제를 불평등에 기반한 국가res publica로 정의했다. 루소의 목표는 이 국가 개념을 파괴하고, 불평등의 토대 위에 세워진 국가는 공화국 또는 심지어 민주정으로 출발했더라도 반드시 전제정으로 변하게 되어 공화국이기를 중단한다는 사실을 논증하는 데 있었다. 또한 루소는 19세기에 '사회문제'라고 불리게 될, 국가 내 법적 평등과 사회경제적 불평등 간의 해로운 긴장 상태를 폭로하고자 했다. 루소는 자신이 18세기 '정치의 걸작'이라고 불렀던 사상, 즉 "이익을 추구하는 이기적 행위자들의 행동이 사회적 응집력 혹은 적어도 안정된 사회질서를 만들어낼 수 있으며, 그들은 자신의 의도와는 상관없이 이기적 행위들 자체의 효과로 인해 공익에 기여하게 된다"고 주장하는 사상을 비판했다. 루소의 시대에 이 '정치의 걸작'을 주창한 가장 유명한 사례가 바로 몽테스키외의 근대 군주제 이론이었다. 루소는 이 제도가 결국 법치와 양립할 수 없다고 주장했다. 사회경제적 불평등이 국가res publica의 권위, 즉 국가의 정당성을 뒤흔들 것이라는 게 그 이유였다.

** 〔옮긴이〕 김민철, 《누가 민주주의를 두려워하는가: 지성사로 보는 민주주의 혐오의 역사》, 창비, 2023, 87~109쪽.

루소는《인간불평등기원론》제1부에서 홉스의 자연상태 이론을 인류 발전 초기 단계에 대한 추론적 역사로 변형했다. 그러나 제2부에 실린 정부의 역사는 이렇게 희미한 의미에서조차 역사적이라고 보기 어렵다. 거기서 루소는 정부가 한 형태에서 다른 형태로 변모하는 부패의 진행 모델을 제공했다. 그의 핵심 전제는 일국 내 모든 개인들의 평등하고 자발적인 법적 계약을 통해서만 합법적인 정부가 형성될 수 있다는 것이었다. 그런 뒤 그는 계약 당사자들이 경제적으로 불평등할 경우 그들의 법적 평등도 파괴될 것임을 보여주었다.

불평등의 탄생에 관한 루소의 핵심 논지를 간결하게 요약하기란 어려운데, 이는 루소가 자존심과 언어의 역사(이는 본질적으로 경제에 기초한 역사가 아니었다), 그리고 북방 국가들에서의 경제적 협력의 역사(이는 본질적으로 사치의 추론적 역사였다) 등의 여러 추론적 역사들을 한데 엮었기 때문이다. (하지만 나는《인간불평등기원론》의 본문에서 루소가 '사치'라는 단어를 쓰는 것을 극도로 기피했다는 사실을 급히 덧붙이고자 한다. 실제로 주석이 아닌 본문 부분에서 '사치'라는 단어는 단 한 번도 등장하지 않는다.) 루소는 상호비교에 기초한 자존심self-esteem이 대두하면서 사람들이 '인정 게임'에서 서로 심리적으로 겨루는 경쟁자가 되었고 그에 따라 서로를 거슬리는 존재로 여기기 시작했다고 추정했다. 정의와 처벌이 필요해졌지만, 법이 생기기 전에는 법관이 있을 수 없었다. 따라서 개인들은 자신들이 적합하다고 생각하는 바에 따라, 체격과 용기가 허락하는 대로 형벌을 집행했다. 이러한 상황은 개개인이 서로 분리된 사회적 단위로 남아 있는 경우에만 지속될 수 있었다. 일단 경제적으로 협력하는 사회가 형성되고 사람들이 자급자족 능력을 상실하게 되면, 법적 개인주의는 경제적 개인주의가 걸었던 길을 가야만 했다. 즉 두 체계 모두 사회화되어야 했던 것이다.

　　루소는 여기서 다시금 두 갈래의 논변을 밀고 나갔다. 하나는 새로운 욕구의 발생에 관한 논변으로, 이는 어느 정도는 자존심 이야기를 되풀이하는 것이었다. 여기서 자존심은 경제적 발전을 위한 자극제로서의 역할을 맡게 되는데, 이는 5장과 6장에서 정치경제의 맥락을 다루면서 논의할 것이다. 반쯤은 법률적이고 반쯤은 경제적인 담론인 두 번째 갈래의 논변은 '장기간의 토지 보유'가 '토지 소유'로 탈바꿈하는 과정을 다뤘다. 이러한 변화는 불평등을 급격히 심화시켰고, 이는 다시 갈등과 폭력이 증가하는 경향을 초래하여 마침내 전쟁 상태 혹은 무정부 상태로까지 이어졌다. 무정부 상태에서 벗어나기 위해서는 법의 지배를 받아들일 수밖에 없었다. 루소는 물었다. 누가 이득을 보았는가? 이러한 변화로 가장 큰 이익을 얻은 이들은 누구인가? 폭력의 억제가 가난한 이들에게도 이롭다고 빈민을 속여 넘긴 것은 당연히 부자들이다. 가난한 사람들은 법적 평등이 갖는—상당 부분 사실이기는 한—장점들에 정신이 팔린 나머지, 그것이 규제되지 않은 사유재산 체제와 겹쳐질 경우에 발생할 결과를 이해하지 못한 채 속아 넘어갔다.

　　이와 같은 루소의 이야기에서 《인간불평등기원론》에 제시된 정부의 이론적 역사와 관련하여 가장 중요한 것은, 그가 '정부 수립 이전에 만연했던 무정부 상태는 곧 약자에 대한 강자의 지배로 개념화할 수 있다'는 생각을 거부했다는 점이다. 그의 주장에 따르면, 약자에 대한 강자의 지배는 정부 수립 이전만이 아닌 모든 무법 상황에 해당하는 사실이었다. 대신 정부 수립 이전의 무정부 상태는 '부자'와 '빈자'라는 두 근본적 사회계급 사이의 갈등으로 이해되어야 했다. 소유가 아닌 적법성만을 고려하는 유형의 사회계약에 관해 루소가 지적하는 요점은 이 두 계급의 존재가 초기 정부의 근본적인 특성으로 유지되었다는 것이다. 초기 정부의 형태는 당시 사회를 구성하는 지배적인 요인, 즉 자연적 권위에 의존해 결정되었다. 루소는 인민이 지도층 인사들을 선택했던 까닭은 그들이 제공하는 봉사에서 이득을 취하고자 했기 때문이었다고 추정했다. 로크가 권위의 자연사를 서술하면서 말했던 바와 같은 방식으로, 루소는 지도자들, 위정자들, 장군들이 경제적 이익을 위해 자신의 지위를 이용하고 머지않아 그 지위가 세습되어 영원한 것으로 고착되는 것이 사회역학적 법칙이라고 추정했다. 공직자들은 사회정치적 불평등을 만들어냈고 이를 영속화했다. 사람들은 스스로가 (물론 가장 낮은 자리는 빼고) 한 자리씩은 차지하리라는 희망을 품었기에 위계질서를 받아들였다. 그들은 다른 이들의 주인이 되기 위해 주인을 받아들였다.

    여기서부터 루소는 몽테스키외가 말한 군주제의 기원을 추적했다. 루소가 볼 때 몽테스키외의 군주정은 거짓 명예의 원리에 의해 다스려지는 불평등의 체제이자, 자존심이 활개치는 문화에서 동력을 얻는 체제, 즉 모든 종류의 불평등을 결국에는 경제적인 불평등으로 전환시키는 체제였고, 또한 그 경제적 불평등이 다시 부와 사치로 측정되는 지위의 차이로 표현되는 체제였다. 루소는 고도로 수사적인 언어로 18세기 국가의 부패, 상비군의 대두, 다양한 신분 간의 균형 혹은 혼합정부에 기반을 둔 국가, 제국주의, 사치, 겉치레뿐인 예의를 한 덩어리로 싸잡아 취급했다. 그는 군주정의 원칙이 명예와 거짓 명예에서 공포와 냉담으로 점진적으로 바뀌면서 그 정체가 점점 더 전제적인 것이 될 수밖에 없었다고 설명했다. 이는 몽테스키외 자신이 전제정을 묘사하면서 강조했던 바와 같이 공포와 무력함 그리고 도덕적 타락의 평등으로 나아가게 마련이었다. 루소는 이와 같은 국가들이 결국 격렬한 저항과 혁명을 겪으리라고 내다봤다. 그는 이로 인해 법적 지위, 정부형태, 그 기저에 놓인 사회적 불평등 간의 긴장이 고조되는 순환이 다시 시작될 수 있고, 경쟁적으로 인정을 추구하는 문화가 이를 가열시키리라고 전망했다.

　　루소는 《인간불평등기원론》을 마치면서 자존심과 관련해 문화적이지만 동시에 정치적인 쟁점 하나를 제시했다. 덕성의 신봉자들에게는 불쾌하겠지만 타락한 인민을 개선하려는 노력이 오래 지속될 수는 없다고 일관되게 주장한 것이다. 불평등에 기초한 원칙, 문화, 근본적인 경제체계가 바뀌지 않는 한 개혁된 국가의 구성원들은 사회적으로 형성된 자아를 변모시킬 심리적 능력을 여전히 갖추지 못할 테니 말이다. 사회에 의해 병리적으로 빚어진 피조물은 그 사회를 벗어나 존속할 수 없으며, 심지어 그 사회의 핵심적인 특징들을 재발생의 변증법에 따라 재생산하기 마련이다. 따라서 루소가 볼 때 혁명은 근본적으로 부질없고 해로운 현상이었다. 그에게 혁명은 재탄생이 아니라 퇴행이었다.

　《사회계약론》에서 루소는 계약에 의한 법치가 빈자와 부자 간의 계급전쟁에 기초해 확립되는 조건이 아닌, 법치주의가 온건한 평등주의에 따라 형성된 사회경제를 토대로 뿌리내리게 되는 조건에서는 이러한 불평등의 문화에서 벗어날 수도 있다고 주장했다. 이러한 국가는 심지어 군주정에 의해 통치될 수도 있었을 것이며 결코 민주적일 필요도 없었다. 그러나 그것은 몽테스키외가 생각하는 군주제, 즉 진정한 것이든 거짓된 것이든 명예의 문화와 불평등을 바탕으로 삼는 군주제일 수는 없었다.《사회계약론》은《인간불평등기원론》이 그러했듯 몽테스키외의 사상에 기초한 책이었다. 공화국을 지탱시키는 원리는 애국심 혹은 나라에 대한 사랑이며, 이는 자아, 좀 더 정확하게는 이기적인 자아의 억압을 함축한다는 것이 몽테스키외의 생각이었다. 《사회계약론》은 바로 그러한 생각을 수정 및 보완하여 상세히 풀어내려는 시도였다.

　18세기에는 〔인간의 이기적인 본성을 억눌러야 한다는〕 이 준아우구스티누스적인 명제가 불쾌감을 자아냈다. 군주정의 신민들이 스스로에게 덕성이 부재하다는 것을 받아들일 수 없었던 것처럼, 공화국의 시민들 역시 자신들이 속세의 행복에서 배제된다는 데 분개했다. 자아의 억압이라는 관념에는 인간이 천성적으로 공화주의자가 되기에 적합한 자아를 지니지 않았다는 견해가 내포되어 있었다. 인간의 본성을 그 자체로 받아들였다는 점에서, 즉 지금 상태 그대로의 인간 본성이 우리가 가질 수 있는 최선이자 최고이며, 우리의 본질을 개선할 수 없다고 생각했다는 점에서 루소는 몽테스키외와 마찬가지로 '낙관론자 optimist'(이 단어의 예전 의미에서)였다. 사실 이것이 인간을 있는 그대로 받아들인다고 천명한 《사회계약론》 첫머리의 의미였다.

　　루소가 짚은 요점은 몽테스키외가 사람들로 하여금 자아를 지속적으로 억누를 수 있게 하는 적절한 해결책을 제시하지 못했다는 것이었다. (〈동굴인 이야기〉의 핵심은 결국 자아를 억압하는 데 신물이 난 사람들이 공화정을 버리고 몽테스키외의 군주정을 선택하게 된다는 데 있었다.) 공화국의 문화를 너무나도 개인주의적인 모델로 그려낸 몽테스키외와 반대로, 루소는 공화국의 문화가 '공동자아 moi commun', 즉 집단적인 '나'를 통해 개인의 자아를 통제할 수 있는 집단적 힘을 생산해낼 수 있어야 한다는 점을 보여주고자 했다. 이런 생각에 근거해 루소는 홉스의 국가법인체 corporate state person 관념으로, 즉 인민은 한낱 개인들의 집합에 불과한 군중 multitude이 아닌 '공동자아'라는 관념으로 되돌아갔다. 여기서 관건은 정부의 역사가 《인간불평등기원론》에서 서술한 대로 흘러가지 않도록 하는 것이었다. 이를 위해서는 두 번째 단계, 즉 장차 군주제로 이어질 위정자 직위가 창설되는 단계를 차단해야만 했다. 루소에 따르면 정부에 부여된 '집행권'은 엄격한 제약을 통해서나마 존속시킬 수 있었지만, 주권인 입법권은 정부에 넘겨주어서는 안 되는 것이었다.

　　바로 이러한 이유에서 우리는 루소의 《사회계약론》이 홉스의 '대표된 주권' 관념을 사용하지 않고서 홉스적 국가를 재발명하려는 시도였다고 말할 수 있다. 여기서 루소는 화합 이론을 사용할 수 없다는 어려운 과제에 직면했다. 왜냐면 홉스가 보여주었다시피 화합 이론이 성립하려면 전前정치적 사회성 혹은 자연적 사회성의 이론이 필요했는데, 루소의 이론에는 그런 전제가 없었기 때문이다. 그렇다면 루소는 어떻게 대의제의 법적 이론을 통해서만 [국가로의] 통합이 가능하다는 홉스의 사상에 의지하지 않으면서도 통합 이론을 만들어냈던 것인가?

　　루소의 체계에서 이 모든 이론적 무게를 짊어지는 것은, 몽테스키외가 이미 제안한 바와 마찬가지로, 군중이 아닌 인민으로서 함께 존재하는 개인들의 집단성을 통해 자존심을 성공적으로 억압하거나 이용할 수 있는 가능성, 즉 문화의 몫이었다. 이러한 해법이 성립하기 위해서는 통합자unifier도 없고 주권의 양도도 없는 새로운 대의제 이론 외에 사치를 대체할 수 있는 경제이론 역시 필요했다. 중농주의자들은 《사회계약론》을 읽은 뒤 루소를 그들의 길동무, 일종의 명예 중농주의자라고 생각했으며, 중농주의physiocratie의 공동 주창자인 미라보 후작Victor de Riqueti, marquis de Mirabeau은 이 제네바인의 정치이론적 취향을 치하했다. 이것은 루소를 분개하게 만들었다. 루소는 중농주의자들의 합법적 전제주의 사상, 즉 오직 법률만을 위한 전제통치의 관념을 결코 받아들일 수 없었다. 중농주의자들은 순수 법치의 세계를, 즉 인간에 의한 것이 아니라 전적으로 법에 의해서만 실현된 체제를 꿈꾸고 있었다. 루소는 이 기획이 실현 불가능한 망상이라고 논평했다. 그가 볼 때 그것은 애초에 선험적으로 실패할 수밖에 없었다. 순수한 법치를 인격으로 구현하기 위해 매우 특별한 종류의 합법적 전제군주를 임명해야 한다는 생각도 루소에게는 실수이자 개념적 모순으로 보였다. 통치자는 타락한 인간인 아담의 자식일 수밖에 없었으며, 따라서 그 또한 일종의 '억압되어야만 하는 자아'를 필연적으로 가질 수밖에 없었다. 이런 맥락에서 볼 때, 누군가에게 권력을 주는 것은 그의 부패한 자아를 억제하는 데 좋은 방법이 아니었다. 권력은 언제나 부패하는 법이었고, 절대권력은 한층 더 부패할 운명이었다.

'공동의 나'의 자아는 일단一團의 순수한 법치였으며 루소는 이를 일반의지라고 명명했다. 다만 일반의지는 사람이 아니었고, 따라서 실제 인간의 자아$_{moi}$가 아니었다. 루소는 자신이 생각하고 있는 바를 적절하게 묘사할 표현을 찾는 데 어려움을 겪었다. 그는 자신의 생각을 분명하게 설명하는 데 충분히 성공하지 못했던 듯 보인다. 물론 지금의 우리 역시 여전히 그런 언어를 가지고 있지 않지만 말이다. 국가이론은 여전히 혼란에 빠져 있다. 그러나 지금 여기서 이 문제를 더 파고드는 것은 적절치 않다. 대신 내가 지향하는 비교연구적 조망의 다음 단계로 나아가기 위해 스미스로 관심을 돌리고자 한다.*

몽테스키외는 철저하게 역사적인 이론가였다. 그럼에도 루소는 몽테스키외가 마치 홉스식 사고틀을 따르는 분석적 이론가인 양 그에게 대응했다. 스미스의 대응은 달랐다. 분석적인 정치적-법적 이론인 순수 자연법학에 만족하는 대신, 현실의 조건들이 정치적 진화에 끼칠 수 있는 왜곡을 연구하여 어째서 그

---

* 혼트는 다음 글에서 루소의 주권론을 다룬다. "The Permanent Crisis of a Divided Mankind: 'Nation-State' and 'Nationalism' in Historical Perspective," in *Jealousy of Trade*, pp. 469-74.

와 같은 순수한 전범들이 결코 실현될 수 없었는가를 탐구해야만 했다. 이것이 스미스가 몽테스키외로부터 배운 바였다. 그러나 스미스의 역사 서술은 몽테스키외의 역사 서술과 정치적으로 다른 색채를 띠고 있었다. 몽테스키외에게는 정치이론을 역사라는 형식을 통해 서술하는 것이 혁명을 방지하는 한 가지 방법이었다(독일인들은 역사주의Historismus를 '발명'할 때 몽테스키외의 사상을 이어받았다). 루소와 스미스는 몽테스키외가 품었던 혁명과 혁명가에 대한 혐오감을 공유하면서도, 그가 귀족 문제와 봉건제의 유산에 대해 내놓은 프랑스식 해결책은 무시하거나 일축하는 방식으로 거부했다. 실제로 루소와 스미스의 동시대인들 및 바로 다음 세대가 그들의 이론으로부터 조언을 구한 까닭은 정확히 바로 이런 이유, 즉 그들이 귀족 문제에 구애받지 않았기 때문이었다. 이는 스미스가 고대의 공화국과 근대의 공화국을 포괄하는 (넓은 의미의) 공화국에 초점을 맞춰 법과 정부의 역사를 썼음을 의미한다.

스미스는 국가들rei publicae의 역사를 쓰면서 루소가 홉스의 자연상태 이론에 대해 수행했던 것과 유사한 역사화 작업을 바로 루소의 이론을 대상으로 수행했다. 스미스는 정부에 관한 루소의 이론적 논변을 역사적 논변, 더 정확히 말하면 이론적 역사의 형식으로 대체했다. 그에 따라 스미스의 역사는 세 부분으로 나뉘었다. 루소와 마찬가지로 스미스는 역사단계론에 토대를 둔 인류 초기 단계의 역사를 설정했고, 이어서 정치적·법적 자유의 역사, 즉 국가들의 역사를 두 부분으로 나누어 구성했다. 후자가 두 부분으로 구성되었던 것은, 당시 옥스퍼드대학의 역사학 교과과정과 마찬가지로 그것이 고대사와 근대사로 나뉘어 있었기 때문이다. 고대사 부분은 그리스와 로마의 자유와 법치의 발흥과 상실, 그리고 서유럽에서 게르만 부족이 그리스와 로마를 물리적·도덕적으로 파괴하는 내용까지로 구성되었다. 이어지는 근대사 부분에서 스미스는 근대적 자유의 역사를 전개했다. 근대의 자유는 로마의 멸망과 그 뒤를 이은 '암흑시대'를 거치고 나서야 마침내 되찾은 것이었다. 여기서 스미스는 몽테스키외에 대한 자신의 독해를 효과적으로 활용했다. 몽테스키외가 의도했던 바와 동일한 정치적 목적에서는 아니었지만 말이다. 몽테스키외가 이미 단호하게 역설했듯, 근대 유럽은 고대로부터 단절 없이 이어져 내려온 것도 아니었고, 고대적 자유가 르네상스 이후 부흥 혹은 재탄생한 결과에 불과한 것도 아니었다. 몽테스키외와 마찬가지로 스미스가 보기에도 이탈리아 공화국은 유럽사에서 지엽적인 대상에 불과했다. 스미스는 근대적 자유가 다른 어디보다도 영국에서 먼저 탄생 혹은 회복되었다고 생각했으며, 영국이 그토록 자랑하는 근대적 법체제가 피렌체의 파생물이라거나 로마의 재창조라고는(이 후자의 견해가 제네바에는 비교적 그럴듯하게 적용될 수 있었던 것과 달리) 단 한 순간도 믿지 않았다. 대신 그는 유럽의 근대 공화주의가 어떻게 거대한 군주국가들에서 탄생했는가에 관한 복잡한 역사를 서술해야 했다. 근대적 자유는 분명 고대인과 연결되는 것이긴 했으나 그 연결고리가 구체적으로 무엇인지는 설명이 필요한 까다로운 문제였다.

    스미스의 작업은 루소의 작업과 마찬가지로 결국 파

편적인 형태로만 남았다. 그러나 루소의 작업이 두 개의 논고(《학예론》과《인간불평등기원론》), 디드로Denis Diderot가 편집한《백과전서Encyclopédie ou Dictionnaire raisonné des sciences, des arts et des métiers》(1751~1772)의 '정치경제' 항목인 〈정치경제론Discours sur l'économie politique〉,《언어의 기원에 관한 시론》, 정치제도에 관한 글인 〈제네바 원고Manuscrit de Genève〉,《사회계약론》,《코르시카 헌법 구상Projet de constitution pour la Corse》(1768),《폴란드 정부론Considérations sur le gouvernement de Pologne》(1772), 그리고 그 밖의 자료를 통해 재구성될 수 있는 것처럼, 스미스가 기획한 법과 정부의 역사는 그의 글래스고대학 법학 강의를 수강한 두 학생의 필기(《법학강의》), 그의 논집, 그리고 그의 두 주요 저서인《도덕감정론》과《국부론》을 통해 재구성할 수 있다. 스미스가 나중에 자신이 이 자료들 중 일부를《국부론》에 사용했다고 주장했을 때, 사람들은 그것이 글래스고 강의록 중에서 정치경제 부분을 지칭하는 말이었으리라 추정했다. 그러나 스미스가 정말로 말하고자 했던 바는 자신이 계획했던 책의 절반을《국부론》제3권으로 출판했다는 뜻이었다. 해당 대목의 초기 판본이 표절·각색되어 윌리엄 로버트슨William Robertson이 집필한 근대 유럽의 절대주의에 관한 이론적 역사, 즉《카를 5세 치세의 역사The history of the reign of Charles the Fifth, Emperor of Germany; and of all the kingdoms and states in Europe, during his age. To which is prefixed, a view of the progress of society in Europe, from the subversion of the Roman Empire, to the beginning of the sixteenth century》(1769)의 서론(물론 모든 서론이 그러하듯 이 역시 마지막에 작성되었다)이 되었다는 사실을 고려하면,《국부론》제3권이 담아낸 역사 서술이 어떤 유형의 것인지 쉽게 알아차릴 수 있다.

　　스미스가 구상한 삼분 구도의 역사 서술에서 첫 부분, 즉 인류 초기 단계의 역사는 《국부론》 제5권에 등장했다. 두 번째 부분에 해당하는 고대 그리스와 로마에 대한 서술은 미발표된 상태로 남아 있었다. 스미스가 사망할 때까지 그가 고대 정부의 역사와 이론을 출간할 것이라는 소문이 계속 떠돌았던 까닭은 이 때문이다. 그 일부는 실제로 그의 강의록을 통해 재구성할 수 있다. 세 부분 전체의 모습은 존 밀러John Millar가 글래스고대학에서 가르쳤던 정부론 강의의 인쇄된 수업계획서 및 강의록을 통해 한 번에 검토할 수 있다. 밀러의 수업이 스미스의 책을 강의 형태로 그대로 되풀이한 것이었기 때문이다. 실제로 밀러는 결국 세 부분 중 첫 부분을 《계급 구분의 기원The Origin of the Distinction of Ranks》(1771)이라는 책으로 출판했다. 18세기 산문에 특별히 능숙하지 않은 사람도 이 책이 루소를 몽테스키외적인 어법으로 옮겨놓은 것임을 쉽사리 인지할 수 있다. 《계급 구분의 기원》은 불평등의 기원 및 자연법이 그 기원을 정당화한 적이 있는지 여부에 대한 밀러의—물론 본래는 스미스의—논변이었다. 나는 밀러의 글이 로버트슨의 서론과 같은 의미에서 '표절'이었다고 생각하지는 않는다. 그러나 이 준인증본이 어떤 과정을 거쳐 나오게 되었는지는 알 수 없다. 밀러의 가족이 그의 원고와 서류를 파괴했기 때문이다. 우리는 밀러가 스미스의 강의 중 어느 정도의 분량이 《국부론》에 재등장할지 알고 있었는지 여부조차 모른다. 유사점들은 분명히 있지만, 그 유사점들이 명시적으로 언급되는 일은 매우 드물다. 아무튼 스미스가 소유의 역사를 집필하는 대신 정치적 권위의 역사를 불평등의 역사로서 서술했다는 점은 분명하다. 이 역사 서술은 명백하게 몽테스키외의 군주제 이론에, 그리고 루소가 몽테스키외에게 가한 공화주의적 비판에 결부되어 있었다.

공화주의야말로 18세기의 위대한 발견이었다는 믿음은 틀렸다. 오히려 18세기에서 진정 흥미로운 것은 공화국$_\text{res publica}$으로서의 근대 군주정이다. 우리는 이 시대를 민주혁명의 시대로 보고 오늘날 우리의 국가 형태인 근대적 대의제 공화국을 이 시대의 산물로 이야기한다. 그러나 18세기의 개념적 어휘에서 근대 공화국이란 당연히 근대 군주정을 의미하는 말이었다. 스코틀랜드 계몽사상가 중 몽테스키외를 가장 가까이에서 비평했으며 그의 추종자이기도 했던 애덤 퍼거슨은 공화주의 광신도들이 근대의 공화적 군주정을 고대 공화국으로 착각하여 근대적 요소를 억압하게 될 위험에 대해 명시적으로 경고한 바 있었다.*
법과 정부의 이론과 역사를 서술하면서 스미스가 목표했던 지적 전략의 주된 부분이 바로 이런 위험의 가능성을 차단하는 것이었다. 몽테스키외는 이미 로마의 사례에서 이를 논증한 바 있었다. 만약 로마의 국제國制가 경제적 기반의 변화에 발맞춰 (발전하는 상업사회라는 몽테스키외적 의미에서의) 군주제로 바뀌었더라면 원수체제$_\text{principate}$나 제국과 같이 공화정과 군주정이 반씩

---

* Adam Ferguson, *History of the Progress and Termination of the Roman Republic*, 5 vols. (Edinburgh: Bell and Bradfute, 1799); Adam Ferguson, *An Essay on the History of Civil Society*, ed. F. Oz-Salzberger (Cambridge: Cambridge University Press, 1995).

혼재하는 위험한 잡종 체제로 가는 길을 피할 수 있었을 것이었다. 여기서 핵심이 되는 문헌은 몽테스키외의 《로마인의 흥망성쇠 원인론Considérations sur les causes de la grandeur des Romains et de leur décadence》(1734)이었다. 이 책은 본래 《법의 정신》의 예고편이었다. 1748년 몽테스키외는 그것을 《법의 정신》의 자매편으로 재출간하면서 두 책을 함께 읽어야 한다고 암시했는데, 요즘에는 이 사실이 종종 망각되곤 한다. (실제로 잉글랜드의 토머스 뉴전트Thomas Nugent가 두 책을 모두 번역한 데서 알 수 있듯, 그것들은 함께 읽혔다.) 사실 몽테스키외는 여기에 1735년에 작성한 보편제국에 관한 미출간 소책자도 포함시키고자 했지만, 이 계획은 프랑스의 정치 상황으로 인해, 즉 7년전쟁의 전조가 되기도 한 오스트리아 왕위계승전쟁이 추한 종식을 맞이하여 프랑스의 웅대한 꿈이 처참한 꼴을 당하게 되면서 다시 중단되었다. 스미스의 원原역사유물론(이렇게 말할 수 있다면)이 등장한 것은 바로 이 지점, 즉 (몽테스키외가 상업 정신으로 대체되어야 한다고 주장했던) 정복 정신의 기원에 관한 몽테스키외의 분석에서였다.

앞서 말했듯, 스미스는 로크의 《통치론》 제8장에서 서술된 비계약적 정부의 역사로 되돌아갔다. 제8장에서 로크는 자연적 권위에서 유래한 정부가 상업의 발흥으로 부패하는 과정을 보여준 뒤, 이런 부패로 인해 입법기관이 집행권을 통제하는 제대로 된 정치체제가 혁명을 거쳐 수립되어야 하는 상황이 펼쳐졌다고 설명한 바 있다. 이러한 관점에서 볼 때 정치체제는 제헌 행위에서 출발해 입법 주권이 규정한 한계 안에서 정부의 집행권을 발전시킨다. 스미스는 이러한 논의를 그 역사적 기원으로 돌려보내고자 했다. 스미스는 혁명들의 역사라는 로크적 모델을 따르지 않았고, 따라서 그의 역사에서는 집행권이 먼저 나타난 뒤에 사법권이 나타났다. 다시 말해 먼저 법관이 나타났고 그다음에 입법권, 즉 법률이 나타났다. 이는 루소가 사용했던 순서와는 반대였다. 스미스는 수렵-채집 단계의 사회가 법도 정부도 없는 진정한 자연상태라는 점에는 동의했다. 그러나 사회는 노동 분업이나 사랑의 축제가 아닌 전쟁으로부터, 또 부족·민족 집단의 형성으로부터 비롯된 것이었다. 모든 개인에게는 정의의 원칙이 있었고, 사람들은 상처를 입었을 때 분노와 원한, 그리고 복수의 열망을 품게 되었다. 이 모든 것은 개인적 심성의 구조에서 생겨나는 자연적 감정이었다. 처벌은 개인이 이를 집행하기에 충분한 물리력을 갖춘 경우에만 가능했다. 기실 처벌은 공동체적인 것이었지만, 이는 조직화된 공동의 사법 실행을 통해서가 아니라 민중적 혹은 집단적 분노의 즉흥적 분출을 통해 이뤄졌다. 처벌은 습격을 통해, 그리고 폭력적 군중에 의해 이뤄졌다. 이것은 처벌이 가혹한 일인 동시에 드문 일이었음을 의미했다. 정의와 처벌에 대한 요구가 늘어나자 자연적 권위를 통해 일종의 법관제도가 생겨났다. 이와 같은 흄식의 역사 서술에 따르면, 사건을 판정하고 권위 있는 조언을 제공할 역량을 지닌 일부 개인들이 있었고, 그중에서 권위를 지닌 자들이 지도자가 되었다. 지도자가 필요해진 주된 이유는 바로 전쟁이었다. 연방권력 혹은 집행권력은 군사 지도자들을 탄생시켰고, 그들에게는 초창기의 사법 기능을 수행할 임무가 부여되었다. 따라서 먼저 등장한 것은 법관이었으며 법이라는 추상적 원칙은 나중에야 등장할 것이었다. 마찬가지로 그 어떤 종류의 사회계약도 없었다. 스미스가 지적한 대로, 이번에도 권력의 '탄생 과정'은 권력의 '혁명을 통한 복원'과 순서가 달랐다. 후대 혹은 오늘날에는 어떻게 권력의 사용을 합법적인 방법으로 억제할 것인가, 어떻게 권위가 무력을 대체할 수 있는가 따위가 주된 쟁점이다. 그러나 로크가 이미 주장했듯 본래 권위 또는 권력의 탄생이 먼저 있었고, 조직적인 강제집행력은 한참 나중에야 등장했다. 여기서 관건은 권위를 지닌 인물들이 어떻게 권력의 안정적 원천을 획득했는지를 설명하는 데 있었다. 스미스는 바로 이 지점에서 권위의 가장 중요한 원천으로서 부富를 방정식에 도입했다. 그는 군대에서건 법에서건, 그리고 의료에서건 종교에서건, 부가 권위의 소유로부터 기원했지 결코 그 반대가 아니었다고 주장했다. 권위는 타인을 위한 공무 수행에 뿌리를 두고 있었고 그 일에는 대가가 따라야만 했다. 인정의 심리 역시 권위를 지닌 인물은 겉으로 보기에도 부유해야 한다고, 다시 말해 가시적인 권위(로서의 부)의 소유자가 되어야 한다고 요구했다. 애초 소유의 불평등은 고객들이 이러한 공무 수행자들에게 선물을 제공하는 과정에서 비롯된 귀결이었지 결코 폭력의 결과가 아니었다.*

불평등이 본격적으로 등장한 시기는 토지 소유가 발명되었을 때가 아니라(이는 훨씬 더 후대에 나타난 발전이었다) 목축·목양 단계가 시작되었을 때였다. 불평등이 진정으로 거대해

---

* 혼트는 다음 글에서 부와 권위에 관한 스미스의 이론을 설명한다. "Adam Smith's History of Law and Government," pp. 150-55.

지게 된 것은 동물을 재산으로 삼게 되면서부터였는데, 이를 통해 막대한 부의 축적이 가능해졌다. 이러한 변화가 발생했을 때, 주로 군사 지도자들이었던 권력자들은, 자신들의 부를 매우 유리하게 사용할 수 있었다. 스미스는 부가 권력의 원천일 뿐 아니라 권력 그 자체라고, 즉 안정된 권력이 부에서 비롯되었다고 주장했다. 부를 지닌 자가 그렇지 못한 자에게 생계를 제공할 수 있다는 것, 이것이 바로 부가 창출하는 능력이었다. 다시 말해 부는 권력의 실질적인 원천인 의존 상태를 만들어낼 수 있었다. 스미스는 국가가 목축 단계에서 나타난 권위와 권력의 병합에 기원을 둔다고 주장했다. 애초 국가는 계약에서 탄생한 것도 아니었고, 평등에 기초해 탄생한 것도 아니었다. 여기서 우리는 역사적 경향의 방향성에 대한 묘사에 주목할 필요가 있다. 스미스는 '불평등의 지속적 증대'가 역사의 일반적 추세라고 보지 않았다. 오히려 국가는 애초에 매우 거대한, 잔인하도록 거대한 수준의 불평등에서 시작하는 것이었다. 스미스는 초기 제국과 목축 주둔지 국가들에 존재했던 불평등이 근대로서는 상상할 수 없을 정도로 큰 상태였다고 주장했다. 이집트의 파라오나 칭기스칸을 생각해보라. 역사의 일반적 경향은 오히려 '불평등의 감소'에 가까웠다. 그는 로크와 맨더빌에 이어, 《국부론》에서 근대 노동자들이 과거의 황제들 혹은 아프리카·아메리카의 부족장들보다 더 나은 생활을 영위하고 있다는 유명한 주장을 펼쳤다.*

---

*   Smith, TMS, IV.1.10; John Locke, *Two Treatises on Government*, ed. P. Laslett (Cambridge: Cambridge University Press, 1960), "Second

스미스는 권력 일반에 대해서도 이와 비슷한 단정적 주장을 펼쳤다. 이것이 상업이 자유를 창출한다는 그의 발상 배경에 놓여 있는 핵심 관념이었다. 상업이 자유를 창출할 수 있었던 까닭은 그것이 부가 처음으로 축적된 시점에 비해 더 향상된 부의 평등을 만들어냈기 때문이었다. 스미스는 흄과 마찬가지로 하나부터 열까지 해링턴주의자였다. 스미스와 흄 모두 정부형태 혹은 체제의 종류는 그 밑에 깔린 경제력의 분배를 반영한다고 믿었다. 권력은 소유를 따라갔는데, 재산 분배는 인류사가 진행되면서 점차 더 불평등해진 것이 아니라 평등해졌다. 고대 도시국가들은 목축적인 삶과 목축적 족장체제, 그리고 그 근간이 되는 거대한 불평등으로부터 가장 먼저 탈피한 덕분에 법치의 요람이 되었다. 경제적 발전의 결과로 법이 발흥한 것이다. 더 복잡해진 경제 생활 방식이 사법 사무에 대한 수요와 비례적·정규적 형벌체계에 대한 수요를 계속해서 증대시키면서, 집단적으로 사법적 정의를 구현하는 관행의 쇄신이 더욱더 필요하게 되었다.

　　독자적으로 활동하는 개개의 법관이 다수 출현함에 따라 그들의 활동을 통제할 필요성이 제기되었고, 이처럼 사법 사무를 관리할 필요성으로부터 법률과 입법을 도입하자는 발상이 나왔다. 수많은 사법 행위자들에 의해 개별적으로 수행됨으로써 파편화되거나 광범위하게 흩어져 있었던 사법체계를 공동체가 통제할 수 있는 수단이 바로 '법'이었다. 만약 정의가 전적으로

Treatise," chap. 5; Bernard Mandeville, *The Fable of the Bees*, vol. 1, ed. F. B. Kaye (Indianapolis: Liberty Fund, 1988), p. 366.

각 법관 개인의 분별력에만 의존했다면 그 어떤 법정체계도 등장할 수 없었을 것이다. 법률의 등장 이면에는 사법적 판단 활동 및 판결이라는 무시무시한 권력이 공식적인 규범으로 자리 잡는 변화가 있었다. 이러한 변화는 사법 사무에 대한 강력한 수요가 존재하는 곳에서만, 그리고 부의 불평등이 만들어낸 의존관계로도 기존의 권위를 압도하는 권력의 순수한 행사를 통해 표출되는 공식적 규범화의 요구를 더 이상 막을 수 없게 된 곳에서만 일어날 수 있었다.

    스미스는 그리스인들이 오랫동안 공동체적 사법 행위를 위한 규범 체계를 개발하고자 했다는 점을 강조했다. 인민은 자신에게 되돌아올 수도 있을 불의를 방지하기 위해 회의에 참석하곤 했다. 집회는 정치나 자유 그 자체에 대한 이념적 꿈이 아니라 바로 이러한 현실에 기원을 두고 있었다. 집단적인 사법 행위를 군사적으로 활용할 가능성은 항상 존재했으며, 이를 정치적으로 활용할 가능성이 등장한 것은 나중에 이르러서였다. 스미스에게 고대 폴리스, 즉 키위타스는 사법 사무를 필요로 하는, 그렇기에 사법을 발전시킨 도시상업사회였다. 민주정과 법률은 도덕적 상상의 산물이 아니라 아주 구체적이고 새로운 도시 생활이 만들어낸 완벽하게 논리적이고 정규적인 귀결이었다. 우리는 이것을 그리스 민주정의 기원에 대한 경제적 해석이라고도 부를 수 있다.

    이 이야기가 어디로 향해 가고 있었는지는 쉽게 알 수 있다. 고대의 법치국가Rechtsstaat 혹은 그저 법Recht체계의 물질적 전제조건만이라도 재생산된다면, 자유는 유럽에서 다시 발흥할 수 있을 것이었다. 일단 유럽이 다시 아테네 수준의 상업문명과 도시화에 도달한다면, 법치에 이를 수 있을 것이었다. 물론 이 자유는 시민적 자유였다. 그러나 여기서 주목할 것은 스미스의 관점에서는 그 고대의 자유조차 시민적 자유, 즉 어떤 개인을 그의 동료들로부터 그리고 동료들의 행동 및 그들이 내리는 판결로부터 사법적으로 보호하는 것이었다는 점이다. 이 구도에서 정치적 자유는 국가를 활용하여 자신의 이익을 추구할 수 있는 권력자들의 침해로부터 개인의 권리를 보호한다는 의미를 내포했다. 이러한 유형의 부패에 관해서는 루소가 《인간불평등기원론》에서 그 모형을 아주 적나라하게 제시한 바 있었다. 이렇게 상업사회가 회복되고 그에 따라 유럽에서 법이 발흥하는 과정은 《국부론》 제3권에 기술되어 있는데, 이는 다음 장에서 논의할 것이다. 그전에 우선 고대 공화국의 운명에 대해 논의해보자.

순수한 단계론에서 볼 때 올바른 발전을 이룩한 것은 고대인이었다. 근대적 관점에서 보면 고대 상업사회란 노예경제였다고 반박할 수 있었을 것이고, 이 반박에는 고대 이후 법치의 출현이 어떻게 노예제를 없애고 이를 노동하는 시민을 기반으로 삼는 사회 모델로 대체할 수 있었는가를 제시하는 서술이 포함되었을 것이다. 결국 후자의 사회가 등장하긴 했지만 그러한 변화가 연속적이고 중단 없는 발전을 통해 일어난 것은 아니었다. 고트족이 일으킨 대학살에 의해 고대 유럽이 멸망했으며 물리적으로 말살되었다는 것은 18세기의 모든 학생이 알았고, 아마도 오늘날의 학생들조차 알고 있을 당연한 사실이다. 그렇다면 왜 이러한 일이 일어났던 것일까? 첫 번째 답변은 거시적인 설명으로, 단계론의 용어를 통해 가장 쉽게 풀어낼 수 있다. 그리스와 로마는 아시아 및 유럽의 목축 세계라는 바다 한가운데 놓인 진보의 섬으로서 전위적인 발전을 이룩했다. 하지만 그리스·로마의 도시적 생활 방식이 타지로 확산되어 목축적 생활 방식을 뒤바꾸는 일은 벌어지지 않았으며, 결국 승리한 것은 목축인들이었다. 군사민족이었던 목축인들에게 개발과 성장이란 곧 정복을 통한 획득을 의미했다. 고대에 등장했던 법치는 군사력 또는 전쟁에 의해 말살되었다. 스미스에게 이는 매혹적인 주제였다. 수치적 혹은 인구통계학적 불균형이 대단히 중요한 요인이긴 했으나, 고대 유럽의 사멸은 단지 이것에서 비롯한 문제가 아니었다. 시베리아에서 많은 인구가 무서운 속도로 몰려나와 서쪽으로 밀려왔고, 결국 로마를 압도했다. 처음에는 그리스가, 나중에는 로마 역시 동방 제국들로부터 위협받았다. 동로마제국은 끝내 아랍인과 튀르크인에게, 이슬람 목축사회에 굴복했다.

스미스는 상업사회가 군사적 역량을 상실했다는 사실에 흥미를 느꼈는데, 이는 그리스 및 이후의 로마 모두에서 나타난 현상이었다. 그리스와 로마의 인민은 부유했기 때문에 끊임없는 공격의 대상이 되었으나, 반대로 부가 그들에게 발전의 결실, 즉 기술적 혜택과 자원들을 제공해준 것도 사실이었다. 그렇다면 어째서 그들은 생존을 담보할 수 있는 군사적 해결책을 찾지 못했을까? 여기서 스미스는 근대인들에게도 여전히 중요한 체계적 문제를 발견했다. 스미스가 사유의 논리를 진전시키면서 서술한 바에 따르면, 상업사회는 전체적으로 상업사회에 적합한 형태의 방어 양식 및 전쟁 양식을 개발하는 경우에만 살아남을 수 있었다. 그가 핵심으로 지목한 요인은 전문화된 상비군의 존재였다. 그리스와 로마가 운용했던 공화국 군대들의 문제는 이들의 민병대가 목축군대(민병대는 군사사회의 목축적 형태였다)였다는 데 있었다. 주변의 덜 발달한 문명보다 그리스와 로마의 도시 공화정 국가가 우위에 있던 초기에는 이러한 군대가 군사적으로 우월했다. 그러나 경제 발전이 사회구조를 뒤바꾸면서 그리스와 로마의 군대 역시 변화해야만 하는 상황에 처했다. 몽테스키외는 이미 해당 사례를 일반적인 용어로 논한 바 있었는데, 스미스는 이러한 분석을 사회의 군사적 조직에 구체적으로 적용했다. 우선 경제 발전, 사법과 국가의 발전은 그리스와 로마의 민병대가 목축제국의 군대보다 우위를 차지하도록 만들었다. 왜냐하면 평등에 바탕을 둔 전자의 민병대는 단지 불평등 정도가 아니라 극심한 불평등에 바탕을 둔 후자의 민병대보다 강했기 때문이다. 그러나 상업사회가 더욱 발전함에 따라 사회의 불평등이 점점 더 심화되었는데, 이때의 불평등은 목축사회에서 나타나는 유형의 불평등과는 다른 새로운 유형의 상업적 불평등이었다. 이러한 상황은 그리스와 로마 민병대를 지탱했던 평등이라는 토대를 훼손하고야 말았다. 애초 법치와 평등을 창출함으로써 그리스와 로마를 강력한 국가로 만들어준 경제 발전은 다시 이를 무너뜨렸다. 경제 발전에 따라 평등이 파괴되면서 그리스와 로마의 국방력이 약화했기 때문이다. 그래서 그들은 자기방어 능력을 유지하기 위해 전쟁 방식을 상업적인 것으로, 즉 전문 상비군을 고용하는 방향으로 전환하게 되었다. 이 논의에서 스미스가 명확히 드러낸 논지는 근대인들이 그러한 실수를 반복해서는 안 된다는 것이었다.

스미스는 고대 공화국이 자유를 상실하는 과정을 논하는 대목에서 르네상스와 17세기 공화주의의 담론을 자신의 목적에 맞게 자유롭게 이용했다. 그는 마키아벨리Niccolò Machiavelli와 제임스 해링턴James Harrington을 논리의 근거로 삼았다. 스미스는 마키아벨리의《로마사론Discorsi sopra la prima Deca di Tito Livio》(1531) 제2부 및 이를 가다듬은 해링턴의《오세아나 공화국The Commonwealth of Oceana》(1656)에 기대, 공화국이 안보 문제를 해결하는 방법에는 방어공화국이 되는 것과 정복공화국이 되는 것 두 가지의 길이 있다고 주장했다.* '보존'을 위한 공화국이 되거나 '확장'을 위한 공화국이 될 수 있었다는 것인데, 첫 번째 경로의 전형은 아테네였으며, 두 번째 경로의 전형은 로마였다.

마키아벨리는 자신이 에트루리아 연맹을 전형적인 예로 들었던 방어적 국가보다는 로마와 같이 영토를 확장하는 국가를 선호했다. 스미스는 이 둘을 구분하는 일 그리고 그에 따라 어느 한쪽을 선호하는 일 모두가 무의미하다는 점을 보여주었다. 비록 로마의 쇠퇴가 그리스의 멸망보다 더 오랜 시일이 걸리긴 했으나 결국 두 고대국가 모두 사라지고야 말았다. 스미스의 첫 번째 관심사는 주로 군사 기술의 필연적인 변화가 순수한 방어공

---

*   Niccolo Machiavelli, *Discourses on Livy*, ed. H. C. Mansfield and N. Tarcov (Chicago: Chicago University Press, 1996), book 2, chaps. 1-4; James Harrington, *The Commonwealth of Oceana*, in J. G. A. Pocock (ed.), *The Political Works of James Harrington* (Cambridge: Cambridge University Press, 1977), pp. 180-82, 273-78, 320-25.

화국을 존재할 수 없게 만든다는 사실을 보여주는 데 있었다. 물질적인 차원에서 보면 공화국은 그 출발점에서 요새화된 도시가 목축군대의 공격을 견뎌낼 수 있다는 믿음에 근거하고 있었다. (여기서는 소유권 취득에 관한 로크의 노동이론이 언급되지 않는다. 이는 그러한 유형의 경제사적 해석이 아니었다.) 그러나 시간이 흐르면서 군사적 주도권이 공격자들에게 넘어갔고, 요새는 전쟁에서 기존에 누리던 중추적인 중요성을 상실했다. 스미스가 거듭 설명한 바에 따르면, 더 중요한 사실은 경제 발전이 전쟁과 병행할 수 없었다는 점이다. 공화국은 도심을 중심으로 하는 정치적 형성물이자 동시에 예술과 상업의 성장을 장려하는 선진적인 경제적 형성물이기도 했다. 예술 및 상업 분야에 종사하는 사람들은 전쟁에 뛰어드는 일을 기피했다. 그러나 경제 발전의 중단은 도시에 기반을 둔 공화국들에게는 선택 사항이 아니었다. 스파르타는 예외였지만, 그것은 스파르타가 애초 상업공화국이 아니었기 때문에 가능한 일이었다. 스미스는 고대 공화국이 장수할 수 있었던 이유로 노예제도를 들어 설명했다. 경제 발전, 상업, 기술을 지속시키는 일은 노예들의 몫이었다. 덕분에 공화국의 시민들은 민병대를 통해 치러지는 당시의 전쟁에 훨씬 더 긴 기간 동안 투입될 수 있었다.

  스미스가 보기에 공화국이 방어나 정복 가운데 어느 하나를 선택해야만 한다고 믿을 이유는 없었다. 마키아벨리가 《로마사론》에서 지적했듯, 관건은 시민권을 배타적으로 부여하느냐 아니면 포괄적으로 부여하느냐를 선택하는 데 있었다. 제한적·배타적인 시민권 부여는 방어공화국으로, 포괄적인 시민권 부여는 팽창하는 정복공화국으로 이어졌다. 그러나 정복공화국의 운명은 결국 방어공화국의 운명과 다르지 않았다. 마키아벨리가 로마의 길을 선호한 이유는 팽창하는 제국이 공공의 번영, 즉 공화국의 위대함을 드높이는 부의 획득을 훨씬 더 용이하게 만든다고 생각했기 때문이다. 그러나 스미스에게는 이 논거가 무의미했다. 스미스의 관점에서 이처럼 외부로부터 부를 획득하는 형태란 목축국가에 해당하는 특징이었다. 그러나 정복전쟁의 전리품을 토대로 이뤄진 부의 증대보다 더욱 심각하게 작용한 요인은 로마의 경제적 구조에서 일어난 변화들이었다. 그 결과 로마가 추구한 방식의 군사적 위대함은 그리스의 군사정책이 그러했던 것처럼 상업·제조업과 양립할 수 없게 되었다. 스미스는 몽테스키외와 마찬가지로 로마의 원수정 체제를 논의하면서, 정복 전략이 공화국 내부의 정치적 구조에 어떠한 파장을 끼치는가를 탐구하는 데 주된 관심을 기울였다.

    로마가 멸망을 수 세기 동안이나 지연시킬 수 있었던 까닭은 선제적인 전쟁으로 안보 위협을 제거하는 전략이 성공했기 때문이었다. 목축국가들은 정복국가였으며, 따라서 이들을 막는 적절한 방어 전략은 같은 방식으로 대응해 로마 스스로 정복공화국이 되는 것이었다. 정복 전략은 공화국 내에 거대한 군대를 주둔시킬 수 있게 했다. 그러나 이와 같은 군사력을 확립하는 데는 막대한 정치적 비용이 따랐다. 막대한 군사력의 존재는 로마를 공화정 이전의 정치 형태, 즉 본질적으로 목축국가적 정치 형태라고 할 수 있는 군사정부로 다시 돌아가게 했다. 스미스는 이를 내부로부터의 정복에 따라 공화국의 정치가 변모하는 과정이라고 서술했다. 공화국이 그 자신의 군대에 의해 정복된 것이다. 로마는 군주제와 공화제가 반쯤씩 혼합된 군사정부가 되었다. 비록 이렇게 정치적으로 군사국가화가 진행되긴 했지만, 그럼에도 제정 로마와 아시아적 군사정부들 사이에는 여전히 큰 차이가 있었다고 스미스는 설명했다. 로마는 공화국의 시민정치를 계승하고 보존했으며 실로 그것을 더욱 발전시킨 공화정 이후의 post-republican 군사국가였다. 로마에서 군사 전제정의 성립, 즉 아시아적 목축국가로의 혼란스러운 복귀는 공화국의 엄격한 민법 체계와 공존했다. 상업과 제조업을 토대로 한 목축-군사적 상부구조와 가정家庭 단위들로 이루어진 공화주의적 사적 영역이 결합해 있었던 것이다. 이 공화주의적인 사적 영역은 로마를 군사적으로 취약하게 만들었다. 국가를 보호하기 위해서는 노동 분업을 바탕으로 한 전문화된 군대가 필요했다. 하지만 실제로 로마가 선택한 해법은 국방을 목축적 용병 민병대에 위탁하는 것이었고, 그 결과는 재앙이었다. 목축인들이 주인에게 등을 돌린 순간 로마는 무방비 상태로 전락했다.

　　르네상스 공화주의 담론은 사치가 로마의 시민적 특성과 군사력을 훼손해 멸망에 이르게 했다는 중심 교리를 내세웠다. 이는 분명 역사에 대한 일종의 경제적 해석이었다. 스미스는 여기에 동의했을까? 그는 동의하면서도 조건을 붙였다.《수사학과 문학 강의Lectures on Rhetoric and Belles Lettres》(1763)에서 그는 로마가 사치로 말미암아 파괴되었음을 분명히 언급했는데, 역사적 설명이 무한정 퇴행해서는 안 된다고 가르치는 대목에서 그렇게 했다. 역사적 설명을 적절한 수준에서 끝마치려면 다들 타당하다고 인정하는 기준선을 제시해야 했다. 로마가 사치 때문에 쇠퇴했다는 생각은 일반적으로 이론의 여지가 없는 진실로 취급되었기 때문에 공화국의 종말을 설명하는 기준선으로 삼을 수 있었다. 스미스는 그러한 테제가 틀렸다고 주장할 수 있었을 텐데도 그렇게 하지 않았다. 고대 공화국의 소멸에 대한 그의 설명은 사치가 고전적인 공화국의 정치를 무너뜨렸다는 관념의 여러 판본 중 하나에 해당했다.

     스미스의 이러한 입장은 중요한데, 이것이 단지 사치 문제에서 루소와 스미스의 사상을 비교할 수 있도록 해주기 때문만은 아니다. 학자들은 스미스가 정치의 경제적 토대를 강조한 것이 4단계 역사 발전 이론의 법학적 특성에서 비롯되었다고 종종 주장한다. 그러나 유럽의 법과 정부에 대한 그의 역사 서술에서 법학적 설명은 전적인 요소는 물론 주요한 요소조차 아니었다. 사치가 초래한 결과의 강조를 포함해 고대 공화국의 궤적에 대한 스미스의 경제적 설명은 공화주의적 정치 분석의 조류를 따른 것이었다. 스미스가 근대 정치에 관해 관습적인 공화주의적 논변에 맞서는 방식으로 결론을 내린 까닭은 단순히 그가 시민적 인문주의보다 자연법 전통을 선호했기 때문이 아니었다. 그보다 스미스는 자연법을 이론적 역사 서술로 전환시켰고, 이와 마찬가지로 공화주의적 정치 분석을 근대 정치과학으로 전환시켰다. 그는 두 담론을 분리하거나 하나를 다른 하나로 대체하는 대신 그 둘을 결합했다. 부와 사치가 정치와 법률을 지배한다는 관념은 두 전통 모두에 포함되어 있었다. 스미스는 새로운 근대 공화주의의 틀을 만들어 그 내부에서 기존의 두 담론이 서로를 강화하는 관계를 맺도록 했다. 비록 그 틀이 꼭 근대적 의미에서 '자유주의적'인 것은 아니었지만 거기에는 리버럴liberal이라는 용어가 원래 지녔던 의미가 담겨 있었다.

　　스미스가 서술한 유럽의 법과 정부의 역사 중에서 근대사 부분을 살펴보면 이러한 사실이 더욱 분명하게 드러난다. 이 부분은 《국부론》 제3권이 되었기 때문에 (스미스가 서술한 삼분 구도의 역사에서) 다른 부분보다 더 잘 알려져 있다. 스미스의 근대사는 고대사 부분과 다르게 전개되었다. 유럽에 범람한 고트족의 목축인들은 제국의 옛 속주들에, 즉 이후 중세 왕국이 되는 거대한 영토 단위에 정착했다. 게르만족은 목축인의 정치를 잘 보여주었다. 그들은 일단 유럽에 정착한 뒤 봉건제를 수립했다. 봉건제는 초기 농경 단계라는 기반에 목축적 군사정부를 덧붙인 일종의 잡종 정치체로서, 그 바탕에는 부족·민족별로 분명히 경계지어진 영역에 영구적으로 정착해 살아가고 있는 사람들이 있었다. 봉건 정부의 기반은 도시가 아니라 이렇게 흩어진 채로 살아가는 인구였다. 이처럼 분산된 공동체에서는 새로운 정치적 의사소통 체계를 발명해야만 했는데, 고대와는 다른 근대적 통치를 운영하기 위한 방식인 대의제가 바로 그것이었다.

　　게르만 부족들이 로마의 군사제국을 멸망시키면서 고대의 정치적 공화주의는 아무런 잔재도 없이 사라졌다. 스미스가 근대 초기 유럽사에서 중세 도시의 중요성을 거론하는 대목을 볼 때, 그가 중세 도시를 고대 도시국가와 정치적으로 동일한 것으로 보지 않았음을, 그리고 유럽 발전의 주요 무대였던 거대한 영토 왕국들에 도시국가의 정치적 논리와 제도를 대입할 수 있다고 생각하지 않았음을 반드시 인식해야 한다. 스미스는 르네상스 도시국가 공화정의 유산에 대해 아주 잘 알고 있었지만, 그럼에도 르네상스 이탈리아의 소공화국들, 스위스, 네덜란드 같이 유럽에서 공화국이 외따로이 발전한 소수의 사례가 근대적 자유의 발흥을 설명하는 열쇠가 될 수는 없다고 주장했다. 그가 볼 때 이러한 공화국들은 봉건시대와 근대 초기 유럽에서 나타난 예외적인 현상이었다. 이탈리아의 도시공화국들은 반도를 지배했던 봉건적 무정부 상태의 산물이었다. 로마제국시대에서부터 이어져 내려온 요새화된 도시들은 도시 내에서 시민적 자유를 보존했을 뿐 아니라 무정부적인 시골에 거주하던 봉건 귀족들보다 군사적 방어 측면에서도 유리했다. 결국 도시들은 주변 지역을 정복해 소공화국들이 되었다. 그리고 농촌의 귀족들이 도시로 이주하면서 도시 중심의 정치체제가 형성되었다.

  도시공화국들은 유럽의 진보 과정에서 중요한 위상을 차지하는 잘 알려진 존재가 되었다. 하지만 이는 이들의 정치 때문이 아니라 이들이 막대한 부富를 축적하고 유럽을 경제적으로 선도했기 때문이라는 게 스미스의 주장이었다. 그에 따르면, 도시공화국들은 경제 발전의 측면에서 다른 유럽 지역보다 적어도 두 세기는 앞섰다. 이것이 그들이 갖춘 위용grandezza의 진정한 원천이었다. 그러나 르네상스 시대 이탈리아 도시공화국들의 부는 단순히 자연스러운 사회·경제적 성장이나 정치적 이점의 결과가 아니었다. 그것은 여러 요인이 합쳐진 결과였다. 그중 하나는 지리적 요인, 즉 이탈리아가 동방과 서방 사이의 지중해에 위치한다는 사실이었다. 또 다른 요인은 사회경제적 발전의 그 어떤 통상적인 경로도 따르지 않은, 독특한 이데올로기적-군사적 사건이었던 십자군전쟁에 경제적 지원과 병참 지원을 제공함으로써 도시공화국들이 챙긴 막대한 전쟁 수익이었다.

　　이 지점에서 스미스는 고대 공화국의 쇠퇴를 설명하는 자신의 일반이론을 르네상스 공화국들에 적용했다. 즉 그들은 부유해졌고 경제적으로 발전했기에 군사적으로 쇠퇴할 수밖에 없었다. 마키아벨리의 영웅 카스트루초 카스트라카니Castruccio Castracani가 루카에서 그랬던 것처럼, 고대 공화국의 역사를 이해한 사람들은 자신의 도시국가에서 제조업의 발전을 중단시키길 원했으나, 설령 그러한 중단의 시도가 성공했다한들 이는 그들의 공화국을 보잘것없는 후진국으로 만들 뿐이었다. 부유하고 성공한 공화국들은 사치와 상업-제조업적 생활 방식 탓에 군사적으로 약해졌다. 근대 공화국에 노예제가 부재했다는 사실은 인구 대부분이 경제 생활의 일상적 업무를 수행하느라 바쁠 수밖에 없었음을 의미했다. 그래서 스미스는 르네상스 이탈리아에서 유의미한 민주정의 사례는 없었다고 주장했다. 그곳에는 귀족정만이 존재했다. 왜냐면 노동하는 장인들에게 정치 참여는 너무나 많은 시간을 소모하는 일이었을 것이기 때문이다. 이 논리는 군대에도 마찬가지로 적용되었다. 군사 기술이 계속해서 발달하자 성벽으로 둘러싸인 도시를 방어하는 일이나 근대적 전투를 수행하는 일이 점점 더 어려워졌다. 공화주의적 민병대로는 더 이상 유럽 군주국들의 전문적인 직업군을 상대할 수 없었다.

　　스미스는 이런 과정 속에서 이탈리아의 작은 도시공화국

들이 결국 고대의 선조들처럼 전쟁으로 무너져 상대적으로 보잘것없는 존재로 전락했다고 결론지었다. 이는 유럽에서 자유가 흥하는 과정을 설명하기 위해서는 봉건제라는 게르만족의 목축 정치가 소멸하는 맥락을 반드시 고려해야 한다는 뜻이었다. 봉건제에 맞서 발생한 혁명이 있었는가? 고대인과 르네상스 도시국가들처럼 봉건제가 외부의 힘에 정복되었는가? 그렇지 않다. 이탈리아의 사례에서 봉건국가나 탈봉건국가들은 정복국의 위치에 있었다. 그렇다면 무엇이 봉건국가의 몰락을 초래했는가? 스미스의 답은 부분적으로는 고대에 대한 설명에서와 같았으니, 바로 사치가 봉건국가들을 파괴했다는 것이었다. 또한 그는 이것이 로마를 파괴한 것과 동일한 사치라고 주장했다. 봉건 왕국들을 무너뜨린 요인은 사실 로마적인 사치였다. 로마는 자신의 숨이 끊어질 때 정복자들에게 독을 물려주었다. 그러나 제국의 멸망 이후에도 살아남은 로마의 도시들을 통해 전수된 이 로마적 사치라는 독배는 자유를 되돌려주었다.

결국 스미스와 루소의 차이, 혹은 많은 독자들이 그들의 차이라고 생각한 것은 바로 사치의 역사적 역할에 대한 이 이론이었다. 5장과 6장에서는 두 사상가의 정치경제학, 즉 사치에 대한 그들의 생각을 논의할 것이다. 스미스가 마키아벨리의 저서에서 참조한 대목들을 루소 역시 아주 잘 알고 있었다. 루소 또한 팽창을 추구하는 정부라는 관념이 유럽에 독을 주입한 악랄한 발상이라고 생각했고, 그러므로 당연하게도 그것에 철저하게 반대했다. 그러나 동시에 그는 홉스식의 국가법인체 이론 역시 이 질병에 대한 면역력을 갖추지 못했다고 생각했고, 그러기는커녕 인위적인 국가인격이 명백한 물리적 한계의 제약을 받지 않는 인위적 욕구$_{appetite}$를 갖는다고 보았다. 국가의 경제적 욕구를 통제하는 것은 실제로 18세기에 중대한 문제로 부상했다. 루소와 스미스가 어떻게 이 문제에 대처했는지 살펴보는 일은 흥미로울 것이다.

5부

정치경제

시장, 가계, 보이지 않는 손

이번 장에서 나는 정치경제의 영역으로 들어선다. 우리는 이것이 실질적으로는 사치 논쟁의 영역임을 확인하게 될 것이다. 앞서 나는 스미스가 고대 공화국의 군사적 역량을 파괴함으로써 그것을 멸망시킨 요인이 다름 아닌 사치였다는 명제를 받아들였다고 주장했다. 농업-상업 사회였던 고대 공화국들은 역사 발전의 4단계론이라는 도식에서 볼 때 하나 혹은 둘이나 낮은 단계에 있던 목축민족들이 자신들을 파괴하는 결과를 막을 수 없었던 것이다.

    루소 역시 고대인들의 종말에 관해서는 이 명제가 옳다고 생각했다. 그러나 루소는 그 명제의 기원에서 역설적인 요소를 포착했다. 기실 사치가 고대 유럽의 문명을 파괴했다는 명제를 최초로 제시한 것은 고대인들 자신이었다. 그들에게는 자신들의 쇠망을 설명하는 최고의 이론적 틀을 제시할 능력이 있었다. 고대인들의 쇠망은 사후에 붙은 설명이 아니라 실현되어버린 예언이었다. 고대사회에 어떠한 문제가 있었다 한들 그들에게 이론적인 이해력 자체가 부족했던 것은 아니었다. 사실 문제는 이론이 아니라 실천에 있었다. 고대인들은 사치를 규탄하면서도 이미 사치를 실천하기 시작한 상태였다. 그들은 미끄러운 비탈길을 내려가는 자신들을 지켜보았다. 마침내 완전히 몰락했을 때도, 그들은 자신들의 실책을 계속해서 또렷하게 의식하고 있었다.

　　루소는 이 극적인 불행에 대해 두 가지 방식으로 응답할 수 있다고 보았다. 하나는 고대에 사치가 정치적·국가적 안보에 미친 영향에 대한 분석 자체의 타당성을 부정하는 것이었다. 루소는 이러한 관점을 견지한 이들로 근대의 문필가 두 명을 언급했는데, 아마도 맨더빌과 장-프랑수아 믈롱Jean-François Melon일 것이다. 그들은 사치란 골칫거리가 아니라 사회가 잘 굴러가게 만드는 기초이며, 그 속성을 제대로 이해한다면 완벽하게 관리할 수 있는 대상이라고 주장했다. 하지만 루소는 이러한 답변이 정도正道를 벗어났다고 생각했기 때문에 곧바로 거부했다. 그가 볼 때 고대가 실패한 까닭은 사치가 쇠망을 초래한다는 이론이 거짓이었기 때문이 아니라 고대인들이 자신들의 이론을 실천하지 않았기 때문이었다. 따라서 철학자, 정치인, 인민이 고대의 사치에 대한 비판으로부터 교훈을 끌어낸 뒤 그 위에 탄탄한 실천의 관행을 확립하는, 바로 그런 사회를 건설하는 것이야말로 중요한 과제였다. 루소는 이것이 자신의 정치경제 기획의 목표라고 선언했다.

칸트가 루소를 에피쿠로스주의자들과 구별하게 된 까닭은 루소의 이 기획 때문이었다. 자신들이 규정한 행복의 관념을 추구했던 에피쿠로스주의자들은 도덕성을 발달시키는 일차적인 수단으로서 욕구 충족에 초점을 맞췄다. 그들은 욕구가 정제되어간다는 사실이 인류사의 진보를 잘 보여주는 특징이라고 여겼다. 칸트는 키케로의 《최고선악론》에 따라 고대 도덕철학을 스토아주의와 에피쿠로스주의의 논쟁으로 제시하면서, 견유학파를 에피쿠로스주의 쪽에 배치했다. 디오게네스로 대표되는 견유학파는 도덕을 행복의 도구로 보는 이론적 쾌락주의자들이었다. 그러나 그들은 사치나 인위적인 욕구 문제에 대해서는 에피쿠로스주의와 차이를 보였다. 그들은 극히 최소한의 욕구 충족을 행복과 동일시했고, 사실상 기본적인 육체적 욕구를 최소한으로 충족하는 것이 도덕성에 도달하는 비결이라고 여겼다. 칸트는 견유학파의 사상이 도덕성을 향한 지름길로 서술될 수 있었던 이유가 여기에 있다고 지적했다. 그러면서 진정한 난제는 문명을 형성하는 인위적 욕구의 문화로 인해 야기된 문제들과 도덕성을 조화시키는 것이라고 덧붙였다. 그는 루소가 도덕의 발달에 관한 견유학파 혹은 디오게네스의 입장과 에피쿠로스주의적 입장 사이에서 맴돌고 있다고 진단했다. 그는 루소를 세련된 혹은 교묘한 디오게네스라고 불렀다.* 정확한 분석이었다. 루소 본인은 디오게네스를 홉스를 포함하는 도덕적 전통에 위치시켰다. 루소의 자존심amour-propre 이론은 자존심이 인류사에서 선

---

* Kant, "Moral Philosophy," p. 45.

과 악을 동시에 만들어낸 감정 중 하나임을 강조했다. 루소는 알렉산드로스 대왕과 디오게네스의 만남에 관한 유명한 설화를 언급하면서, 자존심이야말로 위대한 전사 황제와 지극히 수수하고 오만한 철학자 모두를 배출한 요인이었다고 선언했다. 말하자면 그들은 고대의 동일한 뿌리 속에서 자라난 셈이었다.*

앞서 보았듯, 동시대 스코틀랜드인들은 스미스를 세련된 혹은 교묘한 에피쿠로스주의자라고 불렀다. 이러한 평가는 루소에 대한 칸트의 평가와 유사한 의미를 갖는데, 즉 스미스가 사치나 인위적인 욕구에 관한 쾌락주의 이론을 완전히 지지하지는 않았다는 것이다. 루소와 스미스는 고대 견유학파들의 최소주의에서 18세기와 19세기에 에피쿠로스주의자로 불렸던 사람들이 내세운 완전한 쾌락주의와 친사치적 입장으로까지 이어지는 도덕적·경제적 스펙트럼의 중간 어딘가에 위치했던 것으로 보인다. 물론 이 중간 영역이 여전히 넓은 공간이긴 하지만, 이 제네바인과 스코틀랜드인을 비교할 때 두 사상가가 서로 양극단에 있었다는 식으로 말해서는 안 된다. 대신 둘 모두 상업사회의 과도함에 대한 비판자였다는 관점에서 접근해야만 한다. 18세기에는 루소가 교조적인 견유학파, 즉 사람들에게 기초적인 욕구의 충족 그 이상을 추구하지 않는 자세로 돌아갈 것을 요구하는 디오게네스의 진정한 추종자라는 이미지가 널리 퍼져 있었는데, 우리는 그런 이미지를 걷어내야 한다. 루소는 이 꼬리표를 여러

---

* **루소를 견유학파Cynic로 보는 해석에 대해서는 다음 책을 참조하라.** Sonenscher, *Sans-Culottes*, pp. 134–201.

차례 명백하게 부인했다.

　　다음 순서는 루소와 스미스의 차이에 대한 가장 터무니없는 오해 가운데 하나를 정면으로 반박하는 것이다. 그것은 바로 두 사상가가 시장에 대해 매우 다른 견해를 지녔다는 오해다. 여기서 나는 잘 알려진 '보이지 않는 손'이라는 표현을 염두에 두고 있다. 보이지 않는 손이라는 은유 자체는 상당히 진부한 것이었다. 숨겨진 손이란 '신의 손'을 의미하며, 이는 신의 설계에 대한 논변에서 파생된 18세기의 수많은 설교에서 나타난다. 루소는 《인간불평등기원론》의 주석에서 조약돌 던지기 놀이를 했던 호텐토트족의 사례를 들어 미개인들의 놀라운 육체적 능력을 묘사할 때 무심코 이 은유를 사용했다. 루소는 그들이 목표물을 정확하게 명중시키는 것이 마치 조약돌이 보이지 않는 손에 이끌려 비행하는 것처럼 보였다고 적었다.

　　《도덕감정론》에서 스미스는 루소가 비판한 사유재산을 옹호하는 맥락에서 이 은유를 사용했다. 해당 구절은 자존심을 분석하는 대목에서 등장한다. 스미스는 인간이 육체적 쾌락이 아닌 지위를 좇는 과정에서 인위적 욕구가 발생했다고 주장했다. 가난이 수치스러운 일로 여겨졌기 때문에 빈자는 부자가 되고 싶어 했다. 그 결과 그들은 자존심, 즉 서로를 비교하는 자아의 문화를 받아들였다. 해당 내용을 논의하는 장의 전반부에서 스미스는 인간의 상상력이 작동하는 우회적 방식을 보여주고자 했다. 부자들은 사치품을 단순히 신분과 권력의 상징으로 소비했던 것만이 아니었으며, 복잡한 장치들의 구조 역시 그들을 매혹했다. 스미스는 고차원의 사치에서 소유주에게 기쁨을 주는 것은 그러한 복잡한 장치들의 효용이 아니라 설계의 아름다움이라는 흄의 주장을 반복했다. 이 분석은 정교하고 미적으로 매개된 효용을 추구하는 경향을 담고 있는 문명 전반에 대한 평가로 이어졌다. 여기서 루소의 관점을 받아들인 스미스는 지위 추구에 여념이 없는 문화를 거대한 기만이라고 불렀다. 분석의 다음 단계는 초보적인 신정론theodicy, 神正論이었다. 스미스는 그러한 속임수가 인류의 이익을 위한 것이라고 주장했다. 그는 자신이《에든버러 비평》에서 직접 번역했던 루소의 글을 풀어 쓰면서 다음과 같이 주장했다.

> 이러한 기만이야말로 애초 인간으로 하여금 땅을 경작하고, 집을 짓고, 도시와 국가를 설립하고, 삶을 고상하고 윤택하게 만드는 온갖 학문과 기술을 만들어내고 다듬도록 촉구했다. 이러한 기만은 지구 전체의 표면을 완전히 바꿔놓았고, 개척되지 않은 숲을 쾌적하고 비옥한 평야로 변모시켰으며, 길도 없고 황량한 대양을 새롭게 생계를 공급해줄 뿐 아니라 지구의 다양한 민족들과 교류할 수 있게 하는 대로로 가꾸어놓았다.*

근대의 세계경제란 전적으로 이러한 기만에서 비롯된 것이었다. 그러나 이 진술 바로 뒤에 등장하는 '보이지 않는 손' 구절은 이 구도를 이루는 한 가지 요소에 도전을 제기했다.

---

* Smith, *TMS*, IV.1.10.

루소는 사유재산, 즉 개인의 필요를 넘어선 고정된 소유가 두 명 이상의 필요를 충족시킬 수 있을 만큼의 산물을 단 한 명이 취할 수 있도록 허용했다고 논증했다. 그의 주장에 따르면, 근대 문명에서 부패라는 몰락의 비탈길을 만든 것은 바로 이러한 변화였다. 이 문제에 대한 스미스의 답은 로크가 《통치론》의 재산에 관한 장에서 말한 바와 동일했다. 즉 그 모든 일은 생산성이 급증하는 한 아무런 문제가 되지 않는다는 것이었다. 이에 더해 생산성 증대가 이기적인 소유욕의 성장을 능가한다면 상태는 심지어 긍정적으로 변할 수 있었다. 이 지점에서 스미스는 루소가 대안으로 제시한 평등주의가 별 효과가 없었을 것이며, 또한 사유재산이 개인의 욕구를 넘어 성장하도록 허용하는 비평등주의적 해결책이 오히려 인류에게 유익하다는 점을 입증하려는 의도를 가지고 있었다. 보이지 않는 손은 바로 이러한 주장을 발전시키기 위해 스미스가 사용한 수사의 일부였다.

그렇지만 《도덕감정론》의 해당 부분에서 스미스는 전반적으로 사유재산의 소유자에 대해, 특히 토지 소유주들에게 몹시 적대적인 어조를 드러냈다. 스미스의 요점은 기술적인 측면을 겨냥하고 있었다. 부자는 엄청난 양의 땅을 소유할 수 있었고, 그 땅은 매우 많은 작물을 산출했다. 그러나 지주가 그 모든 것을 자기 자신을 위해 전유하는 것은 상상 속에서나 가능한 일이었다. 그것이 물리적으로 불가능한 일임은 명백했다. 부자의 위는 가난한 사람의 위보다 크지 않았다. 스미스는 '눈이 배보다 크다'는 익숙하고 통속적인 속담이 부자에게 딱 들어맞는다고 말했다. 부자는 가난한 사람보다 더 많이 먹지 않았다. 오히려 그는 더 값비싸고 근사한 식사를 했다. 나머지 소유물은 시장에 내다 팔았다. 그의 재산은 자연발생적인 것이 아니었으며, 이는 인간의 노동력을 통해 생산되어야만 했다. 부자는 일을 하지 않았기 때문에 자신의 재산을 생산적으로 만들기 위해 다른 사람을 고용해야 했다. 게다가 부자들은 자신의 욕구를 충족시키기 위해 하인들을 고용했다. 따라서 노동력 외에 아무것도 소유하지 못한 사람들은 이런저런 능력으로 부자들을 위해 일하며 임금을 벌 수 있었다. 이는 결과적으로 그들이 먹고, 입고, 가정을 꾸릴 수 있게 해주었다. 이러한 시장체계 또는 재산 소유자와 노동 소유자 간의 교환은 적어도 평등주의 체계보다 잘 작동하고 종종 더 낫기도 하다고 스미스는 주장했다. 이것은 도덕적인 판단이 아니라 경제적인 판단이었다. 부자들의 사치와 나쁜 품행에 면죄부를 주는 것은 아니지만, 효용주의적 관점에서 볼 때 인류가 이익을 봤다는 것이다. 스미스는 다음과 같이 썼다.

> 부자는 가난한 자보다 그다지 더 소비하지 않으며, 타고난 이기심과 탐욕에도 불구하고, 또 오직 자신의 편의를 위함에도, 오직 자신의 헛되고 만족할 수 없는 욕망을 충족하기 위해 수천 명의 노동자를 고용한 것임에도, 결과적으로 모든 개선의 과실을 가난한 사람들과 나눠 갖는다.*

---

*   Ibid.

그 귀결은 다음과 같았다.

부자들은 보이지 않는 손에 이끌려 삶의 필수품들을 대지가 모든 거주민 사이에서 동등한 몫으로 나뉘어져 있었을 때와 거의 똑같이 분배하고, 따라서 의도하지 않은 채, 알지 못한 채 사회의 이익을 증진시키며 종의 증식을 뒷받침한다.**

유산자와 무산자의 상호작용은 제로섬 게임이 아니었다. 스미스는 기독교 도덕이론가들의 섭리주의적인 표현을 사용하면서 (혹은 놀리듯이 흉내 내면서) 다음과 같이 말했다. "신의 섭리가 대지를 지배자 몇 명에게 나눠줬을 때, 신의 섭리는 이 배분에서 소외된 것처럼 보인 자들을 잊지도 버리지도 않았다." 인간의 행복은 훨씬 더 광범위하게 분배되었다. "무산자들 역시 대지가 생산하는 모든 것에서 자기 몫을 즐긴다. 인간 삶에서 진정한 행복을 구성하는 것을 기준으로 보면, 그들은 그들보다 훨씬 위에 있는 것처럼 보이는 사람들보다 결코 열등하지 않다."***

이러한 결과를 보장해주는 메커니즘은 바로 인간의 상상력이 지닌 유연성과 인체의 물리적 역량 간의 불일치, 인위적인 정신적 욕구와 육체적 욕구 사이의 불일치, 다르게 말하면 도덕적 인간 l'homme moral과 육체적 인간 l'homme physique 사이의 긴장이

**   Ibid.
***   Ibid.

었다. 인간 정체성의 이 두 측면 사이에서 일어나는 상호작용은 (아마도 가장) 중요한 루소적 주제였다. 《도덕감정론》의 '보이지 않는 손' 구절에서 스미스는 사실 루소가 기꺼이, 심지어 열정적으로 동의할 수 있었던 주제를 그려내고 있었던 것일 수도 있지 않을까?

　　이것은 세심하게 다뤄야 할 중대한 연결점 중 하나다. 루소와 스미스가 사유재산 문제에 대해 매우 다른 해결책을 제안한 것은 분명 사실이다. 여기에서 스미스는 루소의 상업사회 이해에서 핵심적인 사항 하나를 포착했다. 그러나 여기서 두 사상가의 대립을 지나치게 단순화해 파악하는 것은 우리에게 그다지 도움이 되지 않을 것이다. 스미스가 개진한 논변 밑바탕에 있는 설명의 요지는 루소가 전적으로 수용할 만한 것이었다. 루소는 출간된 저작인 《에밀Émile ou De l'éducation》(1762)에서, 또 중도 폐기한 걸작 《정치제도Les institutions politiques》의 여러 조각 글에서 스미스와 동일한 생각을 직접 표현한 바 있다. 루소는 부자들이 신체적 차원에서 가난한 사람들과 다를 바가 없다는 점을 되풀이해서 말했다. (만약 그렇지 않다면 혁명으로 인해 사회적 위계질서에서 두 계급의 위치가 뒤집힐 경우 그들에게 무슨 일이 일어나게 될지 루소는 질문했다.) 육체적인 소비 양상에서도 부자와 빈자 사이에 별다른 차이가 없다는 사실을 알기란 어렵지 않은 일이었다.

　　이러한 생각이 드러난 가장 흥미로운 사례는 자연상태란 곧 개인들 간의 전쟁 상태라는 홉스적 관념을 루소가 반박한 대목이었다. 홉스에 따르면, 개인은 만족할 수 없는 욕망을 품게 되고 그렇기에 국가 없이는 서로 끝없는 전쟁을 치를 수밖에 없었다. 그런데 루소가 보기에는 인간의 충족 불가능한 욕구와 그것에서 비롯된 원초적 상태에 대한 홉스의 해석에 심각한 문제가 있었다. 부자들이 자신들의 방대한 땅에서 거둔 모든 열매를 실제로 다 먹어 치울 것이라고 도대체 누가 믿겠는가? 다른 사람에게 제공하기 위한 용도가 아니라면, 땅에서 거둔 농산물이 그 자체로 무슨 소용이 있었겠는가?

> 쓰이지 않을 것이면 풍부한 재물이라한들 무슨 쓸모가 있으며, 온 우주를 소유하더라도 거주민이 소유자 단 하나라면 이 모든 게 무슨 소용이 있는가? 뭐라고? 그의 위장이 대지의 열매를 전부 다 먹어 치우겠는가? 누가 그를 위해 대지 곳곳에서 생산한 곡식을 모을 것이며, 누가 그의 제국의 증거를 그가 절대로 머물지 않을 광대한 황무지로 운반한단 말인가? 그가 자신의 보물로 무엇을 할 것이며, 누가 그의 양식을 소비할 것이며, 그가 누구의 눈앞에서 자신의 권력을 발휘한단 말인가?*

루소의 요점은 명확했으니, 부자라한들 위장의 크기는 다른 이들과 매한가지라는 것이었다. 루소의 주장이 스미스의 주장과 판박이임은 분명했다.

---

* Jean-Jacques Rousseau, "The State of War," in V. Gourevitch (ed.), *The Social Contract and Other Later Political Writings* (Cambridge: Cambridge University Press, 1997), p. 165.

인간의 힘과 크기에는 자연이 정해둔 한계가 있으며 누구도 그 한계를 넘을 수 없다. 어떤 각도에서 보더라도 인간은 자신의 모든 능력에 제한이 있다는 것을 알게 된다. 그의 삶은 짧고 유한하다. 재산이 늘어난다고 위장이 커지는 것은 아니며, 정념이 아무리 커지더라도 그의 쾌락에는 정해진 한도가 있다. 그의 마음도 다른 모든 것과 마찬가지로 제한이 있으며 즐거움을 향유할 수 있는 그의 역량도 언제나 동일하다. 자기 생각 속에서 스스로의 크기를 부풀릴 수 있을지언정 그는 여전히 작은 존재로 머물러 있다.*

루소의 전반적인 논점은 자존심이 사회성을 추동하는 주체라는 것인데, 이런 점에서 그는 홉스가 《시민론》에서 내놓았던 주장을 반복하고 있었다. 비교를 통해 인정을 추구하는 심리는 사회의 존재를 전제했으며, 또 사회 속에서만 의미가 있었다. 타인과 상호작용하지 않는 자아는 자존심을 느낄 수조차 없었다. 부자들은 자신들의 방대한 소유가 낳은 산물을 홀로 모두 소비할 수 없었다. 강자와 권력자는 전쟁에서 모든 경쟁자를 죽일 수 없었다. 그러면 누가 남아서 그들의 우월함에 경탄하겠는가? 그들을 섬길 사람이 없어지지 않겠는가? 사유재산과 불평등에 대한 순진하고 도덕적인 해석들은 완전히 비현실적이었다. 루소는 적을 죽이는 대신 노예로 만들 수도 있는 일이라고 지적했다.

---

*   Ibid., p. 168.

마찬가지로 가난한 사람들을 소유의 과실로부터 배제하는 대신 그들을 시장의 노예나 임금의 노예로 만들 수도 있었다. 여기에 마르크스적 함의가 짙다는 것은 분명하지만, 이때는 마르크스가 자신의 책을 쓰기 90년 전이었다.

  이 문제를 더 논의하기 전에 내가 지금 인용하고 있는 문헌의 성격에 주목할 필요가 있다. 이 글은 《정치제도》라는 [미완성] 저작의 일부분인데, 후대에 《전쟁 상태L'état de guerre》(1756)라는 제목이 붙게 된다. 이 글의 중심 주장은 근대의 진정한 전쟁 상태는 일국 내의 개인들 혹은 사회계급들 사이에 존재하는 것이 아니라 국가들 사이에, 즉 국제적 무정부 상태의 영역에 존재한다는 것이었다. 불만족과 탐욕이 초래하는 진정한 문제는 (부자인지 아닌지와 무관한) 개인들의 행동이 아니었다. 그것의 위험은 자연인natural person이 아닌 국가인격state person에서 비롯되었다. 루소는 여기서 국가를 법인격corporate person으로 바라보는 자신의 국가이론을 충분히 활용했다. (이는 비록 《백과전서》에서 조쿠르Chevalier Louis de Jaucourt의 이름으로 나온 〈국가État〉 항목의 핵심적인 발상이긴 했지만, 아마도 홉스로부터 가져온 관념일 것이다.) 루소는 개별 자연인이 지닌 한계와의 비교를 통해 국가에 대해 다음과 같이 썼다.

  그와 대조적으로 인위적 신체인 국가는 확실한 척도가 없고 적절한 크기의 기준이 명확하게 정해져 있지 않으며 언제나 크기를 증대할 수 있을 뿐 아니라, 자신보다 더 강력한 다른 국가가 존재하는 한 스스로가 약하다고 느긴다. 국가의 안보와 보전은 모든 이웃국가보다 더 강해질 것을 요구한다. 국가는 단지 이웃의 희생으로써만 자신의 힘을 확장·충족·행사할 수 있을 뿐이다. 국가는 외부에서 자신의 존속을 위한 방법을 구할 필요가 없음에도 끊임없이 외부를 바라보며 자신에게 더 큰 안정성을 가져다줄 수 있는 새로운 구성원들을 찾는다. 자연의 손은 인간 사이의 불평등을 제한했으나, 사회들 사이의 불평등은 끝없이 자라날 수 있으며 하나가 다른 모두를 흡수할 때에야 멈춘다.*

이 대목의 언어는 루소 본인이 《백과전서》의 〈정치경제〉 항목에서 국가가 성장해야 할 필요성을 분석하면서 사용한 언어와 매우 흡사하다. 거기에서 루소는 마키아벨리의 《로마사론》에 나오는 유명한 구절을 정면으로 거부했다. 그 구절에서 그 피렌체인(마키아벨리)은 필요하다면 정복을 통해서라도 자신의 부와 영광을 지속적으로 증대시키는 국가들을 분명하게 선호한 바 있었다.** 현재 〔스위스〕 뇌샤텔Neuchâtel에 위치한 루소기록보관소가 소장 중인 《정치제도》의 한 대목, 즉 앞서 인용한 조각 글에서 루소는 〈정치경제〉 항목에서 개진한 주장을 더 상세하게 풀어냈다. 루소는 군국주의와 제국주의를 일관되게 비판했는데, 이 글에서 그는 자신이 민족주의의 적이기도 하다는 점을 보여

---

*   Ibid., p. 169.
** Machiavelli, *Discourses on Livy*, bk. 2, chap. 4.

주었다. 민족주의는 자연인이 아니라 국가인격에 적용된 자존심이었다. 루소에 따르면 국가는 자연인의 경우보다 훨씬 더 강하게 자존심에 의해 추동되었으니, 국가의 경계가 훨씬 더 유동적이고 모호했기 때문이었다. 국제적인 힘의 경쟁에 참여하는 행위자의 수는 가장 작은 민족사회의 구성원보다 훨씬 적었다. 국제적인 층위에서는 인정 추구만이 전부였으며, 그것은 잔인할 정도로 노골적이었다. 인접국이 성장하면 다른 나라들은 그에 특별히 대응하지 않는 한 성장국과 비교되어 자동으로 더 작아 보이게 되었다. 인위적인 국가인격들은 약하고 불안정했다. 국가의 심리는 개개인의 병적인 정신보다 훨씬 더 치열하게 교화되어야만 했다. 민족 혹은 국가들이 지닌 정념은 위험한 것이었으며, 그중에서도 가장 위험한 것은 공화국들의 정념이었다.

루소는 "수많은 저술가들이 정치체에는 정념이 없으며 이성 그 자체 외에 다른 국가이성은 존재하지 않는다고 감히 주장해왔다"고 썼다. 이어서 그는 다음과 같이 말했다.

> 마치 사회의 본질이 이와 반대로 구성원의 활동에 있으며 움직임이 없는 국가는 시체에 불과하다는 점이 명백하지 않다는 듯 말이다. 마치 가장 잘 구성된 사회가 또한 가장 활기찬 사회이기도 하다는 사실을 온 세상의 역사가 보여주지 못하기라도 했던 것처럼, 그리고 사회 외부에서만큼이나 내부에서도 그 구성원들 사이에 작용과 반작용이 거듭되는 상태가 정치체의 전신에 활력이 깃들어 있다는 증거가 되지 못하기라도 했던 것처럼 말이다.*

루소의 결론은 매우 분명했다. "이런 국가가 지속되기 위해서는 움직임의 활력이 결핍된 상태를 정념의 활력을 통해 메워야 하며, 국가의 힘이 약해지는 꼭 그만큼 국가의 의지가 더 활발해져야 한다."**

국가가 성장함에 따라 공공 정신은 해이해질 수밖에 없었다. 그것에 다시 생기를 불어넣기 위해서는 행동이 필요했는데, 그 행동은 대체로 팽창적이고 공격적이며 인접국에 적대적인 면모를 띠었다. 기실 국가의 (이러한 개념이 존재한다면 전적으로 비교적인 혹은 상대적인 개념으로만 사용할 수 있는) 경제적 위대함을 보존할 수 있는 가장 쉬운 방법은 필요하다면 군사적 수단을 통해서라도 이웃국가들의 성장 경로에 장애물을 배치하여 그들을 가난하게 만드는 것이었다. 이는 스미스가 중상주의를 겨냥해 내놓았던 비판적 분석의 루소적 판본이었다. 스미스는 중상주의가 경제정책의 한 형태로서 국제적으로는 타국을 향한 민족적 적개심에, 국내적으로는 국가의 권력 확장에 기초하고 있다고 주장한 바 있었다. 루소와 스미스 둘 다 유럽이 중상주의 체제로 인해 겪는 곤경에 근심했으며 그에 대한 개선책을 찾고 있었다. 그들이 제안한 해결책은 6장에서 논의할 예정이다.

그러나 일단은 상업사회가 국가 내부에 유발하는 문제들로 돌아가보자. 지금까지 살펴본 것처럼, 부유층의 잉여는 시장을 통해 분배되었던 만큼 사유재산 및 그것이 소유로부터 배제

---

*　　Rousseau, "State of War," p. 169.
**　　Ibid., p. 170.

된 무산계급의 불행에 끼친 영향은 핵심적인 쟁점이라 할 수 없었다. 오히려 진정한 문제는 시장의 부당한 작동이 초래한 경제적 노예화였다. 루소의 《인간불평등기원론》의 아주 유명한 구절에서 사람들이 좀처럼 주목하지 않는 지점 하나를 살펴보도록 하자. 바로 야금술과 농업의 발견을 "치명적인 사고"라고 부른 부분이다.*** 여기서 핵심은 야금술에 관한 것이다. 《인간불평등기원론》 제2부 도입부에 등장하는 사유재산에 대한 루소의 유명한 항변은 토지 재산, 다시 말해 농업과 관련된 사유재산을 염두에 둔 것이었다. 야금술은 달랐는데, 그로 인해 새로운 종류의 재산이 발명되거나 하지는 않았기 때문이다. 일반적인 해석에 따르면, 야금술이 "치명적인 사고"인 까닭은 그것이 자존심의 영향 아래에 놓인 문명의 역사적 발전을 특징짓는 인위적인 욕구가 나선형으로 성장하는 과정을 빠르게 진전시켰기 때문이다. 이 사실과 별개로 루소가 야금술을 "치명적인 사고"라고 부른 데는 또 다른 이유가 있었다. 야금술은 토지에서 분리된 경제적 노력의 한 종류, 즉 '공업'을 일으켰다. 야금업자는 식량을 생산하지 않고 자신의 제품을 식량과 교환했다. 이는 노동 분업에서 커다란 진전이었다.

이것이 커다란 진전이었던 이유는 바로 사회에서 두 계급의 노동자, 즉 식량을 생산하는 노동자와 공예품을 생산하는 노동자를 만들어냈기 때문이었다. 공업계급은 그들의 생산물을 농업계급의 작물과 교환해야만 식품을 얻을 수 있었다. 이 논리

***   Rousseau, "Second Discourse," p. 167.

에 따르면, 농업이 전체 체계의 작동에서 중추적인 역할을 맡아야 했다. 그런데 루소는 두 경제계급 사이에 적절한 균형이 이뤄지지 못했다는 점에서 야금술의 등장이 치명적이었다고 주장했다. 그는 공업과 농업 간의 교환 조건들이 근본적으로 편향되어 있다고 보았다. 공업은 그 본성상 농업보다 무한히 더 역동적이었다. 그것은 처음부터 일종의 혁신이었고, 수요나 욕망이 있는 새로운 물건들을 계속 생산했다. 그 결과 농업과 공업의 교역 조건은 처음부터 농업에 불리하게 기울어졌다. 식품은 싸고 공업 제품은 비쌌다. 이로 인해 점차 공업과 도시(또는 공업 활동이 수행된 곳)가 농업과 농촌 인구를 지배하는 세상이 되었다. 루소는 이것이 결국 엄청난 인구 위기를 초래할 수밖에 없다고 설명했다. 야금술의 등장이 가져온 주된 경제적 효과란 근대 경제의 이와 같은 비극적인 불균형이었으며, 이는 사회 붕괴와 인구 감소로 이어질 수 있었다. 이것이 루소가 《인간불평등기원론》의 주석에서 생생하게 표현했던 주된 두려움이었다. 물론 이 문제는 당대인들을 사로잡은 경제적 쟁점이기도—적어도 그중 하나이기도—했다. 스위스가 바로 이러한 과제에 직면한 나라였으나, 이 문제가 더 심각했던 나라로는 아마도 프랑스를 꼽을 수 있겠다. 국채 문제를 제외하면, 공업과 농업 사이의 불균형, 또 도시와 시골 사이의 불균형은 18세기 프랑스의 가장 큰 골칫거리이자 루이 14세와 장-바티스트 콜베르Jean-Baptiste Colbert의 치세가 남겨놓은 가장 해로운 유산이었다. 이는 스미스에게도 역시 중요한 문제였다. 해당 과제에 직관을 거스르는 답변을 내놓았다는 것, 이것이 《국부론》의 내용을 가장 간단하게 정리하는 설명이다. 스미스는 농업과 공업 사이에 불균형이 존재하며, 그것이 엄청나게 중요한 문제라는 점을 인정했다. 하지만 스미스는 공업을 억압하는 방식으로 공업과 농업 사이의 불균형을 바로잡는 것이 아니라 사회에서 공업의 주도적 역할을 유지하고 심지어 증대시킴으로써 농업과 공업 사이의 교역 조건을 수정하는 방식으로 사태를 해결해야 한다고 주장했다. 즉 농산물의 가격 상승을 허용해야 했다. 그래야 농업 활동이 수지가 맞는 일이 되고 역동성을 얻게 될 것이기 때문이었다. 스미스는 18세기에 관찰되는 공업과 농업 사이의 불균형이 단순히 최근의 잘못된 정책에서 기인한 결과가 아니라 근대 유럽 경제사를 형성한 핵심 요인이라고 주장했다. 유럽이 바로 이러한 불균형을 활용해 세계의 발전소로 성장했다는 것이 스미스의 설명이었다. 이를 역행하려는 시도는 유럽 전체의 경제를 위험에 빠뜨릴 수 있었다.

더욱 의미심장하게도 스미스는 이러한 불균형이 봉건시대 이후 유럽이 자유를 되찾는 데 대단히 중요한 공헌을 했다고 주장했다. 스미스가 자유를 법체제의 출현과 연결지었고 법치가 도시화된 상업사회의 자연적 산물이라고 주장했음을 기억해야 한다. 유럽이 봉건시대 이후 자유를 얻은 것은 도회지와 도시가 경제 회복을 이끌었기 때문이었다. 도시의 경제적 비중이 커짐에 따라 도시 법률문화의 중요성도 크게 증대했다. 따라서 도시의 영향력을 감퇴시킬 경우 봉건제 이후의 유럽 정치체제 전체가 위험에 빠질 수 있었다. 이러한 주장을 뒷받침하기 위해 스미스는 일석이조의 해답을 생각해낼 필요가 있었다. 그는 도시의 경제와 도시의 자유가 지배적인 상태를 유지하길 원했다. 그러나 동시에 그는 유럽 경제의 토대에서 불균형과 불의를 혁파할 수 있도록 농업이 도시의 발전을 따라잡길 원했다. 법과 정부의 역사에서 제2부에 해당하는 근대 유럽의 자유의 역사는 바로 이 문제를 해결하기 위해 설계되었다. 이 내용이 《국부론》 제3권이 된 것은 그러한 이유에서였다.

루소는 이 주제를 놓고 무슨 생각을 했을까? 이것이 그에게 다른 무엇보다도 중요한 쟁점이었음은 분명하다. 흥미롭게도 '사치'라는 단어는 디종 아카데미에 제출된 판본의 《인간불평등기원론》 본문에는 등장하지 않는다. 해당 단어는 그 본문에 첨부된 주석, 구체적으로는 도시와 시골 간의 불균형이 야기할 수 있는 임박한 인구 재난을 논의하는 맥락에서 등장했다. 루소는 사치가 인구 감소를 초래하고, 그것이 유럽의 힘을 약화하게 될 것이라고 주장했다. 그는 필요하다면 극단적인 수단을 통해서라도 이러한 추세를 멈추지 않으면 안 된다는 것을 알고 있었다. 하지만 도대체 어떻게 사치를 일소할 수 있단 말인가? 루소는 평등주의적인 실험이나 자연적 풍요에 대한 환상을 모두 배제했다. 자연적으로 불평등한 개인에 기반을 둔 경제를 평등주의적 의무로 속박하는 해법은 애초에 불가능했다. 루소는 사유재산 그 자체나 거래가 이뤄지는 교환사회를 반대하지 않았다. 그는 강제에 기반을 둔 계획경제를 원하지 않았다. 근본적으로 루소는 일종의 자유지상주의자였다. 그는 경제를 상호적이고 정의로운, 즉 평등한 노동의 교환으로 정의했다. 그는 농업노동과 공업노동이 적절하게 평가되고 공정한 기반 위에서 교환되어 두 경제 영역이 정당한 조건 아래에서 교역하게 되는 상황을 바랐다. 그는 누구나 일자리를 구하여 자신에게 필요한 물품을 임금과 교환해서 얻을 수 있는 사회를 원했다. 루소가 보기에 상업사회의 구성원 자격은 노동을 통해 취득되어야만 했다. 《에밀》에서 명확하게 표명된 이러한 견해가 1789년의 유명한 소책자 《제3신분이란 무엇인가?Qu'est-ce que le Tiers-État?》에서 시에예스가 제시한 몇몇 견해의 기원임은 분명하다. 사회의 구성원이 되기 위한 자격이 무엇이냐는 질문에 시에예스는 루소적인 답변을 내놓았던 것이다. 즉 일을 하지 않는 사람들은 사회의 제대로 된 구성원이 아니므로 대표될 자격이 없다는 것이 시에예스의 주장이었다.*
루소는 노동에 의해 그리고 노동을 통해 구성된 사회에서 교환 수단으로서의 화폐를 배제하려 하지 않았다. 그는 어떻게 하면 사회 내부에서 화폐적 절차들에 대한 실질적인 통제력을 얻을 수 있는가, 즉 어떻게 하면 가격 기제를 이해·통제·개혁할 수 있는가를 알아내고자 했다. 결국 그의 불만은 농산품의 가격이 농산물의 진정한 가치를 나타내지 못한다는 점, 공업과 농업의 교역 조건이 체계적으로 편향되어 있다는 점에 있었다. 1755년에 출판된 아일랜드 은행가 리처드 캉티용Richard Cantillon의 유작에서 힌트를 얻은 루소는 화폐수량설을 받아들였는데, 이는 가격이 사회 내의 통화량에 따라 달라진다는 것을 의미했다.** 부유한 사회는 더 많은 돈을 보유했으며 그만큼 물가가 높았다. 그

---

* Sieyès, "What Is the Third Estate?," pp. 94–95, 134.
** Richard Cantillon, *Essai sur la nature du commerce en général*, ed. H. Higgs (London: Macmillan, 1931).

러나 높은 물가는 역사적으로 사회의 다양한 계급에 천차만별의 영향을 끼쳐왔다. 루소는 그중에서도 농업 부문 종사자의 수입이 상대적으로 뒤처질 수밖에 없다고 추정했다. 다시 말해 농업 종사자와 일반인은 근대적 산업 생산품의 높은 가격 때문에 고통받았다. 특히 사치와 유해한 생활 환경으로 가득한 도시의 높은 사망률로 인해 악화되고 있던 인구학적 재앙은 이러한 상황이 끼친 영향을 뚜렷이 드러냈다. 그러한 상황에서 균형을 바로 잡고자 한 루소에게 문제는 그 방법을 찾는 것이었다.

이를 이해하기 위해서는 그 토대에 있는 루소의 경제적 균형성장 이론, 사실상 인류 문명 그 자체의 균형성장에 대한 그의 이론을 이해할 필요가 있다. 이러한 균형은 분명 도시와 시골 사이에, 공업과 농업 사이에 공정한 비례를 만들어내야만 했다. 그러나 루소가 추구한 균형은 또한 문명개화 과정 전반의 균형 잡힌 본성과도 연결되어 있다는 점에서 훨씬 더 심원한 것이기도 했다. (동일한 현상을 가리키는 두 형용사인) 자연적 혹은 물리적 인간이 가진 선$_善$은 도덕적인 선의 한 형태가 아니었다. "인간은 천성적으로 선량하다$_{bon;\ good}$"* 혹은 "무엇이건 창조자의 손을 떠나는 그 시점에는 옳다$_{bien;\ right}$"**와 같은 발언은 루소가 인간은 적어도 역사의 시작점에서는 어떤 의미에서 선했다고 바라보았음을 암시하는 근거로 흔히 간주되고 있으며, 이는 문명인

---

*　　Rousseau, *Lettre à Christophe de Beaumont*, in B. Gagnebin and M. Raymond (eds.), *Oeuvres complètes* IV (Paris: Gallimard, 1969), pp. 935–36.
**　　Rousseau, *Émile*, bk. 1, OC 243, p. 161.

에 대한 루소의 비판적인 평가 및 이해와도 잘 들어맞는 것처럼 보인다. 루소의 '슬픈'(즉 '낙관론자'의) 체계(적어도 근대적 어법에 비춰보면, 이것들은 루소 스스로가 직관에 반해 사용한 용어들이었다)의 틀을 만들어낸 신정론에서 '악'은 주로 물리적 악을 가리키는 말로, 자신에게 닥쳐온 불행에 아무런 대응을 할 수 없었던 개개인이나 인류 전체에게 일어난 사건들을 묘사하는 데 사용되었다. 《고백록 Les Confessions》(1782~1789)에서 루소는 자신이 《인간불평등기원론》에서 다음과 같이 외쳤다고 말했다. "자연에 대해 끊임없이 불평하는 바보들이여, 그대들의 모든 악(불행)이 그대들 자신 때문이라는 것을 알아야 한다."*** 이는 《에밀》의 주요 논지이기도 했다. 《에밀》은 본질적으로 낙관적인 방식으로 포문을 열었다. "무엇이건 창조자의 손을 떠나는 그 시점에는 옳다. 모든 것은 인간의 손에서 타락한다."**** "우리의 가장 큰 악은 우리 자신으로부터 기인한다"는 루소의 주장대로라면 정치이론은 인간의 가능태가 아니라 현실태에서 출발해야 했다. 이는 그가 《사회계약론》 서두에서 제시했던 주장과 동일했다. 법은 바뀔 수 있었지만 인간은 그럴 수 없었다.

알렉산더 포프 Alexander Pope의 "존재하는 것은 무엇이건 옳다"(이 '옳다 right'는 프랑스어 '좋다 bien'로 번역되었다)라는 문구를 인용한 루소의 의도는 무엇이었을까?***** 루소가 지칭한 대상

***   Rousseau, *Confessions*, bk. 8, OC I.389, p. 326.
****   Rousseau, *Émile*, bk. 1, OC 243, p. 161.
*****   Alexander Pope, *An Essay on Man* (1733/34), in Herbert Davis (ed.), *Poetical Works* (Oxford: Oxford University Press, 1966), epistle I, 294;

은 《인간불평등기원론》 제1부를 통해 반박했던 주장, 즉 인간의 허약함과 무능함이 사회 발생의 근본 원인이라는 주장이었다. 그는 자연적 인간이 약점 없이 "선했다"고 주장했다. 평화를 어지럽히고 악의 원인이 된 것은 바로 인간이 복합적인 존재라는 사실이었다. 인간은 동물 중에서는 독특하게도 질적으로 상이한 두 종류의 물질로 만들어졌다. 루소는 인간의 본질이 "감각이 있는 '물질'과 감각이 없는 '물질' 모두로부터" 비롯된다고, 다시 말해 인간의 모순된 본성이 인간이 육체와 영혼, 혹은 육체와 정신으로 만들어졌다는 사실로부터 형성된다고 주장했다. 따라서 그에 의하면, "인간이 속한 그 어떤 체계에서도 육체적 악은" 불가피했다.*

    루소의 것인 양 인식되는 두 관념, 즉 본래 인간의 삶이 선했다는 관념이나 이어지는 인류의 발달 과정에서 우리의 악이 우리의 선을 넘어서게 되었다는 관념 중 어느 쪽도 실제로는 루소 자신의 견해가 아니었다. 선이란 단순히 초창기에 있었던 생물과 서식지 사이의 조화일 뿐이었으며, 이는 모든 동물의 운명(또는 행운)이었다. 인간의 서식지는 달라졌으나 인간 본능에서 그에 상응하는 신체적인 적응은 촉발되지 않았고, 이로 인해 인간은 선을 상실하게 되었다. 대신 서식지의 변화는 정신적(즉 도덕적 혹은 사회적) 적응을 촉발했다. 정신적 적응을 통해 신체

---

epistle IV, I, 394.
*   Jean-Jacques Rousseau, "Letter to Voltaire," in Gourevitch (ed.), *The Discourses and Other Early Political Writings*, p. 234.

능력을 인위적·사회적으로 확장시킬 수 있었다는 것이 인류의 생존 비결이었다. 인간은 새처럼 나는 법을 배울 수 없었지만, 비행기를 만들 수 있었다. 루소의 어휘 사용에서 '개선 가능성 perfectibilité'은 이 현상을 가리키는 말이었다.** 인간은 동물적 욕구, 즉 이미 정해져 있는 자연적 혹은 신체적 욕구라는 감옥에서 탈출했다. 인간의 정신과 상상력은 새로운 인공적 욕구를 만들어냈다. 인간은 이렇게 만들어진 욕구를 만족시키기 위해 안간힘을 썼다. 이것이 인간을 끌고 가는 원동력이었고, 사회 속에서 인간은 끊임없이 이 힘에 반응했다. 문제는 인간이 꿈꾸거나 상상하기만 할 수 있는 것이 아니라 이 꿈들을 실현할 수 있다는 것이었다. 언제나 모든 꿈을 곧바로 실현할 수 있는 것은 아니었으나, 시간이 지나면서 인간은 도전에 응할 준비를 갖추게 되었다.

세간에서 부여한 견유학파로서의 이미지, 디오게네스로서의 이미지에 따르면 루소는 정신이 육체에 가하는 속임수에 전적으로 반대했던 인물이었다. 그러나 정제된 혹은 섬세한 견유주의는 본성적인 혹은 동물적인 성욕을 해소하기 위해 군중 앞에서 자위행위를 하는 나무통 속의 철학자가 가진 최소주의적 신념과는 달랐다. 루소에게 인간은 발전하거나 문명화하는 동물이었는데, 이는 몸과 정신 사이의 창조적인 긴장감 때문이었다. 관건은 도덕적 악을 다량으로 발생시키지 않으면서 이러한 긴장을 잘 활용할 방법을 찾는 일이었다. 그에 대한 답은 정신과 신체가 발전하는 궤적을 일치시켜야만 하며, 양자 사이의 격차를

**   Rousseau, "Second Discourse," pp. 148, 159.

줄이는 게임을 섬세하게 치러내야만 한다는 것이었다. 이를 위한 과제는 인위적인 욕구의 매력과 그것을 만족시키는 인간의 능력이 서로 너무 동떨어지지 않도록 하거나, 그 둘이 너무 오랫동안 서로 떨어진 채로 유지되는 나머지 엄청난 긴장과 고통을 초래하는 사태를 피하는 데 있었다. 루소의 말에 따르면, 욕구와 힘은 조화롭게 발맞춰 함께 성장해야만 했다.

    루소가 알고 있었던 대로, 조화로운 성장은 거의 일어나지 않았다. 인류 발전은 비약적인 방식으로 이뤄졌다. 정치경제의 영역에서 루소가 주로 거론한 사례는 정확히 이번 장에서 논의한 주제, 즉 산업 발전과 농업 발전에서 나타나는 불균형이었다. 루소는 경제 발전이 그 자체로 잘못된 것이라거나 악이라고 생각하지는 않았다. 잘못된 것, 피해를 초래하는 것, 도덕적으로 악한 것은 바로 불균형성장이었다. 도시, 사치, 공업의 급속한 성장은 농업을 취약하게 만들어 지속적인 식량 공급 문제를 발생시켰고, 종종 빈곤과 기근, 즉 인구 재앙과 환경 재앙을 초래했다. 그렇다고 해서 인간이 마치 원시적인 수렵인-채집인 시절로 돌아간 것처럼 네 발로 기어 숲속으로 돌아가 다시 도토리를 먹어야 할 필요는 없었다. 루소는 일부 독자들이 자신의 글을 읽으면서 이처럼 몹시도 어리석은 결론을 도출했다는 사실에 경악을 금치 못했다. 그가 원했던 것은 노동과 개인의 사유재산을 기반으로 한 사회였다. 그런 사회는 모든 것이 균형 있게 성장하는 교환 기반의 상업사회로 발전하게 되며, 그곳에서 육체와 정신 사이의 창조적 긴장은 인간-자연 관계와 인간-인간 관계, 즉 사회적 관계에서 조화롭게 활용될 것이었다.

이런 균형성장의 열망은 루소 시대의 프랑스 정치를 주도하는 관념 중 하나였다. 루이 14세 치세에 프랑스는 위대한 국가로 도약하게 되었으나, 이는 경제와 사회의 균형을 의도적으로 무너뜨리는 대가를 요구했다. 콜베르주의Colbertism로 알려진 이 정책은 프랑스의 재앙이라고 일컬어지는 사태를 낳았다. 18세기는 이러한 상태로부터 회복해야 한다는 열망으로 가득했다. 그러한 흐름의 선지자 격이었던 캉브레 대주교 페늘롱은 계몽의 시대에 종교서가 아닌 책 중에서 가장 널리 읽힌 《텔레마코스의 모험》을 썼다. 루소가 《에밀》에서 등장인물인 에밀과 소피가 반드시 읽어야 하는 당대 최고의 정치적·도덕적 설화로 제시했던 바로 그 책이었다. 페늘롱은 루이 14세가 위대함을 추구했던 고대 로마의 과업을 다시 시작하고자 했으며, 그에 필요한 자금을 조달하기 위해 콜베르의 힘을 빌려 프랑스에서 사치의 번창을 촉진시켰다고 생각했다. 이 시도는 근본적으로 프랑스의 사회적 상상의 중심부에서 포퓰리즘적 자존심이 활개치도록 만들었을 뿐만 아니라, 사치가 번창할 여건을 만들고자 도시의 불균형성장을 조장하는 결과를 낳았다. 군사적인 체제를 구축하는 데 필요한 막대한 수입을 창출하기 위해 공업을 육성하는 대가로 농업이 희생되었다.*

---

*   〔옮긴이〕 Graham Allen, "Godwin, Fénelon, and the Disappearing Teacher," *History of European Ideas*, 33:1 (2007), pp. 9-24; Doohwan Ahn, "From Greece to Babylon: The Political Thought of Andrew Michael Ramsay (1686-1743)," *History of European Ideas*, 37:4 (2011), pp. 421-37; Doohwan Ahn, "From Idomeneus to Protesilaus: Fénelon in Early

《텔레마코스의 모험》은 선한 왕 이도메네우스 치하에서 살렌툼Salentum을 건국하는 실험을 중요하게 묘사했는데—이는 이후 프랑스혁명기의 자코뱅파에게 스스로의 경제를 이해하는 모델을 제공했다*—그 핵심은 영웅적인 시도를 통해 균형 잡힌 경제를 창출하는 것이었다. 이 시도는 핵심적인 두 단계로 이루어졌다. 첫째는 사회와 경제의 균형을 가차 없이 재설정하기 위해 국가권력을 활용하고, 도시를 파괴하고, 사치 부문에 종사하던 인구를 농촌으로 추방하며, 사치와 경제적 불평등을 철폐하고, 사람들이 서로의 우월함을 과시하는 광경을 대신할 수 있는 일종의 상징적인 신분체계를 도입하여 인간 사이의 자연적 불평등을 드러낼 수 있도록 하는 단계였다. 마오쩌둥과 폴 포트는 이와 같은 계획을 20세기에 실행하려 했지만, 18세기 도덕주의자들과 경제 개혁가들의 마음속에 이미 근대 문명을 바로잡기 위한 폭력적인 혁명의 실험이 상존했던 셈이다.

그러나 루소와 스미스를 포함한 이들은 이 전망이 현실에서 그대로 시행된다면 얼마나 위험할지 알고 있었기에 계속해서

Hanoverian Britain," in Christoph Schmitt-Maaß, Stefanie Stockhorst, and Doohwan Ahn (eds.), *Fénelon in the Enlightenment: Traditions, Adaptations, and Variations* (Leiden: Brill/Rodopi, 2014), pp. 99-128; Andrew Mansfield, *Ideas of Monarchical Reform: Fénelon, Jacobitism, and the Political Works of the Chevalier Ramsay* (Manchester: Manchester University Press, 2015); Ryan Patrick Hanley, *The Political Philosophy of Fénelon* (Oxford: Oxford University Press, 2020).

* 〔옮긴이〕 혼트가 수립하고자 하는 이 페늘롱-자코뱅 계보는 혁명기 자코뱅의 경제사상을 극도로 단순한 도식에 욱여넣는 것으로서, 자코뱅파에 대한 적절한 역사적 연구의 바탕을 결여하고 있다.

더 평화로운 대안을 모색했다. 일단 이처럼 과격한 시정 조치가 이뤄진 다음의 과제는 원시 상태로의 복귀가 아닌 균형성장의 추구였다. 즉 복지가 지속적으로 증가하도록 만들되 도시가 다시 농촌을 앞지르지는 말아야 했다. 구조가 잘 잡힌 경제에서는 자유교환과 자유무역이 이뤄질 수 있었으며, 정치권력은 배후의 관리자 역할로 물러설 수 있었다. 설사 좋은 리듬을 만들어낼 지휘자가 필요하게 될지라도 일단 오케스트라가 구성되기만 하면 연주를 할 수 있었다. 다른 비유를 사용하자면, 잘 조성된 정원은 가끔 무질서한 성장을 막아줄 정원사가 필요할 때도 있겠지만 저절로 만개할 수 있었다(이것들은 균형 잡힌 경제를 묘사하기 위해 페늘롱이 사용한 유명한 비유였다). 중농주의자들은 너무나 인기 있던 이러한 생각에 기초하여 근대 경제학을 확립하게 된다.

  동시대의 많은 스위스인이 그러했듯, 루소 역시 페늘롱주의자였다. 그가 바란 것은 균형 잡힌 유럽과 이를 감독할 자유지상주의적 국가였다. 나중에 우리는 루소가 그런 국가의 정치적·경제적 작동 방식을 어떻게 상상했는지 살펴볼 것이다—그는 농업에 뿌리내린 가정경제들household economies이 연방의 형태로 평등하게 조직된 연결망을 토대로 하는 작은 공화국들 혹은 칸톤들cantons이 뭉친 공화주의적 연방의 모습을 떠올렸다. 지금 이 장의 나머지 부분에서 우리가 따져볼 것은 무슨 연유로 스미스가 이 계몽된 페늘롱주의 집단이 싫어하는 존재가 되었는가, 다시 말해 왜 스미스는 루소와 생각이 달라졌는가 하는 문제다.

  가치의 문제는 쟁점이 아니었다. 다른 많은 이들과 마찬가지로, 가치 선택의 차원에서 루소와 스미스의 입장은 거의 일치했다. 스미스는 교조적으로 덕성을 옹호하는 자들로부터 그들이 애지중지하는 꿈을 저버린 도덕적·정치적 배신자라는 비난을 받자 몹시 분개했다. 민병대 논쟁에서 스미스는 그것이 10대 소년들의 공민 정신을 배양하기 위한 여름학교로서는 그럭저럭 좋은 생각이고 반란 진압이나 필사적인 국토 방어에는 효과가 있을지도 모르지만, 경제적 초강대국 간에 발생하는 근대전에서는 쓸모없는 오합지졸에 불과하다고 주장했다. 관건은 근대적 덕성을 확보할 방법을 찾는 것이지, 그것의 유사품을 무대 위에서 오페라처럼 상연하는 것이 아니었다. (루소는 적어도 이 점에는 동의했다.) 스미스는 이러한 실수들이 감성적 어리석음의 소산이긴 하지만 단지 그게 전부라고 생각하지는 않았다. 그가 볼 때 오류의 핵심은 방법론에 있었다. 바로 이런 생각 때문에 스미스는 자신이 근대경제학의 토대로 여긴 자연법학에 대해 점점 더 거리를 두게 되었다. 이런 맥락에서 비교하자면, 루소야말로 경제학자였으며(중농주의자들은 이 점을 즉각 포착할 만큼의 눈치는 있었다) 스미스가 되려 신중하고 경험론적인 사상가, 즉 역사주의자였다.

이것은 4장에서 설명한 자연법에서 로마법으로의 회귀라는 문제로 우리를 다시 끌고 간다. 루소는 역사에 절망했다. 대신 그는 거대한 규모의 발전을 설명할 수 있는, 따라서 개혁으로 이어질 수 있는 도구를 찾고 있었다. 그 가장 명백한 예시인 《사회계약론》에 매우 명쾌하게 제시되어 있듯이 말이다. 루소에 따르면, "역사의 결함은 그것이 일반적으로 이름, 장소, 날짜를 통해 확정될 수 있는 뚜렷하고 분명한 사실만을 기록한다는 데 있다". 필요한 것은 "비록 구체적인 지목이 불가능하더라도 이러한 사실들에 작용하는 느리지만 꾸준히 나아가는 원인"을 발견하기 위한 방법이었다. 그는 역사가들이 이러한 원인 혹은 역학의 근본적인 심급을 "언제나 알 수 없는 일"로 남겨둔다고 한탄했다.* 루소는, 자신이 설계한 모형의 한 요소가 시간이라는 점에서 자신의 서술에 역사적인 면모가 있을지 모르겠으나, 자신이 구축하고 있는 것이 자연법학 또는 이론경제학임을 독자에게 주지시켰다. 그는 "사물의 일반적인 흐름" 속에서 통상적인 발전이 이뤄지는 과정을 알고자 했다.

스미스의 《국부론》 제3권, 또는 그가 프랑스의 모든 페늘롱주의자 및 자연법학적 사고방식에 얽매인 이들을 향해 내놓은 웅장한 답변은 바로 위의 방법론에 깃든 모순점을 단호하게 폭로하는 작업에서 출발했다. 자연법(역사의 일반적 과정)과 자연적 진보라는 모형이 고도로 추상적인 층위에서는 논리적으로 그리고 심지어 역사적으로도 정확하다는 것은 분명한 사실이었다. 그가 인정한 것처럼 "먼저 일어나야 할 일이 먼저 일어나는 것"을 포착해야만 발전의 순서를 올바르게 설정할 수 있다는 점은 명백했다. 사람들은 일단 기본적인 식량을 확보한 후에만 이국적인 사치품을 위한 세계적 무역에 착수할 수 있었다. 때로 이 순서가 왜곡될 수도 있었지만 그와 같은 왜곡은 체계적이지도, 오래 지속되지도 않았다. 하지만 현실을 짚어보면, 유럽은 성장

---

*   Rousseau, *Émile*, bk. 4, OC 529, p. 394.

의 균형이 정상 상태에서 체계적으로 이탈했으며 그에 더해 이런 상태가 여러 세기 동안 지속되어왔다. 프랑스 페늘롱주의자들은 콜베르주의를 루이 14세가 스스로의 허영심을 만족시키기 위해 고대 공화정 방식의 군주제를 부활시키려는 과정에서 야기된 단기적 일탈로 보았다. 스미스는 이러한 관점이 전적으로 틀렸다고 생각했다. 콜베르주의는 분명한 의도에 따라 시행된 정책이었으며, 단지 단기적인 목표조차 달성하지 못했을 뿐이다. 그러나 그 기저에는 근대 유럽사의 발전 과정 전반에서 반복적으로 나타나는 주제가 깔려 있었다.

  자연법과 그 소산인 '경제학'은 인류의 일반적인 발전에 대한 설명으로는 타당했을지도 모른다. 어쩌다 보니 그것이 유럽에는 들어맞지 않았을 뿐이었다. 앞서 4장에서 살펴본 바와 같이 고대 유럽에 그 나름의 특징이 있었다면, 그와 달리 근대 유럽은 사물의 일반적인 흐름, 즉 풍요의 자연적 진보라는 논리에 따라 발전한 사회가 아니었다. 스미스의 표현을 빌리자면 근대 유럽은 오히려 "질서에 역행해" 발전했다. 태양이 동쪽에서 뜨고 서쪽에서 지는 것이 사물의 통상적인 흐름이었다. 해가 서쪽에서 뜨면 질서가 뒤집힌 셈이니, 이는 최소한 특별한 설명이 필요한 일이었다. 스미스의 주장에 따르면, 유럽의 경제적 태양이 정말로 서쪽에서 떠오른 만큼 아주 특별한 설명이 절실했다. 바로 그러한 설명을 제시하는 것이 《국부론》의 집필 의도였다. 이 관점에서 보면 스미스는 자연법학자가 아니었으며, 따라서 '경제학자'도 아니었다. 물론 그가 분석을 수행하는 데서 소심한 면모를 보여준 것은 아니다. 그는 단지 분석적 사회철학자들이 목표를 잘못 설정했다고 생각했을 따름이었다.

둘 중 루소야말로 추상적인 분석적 사상가였다. 루소의 인기는 옥스퍼드를 포함한 근대 분석철학 진영에서 여전히 아주 높다. 분석적 정치사상이 오늘날에는 비록 좌파 자유주의라는 부적절한 명칭으로 알려져 있는 북미 공화주의의 표식이 되긴 했지만 말이다. 미국은 농업이 우선시되는 균형적 경제성장의 대표적인 사례가 될 것으로 예상되었다. 그러나 현실은 전혀 다르게 전개되었으며, 어떻게 그런 일이 일어날 수 있었는가 하는 논쟁은 여전히 치열하게 계속되고 있다.

스미스는 유럽의 경제 발전이 체계적으로 불균형하게 진행되었다고 생각했다. 그러나 동시에 그는 균형을 회복하려면 불균형에 정면으로 맞서기보다는 큰 흐름에 따르면서 상황에 따라 특별히 조정된 정책을 적용하는 쪽이 맞다고도 생각했다. 여기서도 핵심은 역시 유럽 경제 발전의 불연속성, 즉 고대와 근대 사이의 거대한 격차를 이해하는 데 있었다. 루소는《인간불평등기원론》에서 로마공화국의 상像을 그리고 난 후 칼뱅 이후 제네바 도시국가의 정치적 구조를 바로잡기 위해 고쳐야 할 문제들을 짚어냈다. 분석적 차원에서 루소는 초기 인류의 시작에서부터 18세기 프랑스 군주정에 이르기까지의 불균형적 경제성장을 설명하는 연속적 발전의 모형을 만들었다. 그러나 이렇게 연속성에 기초한 모델 중 무엇 하나도 유럽에서 일어났던 일을 설명하는 데 적합하지 않았다. 스미스가 서유럽 혹은 어쩌면 북유럽인들이 더 이상 토스카나 혹은 베네치아 석호국가 지역의 정치적 발전에 매혹되어서는 안 된다는 입장을 그토록 완고하게 견지했던 이유는 바로 여기에 있다. 이탈리아의 도시국가들, 그리고 나중에는 스위스의 도시국가들이 보여준 일견 고대 공화국과 같은 형태의 발전은 여러 면에서 유익한 참조점을 제공했다 할지라도 결국 유럽 전체의 관점에서 볼 때는 지엽적인 사건에 불과했다. 근대 유럽은 게르만적이었고, 영토가 넓고 대부분 시골이었으며, 탈고대적인 것이 아니라 탈목축적인 봉건제의 정치적 발전과 더불어 다시 움직이기 시작했던 것이다. 이러한 유럽에는 작은 도시국가 환경에서 일어나는 국소적 발전이 아니라 도시화된 농업-상업 사회로의 일반적인 전환이 필요했다. 문제의 핵심은 속도였다. 역사 일반의 관점에서 볼 때 인구 성장에 따른 압박을 받고 있는 상황에서는 이러한 전환이 빠르든 늦든(대개 늦지만) 결국 발생하기 마련이었다. 이것은 루소가 아프리카에 대해 말했던 것과 본질적으로 같은 이야기였다. 발전은 수만 년 혹은 어쩌면 수십만 년에 걸쳐 천천히 일어나게 되어 있었다. 예외적으로 급발진이 일어난 곳은 북부였는데, 루소도 이 이야기를 인류의 실제 역사로 간주했다. 루소는 사람들이 그가 제네바를 복음주의 개신교도들의 먼지투성이 작은 마을이라고 믿는다고 추정하자 분개했다. 그는 제네바가 시계 제조업자들의 번창하는 도시였다고 썼다. (그는 제네바에 극장이 있는 것을 원치 않았지만, 이것은 별개의 문제였다.) 그는 완전한 착각에 빠져 있지는 않았다. 커코디Kirkcaldy* 출신인 스미스도 북쪽에만 관심을 가

---

* 〔옮긴이〕 스코틀랜드 파이프주Fife Council 제2의 도시이며, 현재 인구는 약 5만 명이다. '커코디kɜːrˈkɔːdi'라고 발음한다.

졌으며 그곳에서 한 번 이상의 재앙이 일어났음을 깨달았다. 스미스는 게르만 목축인들이 역사적으로 볼 때 엄청나게 빠른 속도로 근대의 경제적 공화주의자가 되고, 일시적으로 세계의 주인이 된 상황을 설명할 수 있는 경제적 모형을 절실히 필요로 했다. 그들은 어떻게 그렇게 급속도로 근대적인 도시-상업 문명을 일구었을까? 하드리아누스 성벽까지 뻗어 있던 번영하는 로마 제국을 멸망시킨 이후 그들이 일군 근대적인 문명은 도대체 어디서 왔던 것인가? 상업과 도시는 왜 그렇게 빨리 생겨났을까? 권력구조에서 난공불락으로 보이던 목축민의 지배를 무너뜨린 것은 무엇인가?

스미스는 이러한 이행의 문제를 설명해내야만 했다. 그는 의회를 통해서건 아니건 그 어떤 반봉건적 혁명도 발생한 적이 없었음을 알았다. 목축사회는 그 내부에서부터 붕괴했던 것이다. 이 설명의 탁월함은 상업의 대두와 봉건제의 쇠퇴라는 두 사건의 원인이 동일하다고, 그것도 근접한 정도가 아니라 완전히 동일하다고 보았다는 데 있었다. 앞서 4장에서 언급한 바와 같이, 스미스는 도시의 정치가 아니라 도시의 경제적·법률적 구조가 살아남았다는 점을 알고 있었다. 덕성으로 가득했던 군사적 목축민들을 죽인 것은 역시나 유덕했던 그리스와 로마를 황폐화했던 바로 그것, 즉 '사치'였다. 이들은 싸구려 보석과 장신구를 얻기 위해 영혼과 권력을 팔아치웠다. 혁명을 초래한 것은 이를 일으키려는 의도 따위는 꿈에도 없었던 두 유형의 행위자였다. 하나는 사치품을 파는 상인들이었고, 다른 하나는 명예체계에서 제도화된 자존심이 부과한 어마어마한 심리적 압박에서 비롯된 허영심을 충족시키기 위해 상인들의 상품을 구매하는 봉건 지배층이었다. 스미스는 사치를 옹호할 생각은 추호도 없었으나, 유럽의 근대적 자유가 사치의 산물이라는 사실을 이해하지 못하는 사람은 장님과 다름없다고 주장했다. 이것이 사실이라면 사치를 단순히 사악한 것 또는 건강한 성장의 방해물로 치부할 수는 없었다. 사치는 근대 공화주의의 아버지 혹은 어쩌면 어머니였다. 나는 이 분석의 본질에 대해, 적어도 영주들의 몰락에 관한 부분에 대해서는 루소도 이견이 없었다고 생각한다.

남은 문제는 여기서 어디로 갈 것인가였다. 루소와 스미스는 봉건제도가 절대주의라는 정치체제를 낳았음을 알고 있었다. 둘 모두 절대주의를 증오했으며 그것이 최종 단계에 이르면 어떤 일이 일어날지 보고 싶어 했다. 《인간불평등기원론》에서 루소는 애초 사치와 불평등 위에 세워진 절대주의가 사치를 멈추거나 바로잡을 수는 없다고 주장했다. 사실 절대주의는 사태를 훨씬 더 악화하여 붕괴, 무질서, 혁명의 씨앗을 뿌리고 그것들이 주기적·순환적으로 반복되도록 했다. 이러한 전개의 가능성을 포착한 스미스는 그것이 실현되는 것을 막기 위한 분석에 안간힘을 기울였다. 사치는 절대주의의 근간이었으며, 사치를 철폐할 수도, 그것이 존재하지 않기를 소망할 수도 없었다.

그러나 만일 사치의 작동 방식과 그것이 봉건제를 파괴했던 과정을 이해한다면, 사치를 적절히 운용하는 방법을 습득하는 것도 가능할 수 있었다. 그러기 위해서는 유럽 경제의 정확한 경제적 논리를 제대로 이해해야 했다. 어쩌면 사치는 봉건적 억압을 파괴했던 것처럼 절대주의의 패권 역시 파괴할 수 있을지

몰랐다. 스미스는 유럽에서 제국주의, 민족주의, 군국주의의 정신을 제거할 수 있다면 (그가 보기에 진정으로 나쁜 일인) 유럽의 혁명을 방지하고 새로운 법치와 경제적 번영의 시대를 열 수 있다고 생각했다. 국제관계 문제를 대단히 강조하고 있다는 점을 비롯해, 그의 의제는 루소의 의제와 유사했다. 스미스가 볼 때 사치는 파괴하기보다는 길들여야 하는 대상이었다. 그러나 루소는 그러한 길들이기가 가능하다고 믿을 수 없었다. 스미스 또한 균형성장을 이상으로 삼았으나, 이를 성취하기 위해 그가 선택한 방안은 루소의 길과는 달랐다. 이 주제는 6장에서 다룬다.

6부

정치경제

민족주의, 경쟁, 전쟁

이 장은 비교사적 관점에 따라 정치경제를 논하는 대목(5장과 6장)의 두 번째 부분에 해당한다. 나는 인류와 유럽에 대한 루소와 스미스의 역사 서술을 뒤로하고 그들이 자신들의 시대를 어떻게 논의했는가로 돌아가고자 한다. 둘 모두에게 당대의 정치사상은 경제적 쟁점들을, 그리고 그와 밀접하게 연결된 전쟁이라는 쟁점을 포괄하는 것이었다. 상업에 관한 당대의 이론들은 상업이 전쟁을 감소시킬 것이라고 보았지만, 루소와 스미스는 반대로 상업이 전쟁을 증가시켰다고 보았다. 7년전쟁이 한창이던 시기에 지적 창의력을 가장 활발하게 발휘했던 루소와 스미스의 사유에서 전쟁은 큰 비중을 차지했다. 대외 관계, 특히 경제적 대외 관계는 18세기 정치사상의 핵심 요소였다.*

---

* 〔옮긴이〕 Doohwan Ahn and Brendan Simms, "European Great

칸트가 프랑스혁명기에 출간했던 그 유명한 《영구평화론 Zum ewigen Frieden. Ein philosophischer Entwurf》(1795)은 여러모로 루소의 《생-피에르 신부의 유럽평화안 비판Jugement sur le projet de paix perpétuelle de l'abbé de Saint-Pierre》(1761)을 직접 겨냥한 논평이었다. 후자의 저작은 근대 유럽의 조약협정과 외교의 역사에 관한 글을 쓴 가브리엘 보노 드 마블리Gabriel Bonnot de Mably의 요청에 따라 루소가 수행했던 연구의 결과물이었다. 루소는 몽테스키외의 사상을 잘 알고 있었던 동시에 샤를-이레네 카스텔 드 생-피에르Charles-Irénée

---

Power Politics in British Public Discourse, 1714-1763," in William Mulligan and Brendan Simms (eds.), *The Primacy of Foreign Policy in British History, 1660-2000* (Basingstoke: Palgrave Macmillan, 2010), pp. 79-101; Doohwan Ahn, "The Anglo-French Treaty of Commerce of 1713: Tory Trade Politics and the Question of Dutch Decline," *History of European Ideas*, 36 (2010), pp. 167-80; Béla Kapossy, Isaac Nakhimovsky, and Richard Whatmore, "Introduction: Power, Prosperity, and Peace in Enlightenment Thought," in Béla Kapossy, Isaac Nakhimovsky, and Richard Whatmore (eds.), *Commerce and Peace in the Enlightenment* (Cambridge: Cambridge University Press, 2017), pp. 1-19; Isaac Nakhimovsky, "The Enlightened Prince and the Future of Europe: Voltaire and Frederick the Great's *Anti-Machiavel* of 1740," in Béla Kapossy, Isaac Nakhimovsky, and Richard Whatmore (eds.), *Commerce and Peace in the Enlightenment* (Cambridge: Cambridge University Press, 2017), pp. 44-77; Richard Whatmore, "Liberty, War and Empire: Overcoming the Rich State-Poor State Problem, 1789-1815," in Béla Kapossy, Isaac Nakhimovsky, and Richard Whatmore (eds.), *Commerce and Peace in the Enlightenment* (Cambridge: Cambridge University Press, 2017), pp. 216-43; John Shovlin, *Trading with the Enemy: Britain, France, and the 18th-Century Quest for a Peaceful World Order* (New Haven, CT: Yale University Press, 2021); 안두환, 〈세력균형과 18세기 계몽 시대 유럽 질서의 붕괴〉, 이우창 외 10인 지음, 《서구지성사입문》, 한국방송통신대학교출판문화원, 2025, 187~212쪽.

Castel de Saint-Pierre의 글 역시 주의 깊게 읽은 바 있었다. 후기 저작 《폴란드 정부론》에서 루소는 자신이 옹호하는 정부형태를 묘사하면서 생-피에르가 제안했던 다원합의제polysynodie 체계를 위한 실험적 설계도를 참조했다. 다원합의제는 루이 14세의 통치를 뒤이은 섭정기 때 생-피에르가 《다원합의제에 대한 논고Discours sur la polysynodie, où l'on démontre que la polysynodie ou pluralité des conseils est la forme de ministère la plus avantageuse pour un roi et pour son royaume》(1719)를 통해 내놓은 개혁적 정부체계 구상이었다. 이 체계는 연방을 기반으로 운영되는 전문가 협의회들 혹은 정부 부처들의 연결망으로 구성되었다. 루소의 독자 중 많은 이들은 그가 무엇을 참조했는지 알아차렸을 것이며, 그런 정부형태가 그의 발명품이라고는 생각하지 않았을 것이다. 그들은 루소가 18세기 유럽의 다양한 개혁안들을 버무려 자기 나름의 길을 개척하고 있다고 판단했다. 실제로 1750년대에 《다원합의제에 대한 논고》와 크게 다르지 않은 체계가 프로이센과 오스트리아에서 시행되기도 했다. 이러한 맥락적 요소들에 주의를 기울이면 루소는 흔히 알려진 것보다 훨씬 덜 독창적으로 보이게 된다. 하지만 역으로 이 맥락을 알지 못한다면 우리는 루소의 진정한 독창성이 어디에 있는지 알 수 없다.

오늘날 국제관계학의 어법을 따른다면, 루소와 스미스 모두 (그중에서도 특히 루소는 더욱) '현실주의자'로 규정될 것이다. 루소는 강대국이 기회가 닿는 대로 약소국을 공격하리라고 단언했다. 근대 국제사회에는 갈등과 폭력이 상존했다. 스미스와 루소 모두 유토피아적이거나 혁명적인 사상가가 아니었다. 둘 다 수동적인 복종과 주권의 신성함에 동의했다. 루소는 자신의 견해를 홉스적 용어들로 제시했고, 스미스는 플라톤의《크리톤 Κρίτων, Kriton》을 언급하며 혁명을 부모 살해에 빗댔다. 두 사람 모두 혁명이 실제로 (때로는 빈번하게) 일어났음을 강조했으나, 이를 저항권의 영광스러운 결과물이 아니라 단순히 체제 붕괴라는 사실로서 다뤘다.

　　이것이 소유론에서 로크를 사용했던 루소의 선택이 다소 어색했던 이유다. 조지 버클리 George Berkeley는 로크의《통치론》이 저항이라는 주제를 다룬 최고의 책이라고 주장했으며, 그 반대편 입장을 가장 잘 대표한 것은 플라톤이라고 생각했다.* 루소와 스미스의 독자들은 루소가 홉스를 참조한 것과 스미스가 플라톤의《크리톤》을 원용한 것이 각 저자가 속한 진영을 드러내는 신호임을 어렵지 않게 읽어낼 수 있었을 것이다. 이 제네바인과 스코틀랜드인은 둘 다 정당한 권위, 다른 말로는 '법'에 관한 이론가였다. 국제 문제의 영역에서 법은 현실주의자의 입장과 쉽게 손잡을 수 있었다. 스위스의 자연철학자 알브레히트 폰 할러 Albrecht von Haller가 루소를 근대의 카르네아데스 Carneades라고 불렀을 때 그는 자신이 에둘러 말하고 있는 바가 무엇인지 알고 있었다.** 루소는 근대 세계가 오직 권력의 행사에 의해서만 지배되므로 도덕적 일관성이 더 이상 존재하지 않는다고 일관되게 여

---

*　　George Berkeley, *Passive Obedience; or, The Christian Doctrine of Not Resisting the Supreme Power, Proved and Vindicated* (London: H. Clements, 1712).

**　　Albrecht von Haller, *Fabius und Cato, ein Stück der Römischen Geschichte* (Bern and Göttingen: E. Haller, 1774).

겼던 것이다.

《국부론》 제3권에서 스미스는 근대의 국제적인 강대국 정치가 도래한 시점에서 유럽사의 서술을 마무리했다. 봉건제는 사치가 사회적·경제적 기반을 침식하면서, 또 왕과 귀족 모두가 의도하지 않았던 일련의 정책적 실수들을 저지르면서 자멸했다. 목축 정치체들이 유럽의 로마적 토대 위에 얹어놓은 이 기괴한 정치 질서의 붕괴는 평화롭고 자유로운 근대 세계의 창설로 이어졌어야만 했으나, 슬프게도 현실은 그렇지 않았다. 봉건 귀족의 권력이 억눌리면서 강력한 중앙정부, 즉 절대왕정이 탄생했다. '군사혁명'과 동시에 일어났던 이러한 변화는 두 가지 중대한 결과를 초래했다. 첫째, 유럽의 세계 지배가 시작되었다. 이 시대에 갖가지 발견들과 지리적 팽창이 이루어졌으며, 유럽의 식민지 모험이 시작되었다. 스미스는 이것이 유럽에 도약의 기회를 제공했다고 서술했다. (스미스는 《국부론》에서 해당 주제를 소개할 때 기욤-토마 프랑수아 레날Guillaume-Thomas François Raynal의 《두 인도의 역사Histoire philosophique et politique des établissements et du commerce des Européens dans les deux Indes》(1770)를 참고했다.)*** 르네상스 이후 유럽은 대략 중국 해안지대에 맞먹는 규모의 단일 대륙 시장을 형성하게 되었다. 중국이 그러했듯 이것만으로도 경제를 적절한 수준으로 성장시키기 위한 기초를 다지는 데 충분했다. 그러나

***   Guillaume-Thomas François Raynal, *A Philosophical and Political History of the Settlements and Trade of the Europeans in the East and West Indies*, trans. J. Justamond (London: T. Cadell, 1776).

우월한 해운 및 군사 기술과 지리적 발견에 힘입어 유럽은 거대한 외부 시장까지 확보했다. 그 결과 눈부시도록 급속한 경제성장이 이뤄졌다. 세계화는 경제의 영역 못지않게 정치의 영역에서도 몇 가지 현저히 부정적인 결과를 초래했다. 군사력이 빠르게 성장했으며 그와 함께 국가의 재정적 요구도 커졌다. 상업이 창출하는 수익성은 유럽 내부의 제국주의라는 망령을 불러내 유럽이 단일국가의 패권 아래 통합될 가능성을 높였다. 이것이 바로 (전 세계의 지배자로 서겠다는 로마제국의 주장을 국가 건설이라는 유럽의 무대에 적용한) 보편군주정 개념이 뜻하는 바였다. 절대주의, 즉 근대의 중앙집권적 군주정은 이러한 야망을 위한 정치적·행정적 수단이 되었다.

    이러한 유형의 근대 군주정은 이탈리아 도시국가들의 경제적 사례를 참조점으로 삼았다(스미스가 이해한 이탈리아 공화주의의 핵심이 이탈리아 도시국가들이 경제 발전에서 거대 군주국들보다 200년이나 앞섰다는 사실에 있었음을 기억하자). 봉건제의 붕괴에 뒤이어 국가 간 경제적·군사적 경쟁이 유럽을 뜨겁게 달궜다. 스미스의 이어지는 주장에 따르면, 이러한 사태는 경제적 경쟁에 관한 사고와 군사적 경쟁에 관한 사고가 통합되는, 대단히 해로운 여러 결과를 수반하는 상황을 초래했다. 이에 따른 정치제도가 바로 중상주의 체제mercantile system였다. 경제적으로 볼 때 국가는 소비자들로 이루어진 공화국이었다. 상업계급은 국가에 조언을 제시할 때 국가의 작은 부분집합에 불과한 수출품 생산자를 대표하여 움직였다. 상인들은 이익을 원했고 정부는 많은 군사 예산을 원했기에, 그들은 함께 다수 국민에 반하는 음모를 꾸몄다. 이러한 음모가 가능했던 것은 그들이 활활 타오르는 민족주의, 혹은 스미스의 표현을 빌리면 민족 간의 적개심을 능숙하게 이용한 덕분이었다. 이로부터 근린궁핍화정책beggar-thy-neighbour과 같은 종류의 공격적인 대외경제정책이 출현했다. 1대 샤프츠베리 백작Anthony Ashley Cooper, 1st Earl of Shaftesbury이 이미 "무역의 질투jealousy of trade"라 불렀던 이러한 흐름은 국익이라는 명분으로 정당화되었다.* 국익의 가면을 썼으나 실상은 특수한 경제적 이해관계와 민족적 적대감의 혼합물에 불과한 이러한 체제가 근대 유럽의 정치를 왜곡했다는 것이 스미스의 주장이었다. 그는 모든 면에서 중상주의 체제의 적이었으며, 〔《국부론》 제3권에서〕 봉건제가 종식되기까지의 역사를 서술한 뒤 이어지는 제4권에서는 17~18세기의 권력·상업·제국의 이와 같은 공생관계를 겨냥해 대대적인 공세를 펼쳤다.

　　스미스는 전쟁과 무역의 논리를 뒤섞는 것이 비효율적이고 오류투성이인 경제정책으로 이어진다는 점을 보여주었다. 이러한 정책 기조가 장기적으로 영국에 치명적인 해를 끼칠 것이 분명하니 이 유독한 혼합물에서 손을 떼는 편이 낫다는 게 그의 견해였다. 스미스는 영국이 유럽의 근대 정치에서 살아남을 가능성을 높이기 위해서는 국가가 시장에 간섭하는 것을 중단해야만 한다고 일관되게 말했다. 특히 상업계급과 금융계급이 정부

---

*　　혼트는 샤프츠베리의 《카르타고는 멸망해야만 한다Delenda est Carthago》 (1673)에서 따온 말("해상에서 어떤 군주나 국가의 위대함이 성장하고 있는 것에 대해 영국인만큼 당당하게 또는 훌륭하게 질투하는 자는 세상에 없다.")을 《무역의 질투》의 서론인 "Jealousy of Trade: An Introduction"(p. 1)에서 더욱 자세히 다룬다.

에 조언하는 행위를 중단하는 정도로는 불충분하며, 공익을 증진하기 위함이라는 스스로의 주장과 무관하게 정부가 경제적 개입을 해서는 안 된다는 그의 잘 알려진 주장은 이처럼 더욱 구체적인 맥락에서 나온 것이었다.

  7년전쟁 시기 프랑스 내부에서 군주정의 정책에 반대하는 자들이 내놓은 개혁 구상에 대해 스미스가 제기한 논평의 일부는 이런 맥락 속에서 형성된 것이었다. 페늘롱이 루이 14세의 정책에 맞서 내놓았던 대안처럼 중농주의자들(또는 당대인들이 흔히 불렀던 명칭에 따르면 "경제학자들")은 루이 15세의 정책에 '덕성을 갖춘' 대안을 제시하기 시작했다. 중농주의의 선도자인 프랑수아 케네François Quesnay는 콜베르의 친공업정책을 뒤집으려 했다는 점에서 페늘롱의 직접적인 정신적 후계자였다. 균형 잡힌 성장을 위한 지속적인 틀을 확립하기 위해서는 도시에 힘을 싣기보다 국가의 토대로서 농업을 재건할 필요가 있었다. 나는 앞서 이미 스미스가 유럽의 역행적 발전, 즉 도시가 주도한 발전 경로를 어떻게 바라보았는지 설명했다. 여기서는 부패한 유럽에 대해 스미스가 행한 비판의 또 다른 측면을 강조하고 싶다.

  스미스는 인류의 역사에서 아무런 악영향도 없고 전적으로 건강하기만 한 발전은 결코 존재하지 않는다고 주장했다. 이런 관점에서 보면 사회의 병폐를 치료하려는 케네의 의학적(스미스는 그에게 '몹시 사변적인 의사'라는 별명을 붙였다) 전망과 열망은 잘못되었으며 따라서 역효과를 낳을 뿐이었다. 콜베르의 경우 본인이 원하는 바를 어느 정도 달성했으나, 만약 그의 반대자들과 비판자들이 정부의 방향타에 손을 댈 기회가 있었다면 궤도 이탈이 발생했을 것이라고 스미스는 주장했다. 스미스가 보기에 인류의 부패한 지배자들이 정치 개혁가가 유념해야 할 유일한 표적은 아니었다. 그는 개혁을 꿈꾸는 이들의 망상 역시 비판했다. (독일인들은 이런 유형의 사람들을 '열광꾼Schwärmer'이라고 불렀다.) 만일 계몽의 기획이라는 것이 존재했다고 한다면 스미스는 그 기획의 철저한 적이었다. 그는 그 어떤 정부도 유럽의 경제를 사전에 구상된 균형성장 구도에 맞춰 재편하는 과업을 안전하게 수행하기 위해 필요한 지식을 갖추지 못했다고 주장했다. 역사는 복잡했고, 국가의 정치경제 체계는 너무나 거대했다. 완벽한 체계란 존재한 적이 없었다. 만약 경제적·정치적 성공이 완벽한 체계가 있어야만 가능한 것이었다면, 유럽은 결코 지금의 근대적 상태에 도달할 만큼 성장하지 못했을 것이었다. 스미스는 《국부론》의 가장 중요한 부분이라고 할 수도 있을 문장에서 다음과 같이 선언했다. "어떤 나라가 완전한 자유와 완벽한 정의를 누리지 않고는 번영할 수 없다면 (……) 이 세상에 번영을 구가할 수 있는 나라는 단 하나도 없었을 것이다."* 이론적인 오만에 휘둘리지 않는 것, 그리고 무엇보다 이론적 환상을 현실로 옮기기 위해 근대국가의 절대권력을 사용하지 않는 것이 중요했다. 세상에서 가장 위험한 것은 경제학자-철학자, 즉 관념적 인간의 이론적 오만과 정부, 즉 행동하는 인간의 정치적 오만이 한편으로 뭉치는 일이었다. 루이 14세의 시대 이후 유럽 경제

---

* Adam Smith, *The Wealth of Nations* (London: T. Nelson and Sons, 1868), IV.ix, p. 280.

의 균형을 바로잡으려는 프랑스의 거대한 기획은 폐기되어야만 했다. 스미스는 "주권자는 그 수행 과정에서 무수히 많은 망상에 항상 노출될 수밖에 없는 임무, 그리고 그것을 제대로 수행하는 데 필요한 만큼의 충분한 지혜와 지식을 인간의 수준에서는 결코 갖출 수 없는 그러한 임무, 즉 사적 인간의 경제활동을 관리하고 그것을 사회의 이익에 가장 유리하게 조정하는 임무"로부터 완전히 배제되어야 한다고 선언했다.* 인용문의 마지막에 나오는 "사회의 이익"이라는 문구는 구체적으로는 공업과 농업 사이의 균형, 즉 적절한 순서와 균형을 갖춘 성장의 제도적 틀을 확립하려는 유럽의 경제적 꿈을 가리킨다.

    스미스가 보기에 위험, 역경, 의도하지 않은 결과 등으로 이어질 수밖에 없는 이 계획의 지지자들은 경제성장을 위한 틀을 제공하는 것이 국가의 절대적인 의무라고 여겼다. 앞서 내가 주장했듯이, 루소는 공업과 농업 간의 불균형이 프랑스와 근대 군주정들이 일반적으로 겪은 부패의 핵심이라고 생각했던 사람 중 하나였다. 그에 못지않게 분명한 사실은 루소가 위에서 언급한 오만한 개혁가 중 한 사람이 아니었다는 점이다. 루소는 강력한 규제권력의 이점을 인지하면서도 그러한 치료법이 오히려 질병보다 더 나쁘다고 생각했다. 《백과전서》의 편집자 디드로는 루소가 〈정치경제〉 항목을 집필하면서 자신이 요청한 이 주제를 희화화했다고 생각했는데, 루소는 일국의 경제가 오이코노미아 oikonomia, 즉 가정경제이되 단지 그 규모가 한 나라와 비슷할 뿐이

---

*   Ibid., IV.ix.51.

라는 사고에서 출발했다. 국가는 전통적인 가내 오이코스oikos와 비슷하지만 규모가 더 컸다. 전통적으로 가구를 다스리는 역할은 아버지나 주인의 몫으로, 그는 도제를 포함한 가족과 하인들을 책임졌다. 그러나 국가 규모의 가구에는 집단을 아우르는 진짜 아버지나 주인이 존재할 수 없었다. 루소는 선출된 정치인이 아버지 역할을 맡는다는 해결책도 단적으로 거부했으니, 국가의 아버지를 만드는 방안은 전제정치로 치달을 수밖에 없었기 때문이다. 루소가 경제에 간섭할 힘을 국가에 부여하려 한 것은 사실이지만, 그 힘은 단지 조정을 위한 수단이었을 뿐 계획된 개혁을 추진하기 위한 수단이 아니었다. 루소는 과세국가를 원했다. 즉 세금을 사회적 조정의 도구로, 주로 사치를 억제하는 수단으로 사용하고자 했던 것이다.

     곧 이 문제로 다시 돌아오겠지만, 여기서는 먼저 국가적 가구가 단일 가구의 확장판이라기보다는 여러 가구의 연합체라고 생각했던 루소의 관점이 정부가 경제적 관리 행위를 포기해야 한다고 요구한 스미스의 관점과 기능적으로 유사했음을 보여주고자 한다. 경제적인 차원에서 바라볼 때, 이 연합체란 곧 가구들 사이에서 형성되는 시장임을 깨닫는 것이 중요하다. 루소는 경제적 원시주의자가 아니었다. 연합체를 구성하는 가구들은 서로 간에, 그리고 때로 다른 나라를 상대로 거래할 수 있는 경제적 잉여를 보유하고 있다고 간주되었다. 일단 한 가구가 두 가구의 필요를 충족하기에 충분한 양을 생산할 수 있게 되면, 그 가구는 거래에 뛰어들었다. 생산 품목과 거래 방법 등등을 결정하는 권한은 개별 가구에 맡겨져야만 했는데, 가장들 스스로가 그 가능성과 기회를 가장 잘 알고 있었기 때문이다. 가장들의 지식과 행동이 경제의 형태를 결정했다. 정치적·도덕적 책무는 그들 정체성의 일부였다. 루소는 아버지들이 가족경제 규모에서는 자신의 영역을 관리할 수 있을지 몰라도, 그들이 지닌 지식에 상응하는 국가적 규모의 등가물은 결코 존재하지 않는다고 말했다. 게다가 그 정도 규모의 등가물을 만들 필요도 없었다(여기서 18세기 중반에 제네바의 루소가 왜 굳이 로버트 필머를 반박하려 했는지가 충분히 명백해진다).

루소는 경제적 가구에 대해 많은 글을 썼다. 자신의 가장 유명한 소설 《신엘로이즈Julie ou la Nouvelle Héloïse》(1761)에서는 쥘리Julie와 볼마르Wolmar의 가정관리술을 자세하게 설명했다. 《백과전서》의 기고문에서 달랑베르Jean-Baptiste Le Rond d'Alembert가 제네바에 관해 밝힌 견해를 반박하는 논쟁적인 짧은 저작 《달랑베르에게 보내는 편지Lettre à d'Alembert sur les spectacles》(1758)에서는 낙후된 스위스 발레Valais 지역의 사회와 경제를 묘사했고, 거기에 젊은 시절 프로이센-스위스 도시였던 뇌샤텔 인근의 쥐라산맥Massif du Jura 산악지대의 시계 제조공동체와 조우했던 자신의 이야기를 삽입했다. 그곳 주민들은 대가족을 이뤄 서로 너무 가깝지도 멀지도 않은 곳에 농장들을 만들어 거주했다. (그곳에는 자존심을 통제하기에 충분하면서도 적절한 수준의 사회생활이 존재했다.) 주민들은 배움에 필요한 호기심과 지식을 적지 않게 지니고 있었으며, 고도로 정교한 장인적 수공업 생산 단계에 도달해 있었다. 그들은 노동을 세분화하지 않았고 대를 이어 구두로 기술을 전승했지만, 그럼에도 여전히 지식을 기반으로 한 전문화된 상업사회의 최전방에 있었다. 그들의 생산품은 현지에서 소비되는 것이 아니라 시장에서 거래되어야만 했다. 루소는 그곳보다 제네바가 더 부패했다고 서술했다. 제네바는 기본적으로 장인들과 은행가들의 공동체였다. 부자와 빈자의 구분이 있었고 가난한 사람들은 루소가 어렸을 때 살았던 곳처럼 과밀화된 공동주택에서 살았다. 이 경우 사회적 균형을 유지하기 위해서는 세금이 반드시 필요했다.

  루소에게 세금은 균형 잡힌 성장을 이루고 사치를 저지하기 위한 사회적 수단이었다. 몽테스키외가 《법의 정신》에서 이 주제를 논의했다는 사실을 알고 있었던 그는 이를 변용했다. 루소는 농업 생산자들에게 세금을 면제해주고자 했고, 지역 시장에서 거래되는 식료품에 판매세가 부과되는 것을 매우 꺼렸으며, 궁핍한 시기에 식량을 공적으로 배급하는 정책을 지지했다. 당시 뷔르템베르크의 남독일인이나 스위스인 대부분이 그러했듯, 루소는 공동 곡물저장고를 활용하여 기근을 예방하는 방책을 지지했다. 잘 알려진 것처럼 스미스는 이를 지지하지 않았는데, 곡식이 도난당하거나 혹은 다른 식으로 잘못 관리될 수도 있다고 생각했기 때문이었다. 루소는 제네바에서, 스미스는 스코틀랜드에서 서로 다른 사회적 경험을 했다. 루소는 개개인의 재산 수준에 따라 징세하기 위해 누진적으로 부과되는 인두세를 주장했다. 그 밖의 모든 세금은 잉여 소비나 사치품 소비에 부과되는 판매세여야 했다. 여기서 루소는 사치가 기하급수적인 규모로 성장한다는 몽테스키외의 주장을 문자 그대로 받아들였다.* 루소는 이러한 승수효과 multiplier effect 진단에 동의했고, 사치품에 대해 기하급수적으로 누진되는 소비세를 부과하자고 제안했다. 그러나 그는 가난한 사람 중 일부는 궁핍함을 드러낸다는 수치심을 안고 살아가기보다는 차라리 굶주림을 선택하고, 따라서 외양을 유지하기 위해 사치품에 돈을 쓴다는 사실을 깨달았다(스미스도 누차 비슷하게 주장했다). 그럼에도 사치품에 대한 누진소비세(직접적으로 사치를 금지하는 법안이 아님을 꼭 유의하자)는 좋은 국가에 대한 루소의 전망에서 지극히 중요한 구성요소였다. 일반의지는 만연한 불평등을 통제하기 위한 것이었고, 과세는 일반의지의 전체적인 작동과 일상적인 작동 모두를 돕기 위해 사용되었다. 루소는 남은 과세의 요구, 즉 국가의 모든 바람직한 요구를 실질적으로 감당하기 위한 세액 요구를 충족하는 방법으로 전국적인 부역corvée제도의 도입을 통한 현물 과세를 주창했다. 이것은 세금을 재화와 노동의 제공으로 납부하는 방식이었다. 이러한 현물 과세의 핵심 발상은 국가 규모의 가구에 대한 시민의 기여를 화폐로 바꿀 수 없도록 차단하고, 공동체의 필요를 직접적으로 충족시키는 일을 수행하는 일부 국민에게 공공부문 임금을 지불하지 말자는 데 있었다. 스미스의 경우, 당대 잉글랜드인과 스코틀랜드인에게 현물 과세는 경제가 화폐화되기 이전인 봉건시대의 특징이며, 상류층이 자신의 사치 소비를 지탱하기 위해 화폐화된 과세를 도입했을 때 폐지되었던 정책이라고 경고했다. 루소가 그리고 있었던 것은 탐욕스러운 봉건적 농업경제가 아니라 진보적인 스위스 국가였다. 그는 화폐화되

---

* Montesquieu, *The Spirit of the Laws*, pt. 1, bk. 7, chap. 1.

기 전의 과세 관행을 재도입할 것을 주저 없이 권고했는데, 화폐화 이전의 과세 방식이 화폐 징세보다 관리가 수월하다고 보았기 때문이다. 국민적 노역 역시 민병대를 보완하는 애국적 교육수단으로 의도되었다. 나중에 그는 폴란드에도 같은 방식의 제도를 권고했는데, 이는 단지 폴란드 일부 지역에 화폐경제가 부재했기 때문만이 아니라 애초에 화폐화된 경제가 생겨나는 것을 방지하기 위해서였다. 폴란드에는 봉건영주, 농노제, 부역은 있었으나 스위스식 직업 윤리가 없었다. 루소는 폴란드에서 봉건제도를 폐지하고 경제적·사회적 낙후 문제를 해결해야 하는 과제에 직면했으나 그에게는 이를 해결할 능력까지는 없었다.**

해방된 농노를 공화국에 성실히 공헌하는 선량한 시민으로 만들기 위해 루소는 폴란드 농노를 대상으로 올바른 행실과 근면한 노동을 포상하는 경쟁적 제도를 도입하자고 제안했다. 이와 같은 직업 윤리를 성취한 이는 포상으로 농노 신분에서 해

** 〔옮긴이〕 루소의 폴란드 개혁론은 다음을 참조하라. Patrick Riley, "Rousseau as a Theorist of National and International Federalism," *Publius*, 3:1 (1973), pp. 5-17; Richard Fralin, "The Evolution of Rousseau's View of Representative Government," *Political Theory*, 6:4 (1978), pp. 517-36; Jeffrey A. Smith, "Nationalism, Virtue, and the Spirit of Liberty in Rousseau's *Government of Poland*," *The Review of Politics*, 65:3 (2003), pp. 409-37; Alfred Dufour, "Rousseau et ses *Considérations sur le gouvernement de Pologne* ou Rousseau historien et législateur antimoderne?," *Revue française d'histoire des idées politiques*, 49 (2019), pp. 9-64; Michael Sonenscher, *Jean-Jacques Rousseau: The Division of Labour, the Politics of the Imagination and the Concept of Federal Government* (Leiden: Brill, 2020); 안두환, 〈장-자크 루소와 폴란드의 미래〉, 《국가전략》 29(1), 2023, 119~146쪽.

방시키자는 것이었다. 농노들은 자유의 자격에 부합하기 위해 오랜 기간 행실에 주의를 기울여야 하며, 그에 따라 점진적으로 천천히 해방되도록 만들어야 했다. 그렇게 되면 폴란드의 농노제가 서서히 사라지고, 주민들은 사치를 경멸하고 노고를 귀하게 여기는 문화를 습득할 것이었다. 사치는 의도하지 않은 일련의 결과를 통해 화폐 교환을 가속화하는 효과를 만들어냈으며, 스미스에 따르면 이것은 유럽사에 나타나는 역사적 발전의 양상이었다. 루소는 어떤 대가를 치르더라도 이러한 화폐 교환을 통한 농노 해방을 피하고자 했다.

  루소가 고안한 개혁안은 폴란드 귀족들에게도 역할을 부여했는데, 해방된 농노들이 깊은 반감을 품은 최하층계급으로 변신하는 상황을 예방하는 것이 그 의도였다. 그는 자본주의의 참화를 피하기 위해 폴란드를 가난한 원시적 벽지僻地로 만드는 데 목표를 두지 않았다. 다만 고삐 풀린 자존심이 어지러이 날뛰고 사치가 지배하는 유럽의 권력 투쟁에서 폴란드가 러시아처럼 또 하나의 부패한 경쟁자가 되는 것을 막고자 했을 뿐이었다. 루소는 구원받은 폴란드 공화국이 (해방을 획득하는 농노뿐 아니라) 각 시민이 열심히 일하고 자신의 의무를 다하는, 활력 있고 번창하는 나라가 되어야 한다고 생각했다. 폴란드는 자급자족을 목표로 삼는 튼튼한 경제를 갖춰야 했다. 사회적·정치적 생활의 근본적인 추동력은 그 모든 측면에서 작동하는 자존심이어야만 했으며, 이는 지식, 혁신, 생산적 노력, 거대한 소비를 만들어내는 힘이었다. 하지만 이 추동력은 각각의 경우마다 능력과 욕구 그리고 지식과 욕망이 함께 성장하는 건강한 다양성을 갖추어야 했다. 루소는 자신의 사회가 금욕적인 탁발수도사처럼 사는 시민들의 세속적인 수도원을 만들려는 광신자 무리를 닮았다고 생각할 이들은 사치를 사랑하는 프랑스 철학자들뿐일 것이라고 썼다.

《폴란드 정부론》은 몽테스키외의 군주정에 대한 루소의 대안이 무엇이었는지 다른 어느 글보다 분명히 드러내는 저작이었다. 몽테스키외와 마찬가지로 루소 역시 자존심의 복합적인 특성에 의존했으며 한 종류의 이기심이 다른 종류의 이기심에 의해 상쇄되어 균형을 이루게 되는 모형을 만들었다. 그러나 루소는 영예distinction를 얻기 위한 대안적인 노력은 거짓 명예가 아닌 진정한 명예에 바탕을 둔다고 보았다. 여기서 그가 염두에 둔 것은 전장에서의 용맹함이 아니었다. 대신 그는 경쟁을 통해 경제적·사회적 영예를 추구하는 행동에 강조점을 두었다. 그의 제도 설계 논리에 따르면 이러한 영예의 추구는 거짓된 명예의 추구로 변질될 수 없었는데, 이는 그 영예가 화폐로 바뀌거나 구매할 수 없는 대상이기에, 즉 사치의 한 종류로 변질될 수 없는 것이기 때문이었다. 경제의 차원에서 본다면, 로크와 자신이 읽었던 여타의 많은 이론가와 마찬가지로, 루소 또한 화폐를 자존심과 불평등의 위험한 결합을 매개하는 핵심 고리로 여겼다. 루소에게 명예honneur란 근면 또는 성실함의 경쟁을 통해 획득하는 참되고 유용한 성취의 결과물이었다. 그는 이와 같이 영예를 추구하는 경쟁을 대결émulation이라 불렀다. 여기서 그가 참조한 대상은 페늘롱이었다. 페늘롱은 부패한 국가는 결코 진정한 평등으로 돌아갈 수 없다고 생각했으며, 자신이 제시하는 이상국가 살렌툼의 제도를 통해 재능과 봉사에 기초하고 각자의 신분이 복장 규정을 통해 눈에 띄도록 하는 계급체계인 능력주의meritocracy 체제를 선보였다. 이와 비슷하게 루소는 폴란드가 계층화되고 명료하며 잘 조직된, 명예에 기초한 사회가 되기를 원했다. 그는 폴란드인들을 위해 경쟁, 훈련, 제복, 장식용 훈장 등의 제도들을 빈틈없이 설계했다. 루소가 구상한 덕성스러운 폴란드 경제에서는 시민으로서의 업적이 명예의 훈장으로 보상되었다. 훈장은 급에 따라 다른 금속으로 만들어졌으며, 능력주의 위계질서에서 각자가 속해 있는 신분을 나타내는 문구가 새겨졌다. 대결에서 창출되는 심리적 에너지를 국가의 기술적 발전과 농경 개선을 위한 원천이 되도록 전환시키는 것이 이 제도의 목표였다. 사회 개선을 위한 각종 협회·모임들은 정기적으로 경연대회를 개최하여 명예를 추구하는 시민들이 품고 있는 건강한 발전의 열망을 강화할 것으로 전망되었다. 공화국의 목적은 덕성스러운 빈곤이 아니라 정직한 노동에 바탕을 둔 만인의 정직하고 좋은 삶에 있었다. 소비가 늘어나는 것은 괜찮지만, 그것은 시민들에게 골고루 분배되어야 했으며 적극적인 소비세 정책을 시행함으로써 부지불식간에 불평등이 침투하는 상황을 방지해야만 했다. 다른 저작 일부에서 루소는 가장 유덕한 경제 개선 정책마저도 빠질 수 있는 함정에 주의를 기울였다. 몽테스키외처럼 루소도 기계를 싫어했다. 한 가지 예로 그는 황소 한 쌍보다 더 효율적으로 쟁기를 끌 수 있는 기계적 방법의 이점을 인정하면서도, 기계화로 인해 소의 수가 감소하여 도시 빈곤층이 먹을 수 있는 값싼 소고기가 줄어들 위험을 염려했다. 채소와 유제품으로 구성된 건강한 식단이 이러한 육류 공급 부족을 보완해야만 했다.

이것이 바로 건강한 국가를 뒷받침할 수 있는 시민사회의 모습이었다. 이러한 문화에서 길러진 인민은 일반의지를 형성하는 인간 질료가 될 것이었다. 그러나 제네바와 달리 도시국가가 아닌 대국이었던 폴란드 공화국에는 군주제와 대의제가 필요했다. 루소는 서로 대결하며 명예를 추구하는 농경 개선 협회들로 구성된 시민사회가 대표를 뽑는 선거의 부패를 막아줄 것이라고 기대했다. 순무 생산에서 능력을 입증한 탁월한 기사들은 각지의 애국적인 개선 협회의 지명을 받아 정치적 계층의 사다리를 타고 오를 최고의 자원이 되었다. 능력에 따라 신분이 결정되는 루소의 폴란드에서 이들은 아래에서부터 위까지 단계별로 하나씩 점진적으로 승급하는 선거제도의 후보자 집단을 구성할 것이었다. 루소는 사회 내에 아무런 위계질서도 없다면 출세를 꿈꾸는 사람들이 사치스러운 상상력을 발휘하여 자기홍보의 광시곡을 만들어낼 가능성이 높다고 생각했다. 인간의 정신에는 질서와 상상력이 필요했다. 그 정신이 절제되고 규율된 방식으로 작동하기 위해서는 일단 그 열기를 식혀야 했다. 노동을 기반으로 하는 공화국, 생산자와 소비자가 시장에서 직접 만나는 공화국에서는 노동으로 획득한 명예가 곧 정치 경력을 쌓아가기 위한 올바른 토대였다. 루소가 볼 때, 홉스적인 방식으로 주권을 대표하기란 불가능했지만 인구가 많고 커다란 나라를 포괄하는 피라미드 형태의 대의제 제도를 만드는 일은 여전히 가능했다. 이 두 대의제 개념은 서로 달랐다. 흄이 잉글랜드를 위해 구상했던 이상국가안과 마찬가지로, 루소의 판본은 준해링턴적 방식을 따라 설계되었다. 큰 공화국은 각 지역의 작은 공화국들이 결성한 연방국가의 형태여야만 했고, 국민총의회national diet는 각 지방의 의회들을 기반으로 꾸려져야 했다. 정부, 즉 입법체나 주권자가 아닌 정부는 다원합의제여야 한다는 발상과 마찬가지로, 하위의회들dietines 또는 유사한 지역 단위에 대한 관심도 유럽 정치 담론에서는 표준적인 것이었다.*

    루소의 폴란드 기획에는 독창적인 발상이 거의 없었다. 그 대신 해당 기획안은 루소가 다른 사상가들과 동일한 정치적 관념을 자원 삼아 작업했을 것이라는 당대의 의심을 확인시켜주었다. 여기서 주목할 점은 그가 자신의 설계를 다른 사상가들보다 더 잘 장악하고 있었으며, 자신의 목적을 세부적인 수준에서까지 관철하는 데서 비상할 정도의 일관성을 보여주었다는 사실이다. 대표되지 않는 주권과 질서정연한 권력분립 체계에 기반을 둔 정부를 가진 연방제 정치체에서, 그런 정치체가 주도하는 혁신 및 명예를 지향하는 노동을 통해 구동되는 건강한 시장경제, 바로 그것이 그가 달성하려는 목적이었다.

---

*   〔옮긴이〕 Richard Whatmore, "The Politics of Political Economy in France from Rousseau to Constant," in Mark Bevir and Frank Trentmann (eds.), *Markets in Historical Contexts: Ideas and Politics in the Modern World* (Cambridge: Cambridge University Press, 2004), pp. 46-69; Michael Sonenscher, "Sociability, Perfectibility and the Intellectual Legacy of Jean-Jacques Rousseau," *History of European Ideas*, 41:5 (2015), pp. 683-98; Minchul Kim, "The Political Economy of Democracy in the French Revolution: Publicola Chaussard and the Democrats under the Directory," *History of Political Thought*, 43:4 (2022), pp. 729-58; Minchul Kim, "Theories of Representative Government against Democracy during the French Revolution," *The Historian*, 84:4 (2022), pp. 565-85.

이 기획에서 주목할 사항은 두 가지였다. 첫 번째는 루소가 약한 행정부와 반#무정부적 의사결정 과정이 문제를 일으키리라는 반론을 예민하게 의식했다는 사실이었다. 따라서 그는 효과적으로 작동할 수 있는 정부를 설계하고자 분투했다. 두 번째는 루소가 잉글랜드의 실책을 되풀이하지 않고자 했다는 것이었다. 잉글랜드는 결국 입법부가 부패하는 운명을 맞이했는데, 루소는 역시나 몽테스키외를 통해 이를 알게 되었다. 따라서 그는 의회를 자주 소집하게 만들고 대의제를 기속위임으로 설정하고자 했다. 주권적 의회sovereign assembly는 오로지 원칙적인 문제에 대해서만 결정을 내렸으므로 융통성 없는 기속위임이 완벽하게 잘 운용될 수 있었다. 총의회diet에는 융통성 있는 특권이나 느슨하게 정의된 집행권이 필요하지 않았다. 이것들은 의회의 문제가 아니라 오로지 정부의 문제였다. 루소는 이러한 발상이 자신이 《사회계약론》에서 이미 제시했던 원칙들과 다르지 않다고 주장했다. 이에 놀라는 독자는 《사회계약론》을 유심히, 처음보다 더 주의 깊게 다시 읽게 될 것이다. 루소 사후 곧바로 출판된 유고집에서 《폴란드 정부론》과 《언어기원론》을 읽을 수 있게 된, 시에예스를 포함한 루소 다음 세대가 그러했듯이 말이다. 이 사상가들은 분명 루소의 추종자였지만 그들이 따른 루소는 후대의 문헌에서 묘사한 루소, 즉 근대의 디오게네스가 되기를 열망하고 정신의 등장 이전의 인간이 타고난 선함으로 회귀하기를 꿈꿨으며 소국의 덕성에 환상을 품은 공상가로서의 루소가 아니었다.

    루소는 지역 개선 협회에 속한 유지들로 하여금 최고의 양봉가나 시계 장인, 혹은 지역 민병대 대장이나 자선단체 및 학교 감독관임을 증명하는 청동 또는 은 훈장을 열렬히 갈망하도록 하는 혁신의 정신을 칭송했다. 이러한 칭송을 읽어보면, 혹은 또 다른 예로 스위스 시계 제조업 기술에 열광하는 대목을 읽어보면 루소가 너무나 18세기적인, 또 스위스적인 전망을 세계에 투영하고 있었다는 점이 분명해진다. 루소는 "시골의 소크라테스" 이야기에 나오는 스위스의 영웅, 즉 혁신적이고 뛰어난 농부였던 클라인요그Jakob Guyer, Kleinjogg를 좋아했다.* 그는 잉글랜드나 스코틀랜드, 아일랜드에 사는 신사가 아니라 스스로 자기 밭을 일구는 농부로, 소크라테스적 시민이자 일반의지의 담지자였다. 바로 이것이 부와 덕성으로 가는 진정한 길이었다. 거짓된 광휘를 뽐내며 일견 쉽게 사회적 신분 상승을 이룰 수 있는 곳처럼 보이는 유럽 대국들의 혼잡하고 사치스러우며 불건전한 대도시적 경제를 모방하는 것은 결코 부와 덕성으로 가는 진정한 길이 아니었다. 루소는 국민적 위대함의 추구, 타국과의 비교를 통한 시기심이 위와 같은 거짓된 상태를 조장한다고 생각했기에 이를 억제하고 싶어 했다. 건강한 국민에게 필요한 것은 병든 자존심보다는 평등하게 경쟁적인 그러나 가슴 따뜻한 자존심이었다.

　이제 스미스로 돌아가보자. 내 생각에 루소와의 비교를

---

* 　Hans Caspar Hirzel, *Die Wirtschaft eines Philosophischen Bauers*. 이 책은 본래 다음 시리즈의 1권으로 출간되었다. *Abhandlungen der Naturforschenden Gesellschaft in Zürich* (Zurich: Heidegger und Comp., 1761). 프랑스어판은 다음과 같은 제목으로 그 이듬해에 출간되었다. *Le Socrate rustique, ou description de la conduite économique et morale d'un paysan philosophe* (Zurich: Heidegguer, 1762). 〔Paul H. Johnstone, "The Rural Socrates," *Journal of the History of Ideas*, 5:2 (1944), pp. 151-75.〕

위해 가장 참고하기 좋은 지점은 그의 대외무역 이론이다. 우리는 스미스를 중상주의 또는 사회가 교역에서 이익을 얻어내야 한다는 생각에 철저하게 맞선 인물로 바라보곤 한다. 다른 식으로는, 같은 맥락에서 스미스가 생산의 문제에 집중했다는 주장도 항상 제기되고 있다. 그 자체는 사실이겠지만 다음과 같은 질문을 던질 필요가 있다. 생산이라면, 어떤 시장을 위한 생산이란 말인가? 오직 국내 시장만을 겨냥한 것인가, 아니면 해외·세계 시장을 포함한 이야기인가? 스미스가 수출, 즉 외국 소비자들을 겨냥한 생산을 열광적으로 지지했다는 사실을 깨닫는 것은 중요하다. 그는 국제적 차원의 경제적 경쟁을 두고서, 그리고 수출 경쟁력을 만들어내고 (가능하다면) 이를 영원히 유지하기 위한 전략을 두고서 신중하고 끈질긴 사유를 전개했다. 이러한 목표를 달성하기 위해 국가의 군사력과 정치력을 사용하는 데 동의했다면 스미스는 중상주의자가 되었을 것이다. 그러나 그는 그 선택지를 단호하게 거부했으며 따라서 잉글랜드의 정책에 대한 자신의 극심한 비판에도 불구하고 의회가 자신에게 그토록 호의적인 반응을 보였다는 사실에 매우 놀랐다. 사람들이 《국부론》을 실제로는 제대로 읽지 않는다고 처음으로 의심한 사람은 아마도 스미스 본인이었을 것이다. 명백한 예시를 하나만 들자면, 스미스는 국가의 수출을 지원하기 위해 식민지 체제를 이용하는 것에 반대했다. 그가 볼 때 이러한 정책은 경쟁을 완성하기보다는 회피하는 선택지였다. 자유를 상실한 시장에 마음껏 상품을 공급하는 것은 쉬운 일이었지만, 이는 곧 퇴보로 가는 지름길이었다. 불량품을 식민지 주민에게 강제로 판매하는 나라는 불가피하게 게을러지고 비효율적이게 될 테니 말이다. 스미스는 시장을 두고 다툴 수밖에 없는 입장에 있던 억센 경쟁국들이 조만간 영국을 추월할 것이라고 내다보았다. 그렇게 되면 한때 영예로웠던 제국적·산업적 강대국은 이제껏 제국의 경영에서 범해왔던 어리석음의 결과로 인해 국제적인 경제 경쟁에서 뒤처져 유럽의 중위 국가로 다시 추락할 것이 뻔했다. 역사는 스미스의 이러한 예측이 정확히 들어맞았음을 보여준다.

스미스는 영국의 미래를 위해 파멸적인 제국주의적 정책 대신 국제적 대결의 이론을 구상했다. 루소의 시장관, 곧 가정들 및 명예에 굶주린 개선 협회들이 연합하여 하나의 시장을 구성한다는 발상은 루소 본인이 정치사상에서 제시한 개별 국가의 틀을 그대로 반영하고 있었다. 루소는 국제적인 경쟁에서 각국이 명예를 추구하는 상황이 벌어질 수 있음을 이해했지만, 이것이 너무나도 위험하다고 보았다. 이러한 상황은 민족적 자존심이 격앙되고 통제 불가능한 상태가 되도록 부추기는 원천이 될 수밖에 없었다. 루소가 제시한 '대결'의 개념은 국내의 소비를 설명하려는 것이었다. 스미스는 해당 개념을 국제 무대로 확장하여 적용하고자 시도했고, 이로 인해 완전히 오해받을 뻔했다. 물론 후대인인 우리는 그의 저술이 '자유무역의 제국주의'를 위한 고전적인 전거가 될 운명이었음을 알고 있다. 그렇지만 그가 국제 경쟁competition을 옹호하는 대신 국제 대결emulation을 옹호했음을 정확하게 지적하는 것은 중요하다. 우리는 이러한 정리定理의 구성을 (아마도 '좋은 경제적 국제주의'가 더 적절한 명칭일 수 있는) '좋은 경제적 민족주의'를 만들어내는 고전적인 사례로, 혹은 건설적이고 진보적인 민족적 자존심, 인류애에 기초한 탓에 민족 간의 적개심이 존재하지 않는 경쟁의 한 예시로 보아야 할 것이다. 해당 용어는 비교적 덜 알려져 있는데, 왜냐하면 이 표현은 그 유명한 《국부론》이 아니라 《도덕감정론》의 1789년 최종 판본에서야 등장하기 때문이다. 즉 그것은 국제무역에 대한 그의 초기 분석이 아니라, 그가 애국심의 실천 윤리를 분석한 대목에서 등장했던 것이다. 그러나 이 사실을 명확히 하기 전에 해당 내용이 스미스의 체계에서 그저 부차적인 한 요소가 아닌 핵심 요소였던 이유를 먼저 이해해야만 한다.

루소는 건전한 해외무역에는 반대하지 않았으나, 대외무역이 사회도덕에 해를 끼치거나 건전한 수준에서 경쟁력을 유지하기 어려워지면 이를 포기할 준비가 되어 있었다. 그가 바란 것은 내수시장에 활기가 가득차고 국가 내에서 생필품을 자급자족하는 상황이었다. 대외무역은 사치품에 국한되었고, 사치품 교역은 실질적인 손실을 감수하지 않고도 포기할 수 있는 대상이었다. 근본적으로 루소는 폐쇄적 상업국가의 이론가였다. 즉 그는 국가가 군대를 통해서건 무역을 통해서건 외부로 팽창해야 한다는 생각에 반대했다. 그가 생각하는 균형성장이란 모든 시민이 자신의 노동 속에 지니고 있는 신성한 재산권에 바탕을 둔 국내적 성장이었다.

스미스는 애국심과 덕성에 대한 자신의 헌신에 의문을 제기하는 사람들을 못마땅히 여겼다. 그러나 그가 볼 때 무역은 유럽이 근대화를 향해 나아가기 위해 선택한 역행적 발전 경로의 핵심 요소였다. 그는 금융혁명의 여파 또한 다루어야 했다. 유럽의 무역이 성장함에 따라 효용적 정화正貨인 화폐의 필요성이 커졌고, 화폐 원재료의 부족과 갖가지 불편함을 해결하기 위해 지폐가 도입되었다. 스미스는 이러한 움직임을 진정한 혁신으로 보고 환영했지만, 동시에 18세기 근대국가의 군사-상업 복합체가 자신들의 고유한 목적을 위해 이 새로운 화폐적 수단을 탈취했다는 사실 역시 알아차렸다. 이것이 바로 그 유명한 국채 문제였다. 국채는 처음에는 르네상스 이탈리아, 그리고 그 이후 네덜란드 공화국에 도입된 혁신적인 전쟁 자금 조달 방법이었다. 유럽의 대국들이 초기 근대 공화국의 정치적 특징들을 하나씩 차용하기 시작하면서, 17세기 말부터 국채는 권력에 굶주린 군주국들이 전쟁 자금을 조달하기 위해 이용하는 수단으로 인기를 누렸다. 흄은 국채로 인해 세대 간 정의가 배반당하는 상황(이는 잠재적으로 미래의 세수를 무분별하게 끌어 쓰는 일이었으며, 흄의 표현을 빌리면 후대로부터 어음을 당겨쓰는 것이었다)을 크게 염려했으며, 국채를 해소하기 위한 해결책으로 국가의 자발적인 파산을 옹호했다.* 국채의 채권자는 대부분 국가가 그 이익과 재산을 보호해주어야 하는 자국 시민이었기에, 공화정에 가까운 국가일수록 국채를 없애기가 더욱 어려웠다. 프랑스 군주정이 파산을 선언하기를 바랐던 흄은 1760년대의 어느 시점에는 훗날 추기경이 될 로메니 드 브리엔Loménie de Brienne이 프랑스의 재무총감이 되기를 희망했으니, 이는 그가 왕실의 자발적 파산 선언에 찬성한다는 소문이 돌았기 때문이었다. 국왕의 절대적인 주권이

---

*　David Hume, "Of Public Credit," in *Essays Moral*, p. 361.

지닌 큰 이점 중 하나는 상대적으로 자유롭게 신민의 재산권을 침해할 수 있다는 점이었다. 흄은 이 권력이 한 번만이라도 유의미한 목적에 따라 사용되기를 바랐다.

스미스도 흄처럼 통상적으로 부채를 끌어 쓰는 국가는 부채로 인해 몰락할 것이라고 믿었으나, 다만 흄의 계획이 완전히 비현실적이고 위험하다고 생각했다. 스미스가 볼 때 올바른 대안은 실용적인 외교정책에서 찾을 수 있었다. 이는 곧 해외의 육상 전쟁에 개입하지 않고 유럽의 세력 균형에서 해상의 심판자 역할을 맡음과 동시에 항해조례Navigation Acts를 통해 확보한 대양 강국으로서의 영국의 지위를 보존하는 것을 의미했다(그는 항해조례가 진정한 공화주의적 천재성을 보여주는 정책이며 잉글랜드를 구원했다고 생각했다). 스미스는 이 두 가지 활동의 재원을 대외무역에서 생긴 이익으로 조달할 수 있으리라고 생각했다. 상인들이 얻은 이윤을 활용하고, 만일 전쟁 때문에 비상권력이 필요해진다면 이를 발동시키면 될 일이었다. 물론 이 발상은 국제무역이 인류 전체가 참여하는 거대한 상인공화국에서 중립적인 규정에 따라 이뤄지므로 전시에도 무역이 지속될 것이라는 가정에 바탕을 두고 있었다. 여기에는 재무부가 비상시국에 상인들에게서 받은 〔지폐, 수표, 어음 같은〕 종이 증서가 세계라는 거대한 상업공화국에서 활동하는 은행가들을 통해 금과 은으로 된 현금으로 전환될 수 있으리라는 가정 역시 함축되어 있었다.** 현금

**　이와 동일한 발상이 몽테스키외에 의해 제시되었다. Montesquieu, *The Spirit of Laws* (London: J. Nourse, 1750), XX.23. "부는 토지나 동산 재산으로

을 지불하고 영국의 환어음을 구매하고 싶어 할 사람이 어디서든 늘 있지 않겠는가. 스미스의 발상에는 영국이 비교적 신속하게 세계의 집단적인 금 비축량을 활용할 수 있다는 판단 역시 담겨 있었다. 스미스가 잘 알고 있던 바와 같이, 지폐만으로는 전쟁 수행에 필요한 자금을 조달할 수 없었다. 지폐의 가치는 전쟁 승패 확률에 대한 여론의 판단에 달려 있었기 때문이다. 마지막으로 일국의 상인들이 넘쳐나는 이윤을 만들어낸다는 가정은 그 나라가 높은 경쟁력을 갖추고 있고 운송이 용이하며 세계적으로 수요가 큰 수출품을 보유한다는 전제에 기초했다. 스미스가 해당 정책 권고안을 작성했을 당시 영국은 실제로 이러한 종류의 산업을 보유하고 있었으니, 그것은 바로 기계를 이용하는 동시에 작업장 차원에서 기술적 노동 분업을 활용하고 있던 잉글랜드 미들랜즈의 단추와 완구를 생산하는 공장이었다. 이 공장은 저렴하고 비교적 균일하면서도 고품질의 제품을 생산했다. 해당 제품은 운송이 수월했고 경쟁 상대가 거의 없었으며 많은 나라의 소비자에게 인기가 있었다. 이런 수출 역량이 없었다면 영국의 방위를 위해 지불할 국가 소득이 불충분했을 것이며, 국채를 감축하기 위한 몫은 더욱 부족했을 것이다. 그랬더라면 스미스는 결국 흄, 루소, 칸트 및 그 밖의 논자들과 같은 결론에 도달하

구성된다. 모든 나라의 땅은 보통 원주민이 소유하고 있다. 대부분의 국가의 법은 외국인이 땅을 구입하기를 꺼리게 만든다. 그리고 소유자가 있는 땅이라야 개량이 가능하다. 그러므로 이러한 종류의 부는 각각의 국가에 특정적으로 속한다. 그러나 화폐, 지폐, 환어음, 주식, 선박, 그리고 결국 모든 상품은 전체 세계 일반에 속한다. 이 점에서, 동산 재산은 지구상의 모든 사회들을 구성원으로 하는 단일국가에 속한다."

여 국가 부도 혹은 영구평화를 꿈꿨을 것이다. 그러나 스미스는 그 결론 중 어느 것도 신봉하지 않았으며, 사실을 말하자면 흄, 루소, 칸트 역시 마찬가지였다(하지만 이것은 별개의 이야기다).

또 다른 대안은 폐쇄적 상업국가를 수립하는 것이었다. 스미스 이전에는 스코틀랜드의 자코바이트인 제임스 스튜어트Sir James Steuart가, 그리고 좀 더 후대에는 독일의 철학자 피히테Johann Gottlieb Fichte가 이를 옹호한 바 있다.* 루소는 폴란드, 코르시카, 스위스를 폐쇄적 상업국가로 만들자고 주장했지만, 프랑스나 잉글랜드에 그 기획을 적용할 수 있으리라고 주장하지는 않았다. 그가 볼 때 프랑스와 잉글랜드는 이미 가망이 없었는데, 이것이 바로 루소가 프랑스는 〔빈민 문제 등〕 사회문제와 제국주의 및 시장정책에 따른 전쟁으로 인해 주기적인 혁명에 휩쓸리게 되리라고 예측했던 진짜 이유였다. 스미스 또한 정체된 국가에 대해 쓰면서 닫힌 국가라는 발상을 잠시 고민해본 적이 있지만, 이는 이 지면에서 논하기에는 너무 복잡한 문제이다.**

---

* Sir James Steuart, *An Inquiry into the Principles of Political Economy* (London: Printed for A. Millar and T. Cadell in the Strand, 1767); Johann Gottlieb Fichte, *Der geschlossene Handelsstaat: Ein philosophischer Entwurf als Anhang zur Rechtslehre und Probe einer künftig zuliefernden Politik* (Tübingen: Cotta, 1800).
** 〔옮긴이〕 폐쇄적 상업국가론에 대해서는 다음을 참조하라. Isaac Nakhimovsky, *The Closed Commercial State: Perpetual Peace and Commercial Society from Rousseau to Fichte* (Princeton, NJ: Princeton University Press, 2011). 제임스 스튜어트에 대해서는 다음을 참조하라. Cailean Gallagher, "The Jacobite Groundwork of James Steuart's Political Economy," *Modern Intellectual History*, First View (2025), pp. 1-20. https://

대신 스미스의 수출 전략은 자국 생산자들의 경쟁력을 무기로 여러 시장에서 승리할 수 있는 개방적 상업국가를 필요로 했다. 경쟁의 핵심은 가격 요소였다. 시장점유율을 유지하기 위해서는 경쟁력 있는 가격으로 제품을 제공해야 했다. 당시의 일반적인 믿음에 따르면 가격을 결정하는 주된 요소는 임금이었다. 고임금은 국민의 행복과 상대적 평등을 나타냈으나, 필연적으로 경쟁력 상실을 의미했다. 그로부터 경제적 위대함은 지속될 수 없다는 망령이 등장했으니, 이는 군사적·제국적 위대함이 지속되는 일은 전적으로 불가능하다는 생각이 당시의 통념으로 자리 잡은 것과 마찬가지의 상황이었다. 스미스는 기계를 사용하고 노동 과정을 재조직해 생산성을 높이는 것이 문제의 해결책이라 믿었다. 생산성 증대가 고임금을 상쇄한다면 높은 임금 수준을 그대로 유지하는 일이 가능하리라고 본 것이다. 높은 수준의 총이익과 임금을 유지하면서도 공장에서는 저렴한 고품질의 제품을 대량으로 출하할 수 있을 테니 말이다. 당시 영국의 정치경제 논쟁에서는 저임금 국가가 빈곤을 통해 임금과 가격 수준을 낮게 유지하고, 그렇게 함으로써 즉각적인 경쟁력을 확보해 성공적으로 선진국에 대적할 수 있게 되리라는 두려움이 팽배했다. 스미스는 자신의 해결책이 그런 두려움을 몰아낼 수 있다고 생각했다. 루소는 강인하고 가난한 국가가 여성화되고 사치스러운 국가보다 군사적으로 우월하다는 신화에 여전히 집착했는데, 이는 로마가 쇠퇴하고 게르만 부족의 침략으로 멸

doi.org/10.1017/S1479244325100127

망하게 된 근본 원인이 바로 사치였다는 생각에서 곧바로 파생된 것이었다. 그러나 이제는 사치스러운 국가가 더 가난하고 야윈 국가와 경쟁하는 과정에서 자신의 수출 무역업을 상실할 수 있다는 생각이 사람들을 새롭게 위협했다. 이러한 생각을 반박한 책이 《국부론》이었으니, 그것이 바로 스미스가 책의 시작 부분에서 기계와 기술적 노동 분업을 강조하면서 생산성을 근대인들이 국제 무대에서 경제적 성공을 거둘 수 있었던 열쇠로 칭송한 이유였다.

영국Britain은 잉글랜드라는 부유한 한 민족과 웨일스, 스코틀랜드, 아일랜드라는 가난한 세 민족으로 구성된 복합국가였다. 아일랜드인들은 자신들이 잉글랜드인들과 경쟁할 수 있다는 믿음을 민족적인 신조로 만든 최초의 사례였다. 잉글랜드인들조차 이 신조를 믿었기에 잉글랜드 정부는 아일랜드 경제를 무척이나 잔인하게 탄압함으로써 스코틀랜드인들로 하여금 두려움에 떨며 1707년 연합령을 통해 자발적으로 잉글랜드와 공동시장을 구성하게 만들었다. 처음에 네덜란드식 화물 집산 무역 모델을 채택하려고 시도했던 스코틀랜드인들이 이 실험을 위해 선택했던 장소가 바로 오늘날 파나마 운하가 있는 곳이다. 그러나 이 계획은 잉글랜드와 스페인의 이익을 침해했기에 정치적으로나 경제적으로나 실패했다. 그 결과로 탄생한 것이 세계 최초로 양자 간 합의에 따라 형성된 자유무역지대, 즉 1707년 잉글랜드와 스코틀랜드 간의 연합이었다.

스미스가 말한 대로 중상주의 체제가 제로섬 게임이라고 할 때, 과연 자유무역은 그렇지 않은지 여부는 명확하지 않다.

이 문제에서 비롯되는 어려움에 대한 스미스의 입장 자체가 그 불분명함을 잘 보여주는 예라고 할 수 있다. 한두 세대 아래의 프리드리히 리스트Friedrich List는 스미스가 지나치게 잉글랜드-스코틀랜드-아일랜드-미국 무역의 틀에서 사고했기 때문에 독립된 국가들 사이에서 이뤄지는 교역의 특성을 제대로 이해하지 못했다고 주장했다.* 아마 그럴지도 모르겠다. 어찌 됐든 이미 스미스는 그의 가장 친한 벗이자 스코틀랜드에서 가장 존경받는 사상가인 흄이 내놓은 주장에 맞서야만 하는 상황이었다. 흄은 부국과 빈국 사이의 무역에 관한 아일랜드인들의 논리를 잉글랜드-스코틀랜드 무역에 적용하여, 부국과 빈국 사이에 일어날 수 있는 순차적 이전 혹은 생산의 순환을 통해 더욱 단순하고 임금에 민감한 산업이 빈국으로 이동하는 반면 복합적인 고부가가치 생산품은 부국에 남아 그 우월한 지위를 더욱 증진할 것이라 주장한 바 있었다. 흄은 잉글랜드-스코틀랜드 경제연합의 작동 속도가 너무 느리다며 답답함을 토로했고, 부국-빈국 간 무역의 논리가 더욱 강력하게 작동하기를 기대했다. 스코틀랜드도 잉글랜드와 마찬가지로 영국에 속한다는 사실을 간과했던 많은 사람들은 흄이 '영국의 쇠퇴'를 예언하고 있다고 이해했다. 흄은 실제로는 18세기의, 그리고 어쩌면 그 이후 200년 동안 지속될 가장 큰 두려움, 즉 세계무역 독점이라는 주제에 관해 중대한 주장

---

*   Friedrich List, *The Natural System of Political Economy*, ed. W. O. Henderson (London: Cass, 1983), p. 319. 혼트는 리스트에 대해 다음 글에서 논한다. "Jealousy of Trade: An Introduction," pp. 148-55.

을 개진하고 있던 것이었다. 세계무역 독점론이란 부국은 더 부유해지고 빈국은 더 가난해진다는 논리로, 이는 루소에게 무척이나 중요한 것이었다. 흄은 경쟁을 통해 부국에서 빈국으로 생산이 이전하는 메커니즘이 그 문제에 대한 해결책이라고 보았다. 이 메커니즘을 최초로 떠올린 아일랜드인들이 그랬던 것처럼 말이다.**

몽테스키외는 자신의 미출간 시론 《보편군주정에 관한 성찰Réflexions sur la monarchie universelle en Europe》(1734)에서 미래의 유럽 연합 혹은 유럽의 평화를 위한 토대로 앞서 말한 메커니즘을 중요하게 제시한 바 있다. 왜냐하면 많은 동시대 프랑스인들에게서 그러했듯, 몽테스키외에게 이는 곧 영국이 상업에서 누리는 세계 패권이 자연스레 약화될 것임을 암시했기 때문이다.*** 그는 아마도 아일랜드인 은행가 캉티용이나 볼링브로크Henry St John, 1st Viscount Bolingbroke 서클과 접촉하면서 끌어냈을 이러한 이론을, 이미 언급한 바와 같이 1748년 《법의 정신》이 출판되면서 덩달아 재출간된 《로마인의 흥망성쇠 원인론Considérations sur les causes de la

---

**   이에 대해서는 다음 글을 참조하라. István Hont, "The 'Rich Country-Poor Country' Debate in the Scottish Enlightenment," in *Jealousy of Trade*; "The 'Rich Country-Poor Country' Debate Revisited: The Irish Origins and the French Reception of the Hume Paradox," in Carl Wennerlind and Margaret Schabas (eds.), *David Hume's Political Economy* (Abingdon: Routledge, 2008), pp. 243-321.

***   Montesquieu, *Réflexions sur la monarchie universelle* (1734), in Roger Caillois (ed.), *Oeuvres complètes* II (Paris: Gallimard, 1951), pp. 19-38.

grandeur des Romains et de leur décadence》제2판에 포함시켰다. 그러나 다시 한번 자기검열을 수행해 이 위험한 교리를 삭제해야만 했다.

프랑스인들은 이 이야기를 두고 많은 해석을 내놓았다. 마블리는 루소로 하여금 생-피에르를 바짝 따라가게 만들었으며 당대 유럽에서 손꼽히는 공화주의적 정치경제 이론가였는데, 그는 이런 메커니즘이 유럽 국가들의 경제에 주기적으로 재앙적인 성장을 초래하여 끊임없는 혁명의 위험을 낳을 것이라고 생각했다. 이와 달리 마블리의 동생인 에티엔 보노 드 콩디야크 Étienne Bonnot de Condillac를 위시한 또 다른 사상가들은 흄의 발상에서 마치 신의 섭리와도 같은 정의를 발견했다. 그들이 볼 때 흄이 묘사한 과정은 부자들이 자신의 지위를 상실하는 것이 아니라 빈자들이 부자들 사이로 합류하는 구조, 즉 꿩 먹고 알도 먹는 상황을 만들어내는 구조였다. 부국은 임박한 재앙의 조짐을 보고 경로를 수정하여 계속해서 더욱 복잡하고 수준 높은 생산으로 나아갈 것이었고, 이를 통해 자신의 장점을 유지할 뿐만 아니라 빈국의 성장도 허용할 것이었다. 그렇게 되면 결국 부국과 빈국 사이의 격차가 좁혀질 것이었다. 그럼에도 콩디야크는 결국 폐쇄적 상업국가 이론가들의 편에 섰다. 북부와 남부가 서로 생산품을 교환하는 것과 같이 생산물의 자연적 이질성에 기반하거나 고도로 지역화된 전문기술에 기반하는 상호보완적 무역은 바람직했다. 그러나 각국별 임금 수준 차이에 기초하여 동일한 생산품을 놓고 직접적인 경쟁을 벌이는 식의 교역이나 경쟁국 내수시장에서의 가격전쟁 등은 국제적으로 전쟁과 무정부 상태를 초래하고 세계평화에 너무 큰 짐이 될 것이기에 금지되어야만 했다. 국제무역으로 인해 경쟁이 격화되는 흐름은 그것을 감독하는 세계국가 없이는 다루기 매우 어려운 것이었다. 이들 사상가 중에서 세계국가라는 괴물 같은 실체가 실현 가능하다거나 바람직하다고 생각한 사람은 아무도 없었다. (특이한 예외로 프랑스혁명기의 아나카르시스 클로츠Anacharsis Cloots가 있는데, 그는 몽테스키외와 스미스가 언급했던 세계상업공동체의 대항마로 정치적인 세계공화국을 형성할 다원합의제를 꿈꿨다. 그러나 얼마간은 폐쇄적인 가격 통제 국가라는 자코뱅파의 구상을 위협하는 경쟁 사상을 제안한 대가로 로베스피에르에게 자신의 목을 내놓아야만 했다.*)

스미스는 경쟁력을 갖춘 수출국들에 관한 자신의 구상이 중상주의적 경쟁 개념과 구별되도록 해야만 한다는 점을 잘 알았다. 그는 국민적 자존심의 부정적인 형태, 즉 국가 간 적대감의 쟁점을 마주해야 했다. 이 문제를 풀기 위해서는 긍정적인 경제적 결과를 이끌어낼 수 있는 적절히 선량한 행위자가 필요했다. 루소는 무엇보다도 애국심의 철학자였다. 루소가 보기에 대결은 애국심에서 비롯되는 현상이었다. 스미스는 애국심이 양날의 검이라는 사실을 이해하고 있었다. 애국심은 단순히 국가 안보를 수호하려는 경계심 및 정치적 의무를 다하려는 열광과 동일시될 수 없는, 이것들을 훨씬 뛰어넘는 것이었다. "나라 사랑love of country"은 심리적인 현상이자 국가들의 정체성, 자기존중,

---

* 〔옮긴이〕 혼트의 이 주장은 근거가 빈약하다. 클로츠는 전시 상황에서 외국인이라는 이유로 첩자 혐의를 받아 (부당하게) 처형된 것이며, 그의 처형은 그의 경제사상과 무관했다.

인정 추구와 관련되어 있었다. 애국자들은 민족의 역사와 문화를 숭배했으며 이는 종종 그 정도가 지나쳤다. 애국심은 집단적 자존심이었고, 개인의 불안을 완화하는 기능을 수행했다. 스미스는 다음과 같이 적었다. "우리는 자국을 엇비슷한 타국과 비교할 때 자국의 우월성을 자랑스럽게 느끼며, 어느 경우에든 뒤처지는 것처럼 보이면 굴욕감을 느낀다." 이는 루소의 견해와 동일했다. 이런 시선에서 볼 때 경제적 차원은 이목이 집중되는 주제였다. 스미스는 자국의 "번영과 영광"이 "우리 자신에게 일종의 명예를 수여하는 것 같다"고 설명했다.* 경제적 애국심은 종종 시기심의 정치에 가까운 형태를 띠었다. 스미스는 이어서 이렇게 말했다. "우리는 조국에 대한 사랑 때문에 종종 인접국의 번영과 증대를 가장 악의에 찬 질투와 시기심을 가지고 보게 된다."**

그러나 자기확신이 없는 나라는 쇠퇴했고, 경쟁이 없는 시장은 제대로 기능하지 않았다. 따라서 스미스는 국민적 편견과 시기심의 해로운 결과를 없애는 동시에 국가의 자존심과 경제성장 모두를 극대화할 대안을 모색했다. 그의 대안은 "국가적 대결", 즉 국가들이 명예를 얻기 위해 경제적 탁월성을 추구하는 경쟁이었다. 고전적 사상에서 대결은 질투의 긍정적인 형태로 인식되었다. 대결은 "우리 자신이 뛰어나야 한다는 불안한 욕망"으로, "원래 다른 이들의 우수성에 대한 선망에서 비롯된"

---

*   Smith, *TMS*, VI.ii.2.2.
**   Ibid., IV.ii.2.3.

것이었다.*** 시기심과 대결은 유사한 구조를 지닌 감정으로 이 둘은 종종 구분하기 어려웠다. 다만 대결은 타인을 능가함으로써 승리하기를 원하는 반면, 시기심은 승리를 위해서라면 타인을 훼방놓는 방식도 적극 고려한다는 점에서 명확한 차이가 있었다. 다시 말해 두 개념의 차이는 우월성을 달성하기 위해 선택하는 수단에 있었다. 시기심의 경우, 국가이성과 마찬가지로 결과가 수단을 정당화했다. 대결 또한 일종의 질투였다. 라틴어 아이물라티오aemulatio(질투)에 대응하는 표현으로 아리스토텔레스가 사용했던 원래의 그리스어 단어는 젤로스zelos 또는 '열의zeal'였으며, 이는 영어 단어 '질투jealousy'(원래는 'zealousy')의 어근이었다. 시기심이 증오를 낳았던 반면, 대결은 열의, 노력, 분투, 진보를 만들어냈다. 대결 자체에 덕성을 추구한다는 뜻이 함축되어 있지는 않았다. 정확히 말해 대결은 영광과 명예를 획득하고자 하는 지칠 줄 모르는 열의, 즉 야망의 자식이었다. 대결은 민족이 위대해지기 위한 수단이었다. 그것은 서로를 비교하는 민족적 자아의 활동 중 한 부분인 자존심의 건설적인 형태였다. 스미스는 개인들이 추구하는 "대결의 (……) 원대한 목표"는 "인류의 존경과 찬양을 받을 자격을 얻고, 그런 존경을 획득하고 즐기는 것"이라고 썼다.**** 이는 민족들에게도 동일하게 적용되는 사항이었다. 스미스는 루소가 제시한 국내에서의 대결이라는 개념을 지지했다. "자기 직업에서 뛰어난 능력을 보여준 기술자 및

***   Ibid., III.2.3.
**** Ibid., I.iii.3.2.

제조업자에게 공적으로 수여되는 포상"은 개선을 촉진할 수 있는 공정한 방법이었다.* 기량 및 품질을 걸고 치러지는 대결에 비시장적인 장려책을 도입하면 기술 개발을 촉진하고 시장 경쟁을 강화할 수 있었다. 또한 이는 빈국이 부국을 따라잡도록 조력하고 이전에 존재하지 않았던 새로운 시장을 창출했다.

  스미스는 이러한 대결 개념을 훨씬 더 큰 규모인 국가 수준에 적용했다. 국가의 층위에서 '대결'은, 그 정의에 따르면 '애국심'의 경쟁자가 되어야 했다. 여기서 스미스는 다른 나라의 문화적·경제적 성취에 대한 전 세계의 평가를 시기심의 대항력으로 활용하고, 애국심에서 비롯된 국가 간의 적개심을 인류애로 완화하는 방책을 최선의 선택지로 제안했다. 이는 문제가 많은 해법이었다. 민족 간의 적개심은 "자존심과 원한resentment" 속에서 생겨났다.** 인류애는 민족 간의 적개심과는 별개의 심리적 근원에서 비롯되었으며 그러한 정념에 필적할 만한 것이 못되었다. '우리나라 사랑'이라는 문제는 단순히 그것이 '인류애'와 분리된 정념이라는 것, 또한 그로 인해 개인들과 민족들로 하여금 조국과 인류를 향한 상충하는 애정 사이에서 협상하기를 끝없이 요구한다는 것에 국한되지 않았다. 스미스는 '애국심'이 '인류애'보다 훨씬 더 강한 감정이기 때문에 둘 사이의 경쟁에서 인류애가 패배할 수밖에 없음을 인정했다. 그가 볼 때 더 큰 문제는 애국심이 민족들로 하여금 인류애에 "부합하지 않게 행동하

---

*   Smith, *WN*, IV.v.a.39.
** Smith, *TMS*, VI.ii.1.4

도록" 강요한다는 점이었다.*** 명예와 시기심은 개인 간 비교와 민족 간 비교를 통한 평가에 기반을 둔 감정이었다. 명예는 대결을 불러일으킬 수는 있었으나 그 대결이 과도해지는 상황을 억제할 수는 없었던 것이다.

    우리는 흥미로운 지점에 도달하게 되었다. 이는 정치제도에 관해 루소가 준비했던 대작의 일부분에서, 즉《사회계약론》원고 중 소위〈제네바 원고〉라 불리는 글에서 맨 처음 두 개의 장이 다룬 문제의 영역이다. 해당 장은 지구사회global society와 민족사회national society 간의 긴장과 그에 수반되는 사회심리학에 초점을 맞췄다. 그러나《사회계약론》의 출간본에서 루소는 이 내용을 삭제하고 논의를 민족사회에만 적용했다. 스미스는 애국심을 제대로 설명하기 위해《도덕감정론》에서 해당 주제를 다시 다뤘지만, 그의 결론은 잠정적이고 미적지근한 것이었다. 또한 그의《국부론》은 인류의 부가 아닌 국부國富만을 논의했다. 스미스는 인류의 부를 곧바로 달성하기란 불가능하며 다양한 국민적 행위자들의 활동을 통해 가장 잘 달성할 수 있다고 생각했다.

    루소와 스미스 양자 모두 이 문제를 해결하지 못했다는 언급으로 이 논의를 마무리하는 것이 아주 적절해 보인다. 이렇게 하는 이유는 두 사상가가 같은 지점에서 실패했다는 점, 그리고 그들의 주장은 이전까지 우리가 추정했던 것보다 종종 더 유사했다는 점을 보여주기 위해서다. 덧붙여 말하자면, 위 문제를 해결하기 위한 논의에서 우리가 과연 그들보다 더 큰 진전을 이

***   Smith, *TMS*, VI.ii.2.4.

뤘는지는 불분명하다. 올해 강연에서 나는 과연 우리가 18세기에 비해 이론적으로 진보했다고 볼 수 있는가에 대한 나의 다소 회의적인 입장이 좀 더 수월하게 용서받기를 바란다. 지금은 일견 상반되어 보이는 루소와 스미스의 사상 체계를 다시금 생각해보기에 좋은 시점이다. 우리는 결국 비교를 통해 배울 수밖에 없다. 자존심, 국민국가, 그리고 상업은 여전히 근대 정치이론의 필수 요소이며,《국부론》과《사회계약론》은 여전히 근대성을 논할 때 가장 자주 언급되는 책에 속한다. 여러분이 스미스와 루소의 글이 지금까지 그러한 지위를 유지하고 있는 까닭을 이제까지와는 다른 방식의 독해를 통해 이해하는 데 얼마간이라도 도움이 되었다면, 이 책은 목적을 달성한 셈이다. 지금까지 이 위대한 저작들에 대한 오해가 지나치게 오래 이어져왔다.

편집자 소개글

2013년 봄에 타계한 이슈트반 혼트는 다수의 미발표 작업을 남겼다. 그중 가장 광범위한 주제를 다룬 것은 그의 마지막 작업으로, 2009년 2학기 Hilary Term 옥스퍼드대학에서 진행된 칼라일 강연 Carlyle Lectures의 원고였다. 강연은 스미스와 루소의 사상을 주제로 여섯 차례에 걸쳐 이뤄졌다.* 이 강연을 듣는 것은 지적으로 짜릿한 일이었다. 생전에 혼트는 상세한 대본 없이도 자신이 즐겨 다루는 다양하고 복잡한 주제를 유창하고 정확하게 설명할 수 있는 훌륭한 강

---

* 원래 이 강연의 제목은 "상업사회에서 정치사상의 전망: 장-자크 루소와 애덤 스미스의 비교 Visions of Politics in Commercial Society: Comparing Jean-Jacques Rousseau and Adam Smith"였다. 혼트는 이 원고를 활용해 2010년 예나에서 쉴러 강연을, 보스턴에서 베네딕트 강연을 했다. (이 강연의 원제는 18세기 이전, 즉 17세기까지에 주로 집중한 퀜틴 스키너의 3권짜리 저서 제목 《정치사상의 전망 Visions of Politics》에 대한 참조를 품고 있다고 봐야 한다. Quentin Skinner, *Visions of Politics*, vol. 1: *Regarding Method* (Cambridge: Cambridge University Press, 2002); Quentin Skinner, *Visions of Politics*, vol. 2: *Renaissance Virtues* (Cambridge: Cambridge University Press, 2002); Quentin Skinner, *Visions of Politics*, vol. 3: *Hobbes and Civil Science* (Cambridge: Cambridge University Press, 2002.)

연자였다. 그런 그가 이 강연의 출간을 준비하기 위해 노력을 쏟았다는 사실에서, 우리는 그가 강연 내용이 얼마나 중요하다고 생각했는지, 또 그 내용 자체가 얼마나 풍성한지 짐작할 수 있다. 강연은 여섯 차례에 걸쳐 밀도 높게 진행되었지만, 그럼에도 단번에 흡수하기에는 너무나 많은 내용을 담고 있기에 듣는 것보다 읽는 것이 낫다. 이 강연은 30년이 넘는 세월에 걸쳐 축적된 연구의 결과물 또는 증류물이며 실제로 그만한 깊이를 보여준다. 당연하게도 이 강연의 주제는 스미스와 루소의 사상, 좀 더 구체적으로 말하자면 두 사상가의 이론적 관심사가 여전히 제대로 인식되지 않고 있지만 실제로는 분석적으로 인접해 있다는 것이다. 그러나 이 강연에는 또 다른 핵심적인 주제가 있으니, 바로 근대의 정치다. 이는 국민국가, 전 지구적 상업, 사회적 불평등, 국제적 경쟁 그리고 (전적으로 명백한 방식은 아닐지라도) 민주적 책임성 따위의 쟁점을 망라한다. 혼트가 마지막 강의인 이 책 6장에서 말하다시피 이것들은 현대 정치이론의 핵심을 이룬다. 또한 이 주제들은, 그가 이 강연에서 보여주고자 했듯 루소와 스미스의 사상 사이에 놀라울 정도로 강한 지적 수렴을 일으키기도 했다.

    두 인물의 지적 수렴은 스미스가 다분히 의도적으로 만들어낸 것이다. 잘 알려져 있다시피 스미스는 1755년 루소의 《인간불평등기원론》이 출간되자마자 서평을 썼으며, 핵심 구절 일부를 이후 1759년에 출간된 자신의 《도덕감정론》에 재수록했다. 이 사실은 글래스고판 스미스 전집에서 언급되었으나, 서평에 숨겨진 도덕적·정치적 함의가 무엇인지는 아직 거의 밝혀진 바가 없다. 이것이 혼트의 강연에서 상당한 비중을 차지하는 주제다. 그가 첫 번째 강의인 이 책 1장에서 보여주듯, 루소가 검토한 연민이라는 감정, 그리고 그것의 정서적 지향성이 가진 독특한 이중초점적bifocal 특성은 스미스가 전개한 매우 섬세한 도덕이론의 출발점이 되었다.

    스미스의 도덕이론을 작동시키는 부품들을 식별하고 조립하는 일은 언제나 어렵다. 이 강연에서 혼트는 스미스가 제시한 공정한 관찰자라는 개념 자체를 새롭게 조명함으로써 해당 개념을 규명하는 중요한 길을 개척했다. 혼트가 그렇게 할 수 있었던 이유는 그가 허치슨과 흄을 옆에 두고 루소와 홉스를 읽었기 때문이다. 그렇게 함으로써 그는 루소에 대한 서평에 드러난 스미스의 사상을 유럽의 더 넓은 지적 맥락 속에 위치시킬 수 있었다. 스미스의 도덕이론을 연구할 때, 혼트는 최근 루소 학계의 새로운 성과, 특히 18세기에 루소가 홉스주의자로 또는 적어도 홉스의 온건한 추종자로 분류될 수 있었음을 보여주는 연구 성과도 충분히 활용할 수 있었다.* 이렇게 루소를 역사적·분석적으로 더 정확하게 독해함으로써 혼트는 스미스의 감정론을 오늘날 20세기 후반의 인정이론recognition theory으로까지 연결되기도 하는 자아self에 대한 광범위한 논쟁의 틀 안에 어떻게 올바르게 위치시킬 수 있는지를 더욱 쉽

---

*   이러한 관점에 대해서는 다음 저서들을 참조하라. Richard Tuck, *The Rights of War and Peace: Political Thought and the International Order from Grotius to Kant* (Oxford: Oxford University Press, 1999), pp. 197-207; Béla Kapossy, *Iselin contra Rousseau: Sociable Patriotism and the History of Mankind* (Basel: Schwabe, 2006). 다음 저서도 참조하라. Maurice Cranston and Richard S. Peters (eds.), *Hobbes and Rousseau: A Collection of Critical Essays* (New York, NY: Anchor Books, 1972).

게 파악할 수 있었다.* 혼트에 따르면, 인정 이론은 홉스로부터 시작되었으나 그것이 근대 정치에 시사하는 바가 충분히 밝혀진 것은 루소와 스미스에 이르러서였다.

특히 분업과 상업사회로 인해 자아의 독립성과 의존성이 뒤섞이던 흐름 속에서, 루소와 스미스가 자아와 그것의 문제적 성격에 공통된 관심을 기울였다는 사실은 그들이 동일한 지식인 집단을 상대로 이야기하고 있었음을 의미한다. 그 지식인 집단에는 영국-네덜란드 정치도덕론자 맨더빌이 포함되는데, 그의 저서 《꿀벌의 우화》에 나온 연민에 대한 논의는 스미스-루소 간 대화가 촉발될 수 있도록 많은 자극을 주었다.** 또 다른 인물로는 프랑스 고등법원 판사 몽테스키외가 있는데, 스미스-루소 간 대화가 확장되면서 다뤄지는 주제는 거의 대부분(혹은 전부가) 그의 《법의 정신》에서 제시된 것이다. 스미스-루소 간 대화에 영향을 끼친 세 번째 지식인은 놀랍게도 로크다. 혼트는 스미스가 《도덕감정론》에서 루소와 어떻게 대결했는지를 재구성하여 스미스가 '공정한 관찰자' 개념에 도달하는 과정을 더욱 쉽게 파악할 수 있도록 해준

---

*   Frederick Neuhouser, *Rousseau's Theodicy of Self-Love: Evil, Rationality, and the Drive for Recognition* (Oxford: Oxford University Press, 2008); Pierre Force, *Self-Interest before Adam Smith: A Genealogy of Economic Science* (Cambridge: Cambridge University Press, 2003); N. J. H. Dent and T. O'Hagan, "Rousseau on amour-propre," *Proceedings of the Aristotelian Society*, Supplement 72 (1998), pp. 57-74.

**   Edward Hundert, *The Enlightenment's Fable: Bernard Mandeville and the Discovery of Society* (Cambridge: Cambridge University Press, 1994); Mikko Tolonen, *Mandeville and Hume: Anatomists of Civil Society* (Oxford: Voltaire Foundation, 2013).

다. 마찬가지로 혼트는 루소가 로크와 대결한 방식을 재구성함으로써 스미스가《국부론》전체의 밑바탕에 깔린 독특한 역사적·정치적 전망에 도달하는 과정을 더욱 분명히 알 수 있게 해준다.

루소와 스미스는 오랫동안 완전히 다른 유형의 경제적·정치적 사상가로 간주되었다. 스미스는 자유무역, 제한정부, 야경국가의 대변인으로 인식되었다. (스미스의 표현을 따르자면) 상업사회의 근본적인 특징은 국가와 시장의 연결에서 비롯되었는데, 루소는 그러한 연결의 모든 측면을 비판한 18세기의 대표적인 인물로 알려졌다. 그러나 근래에는 두 사람의 사상적 유사성에 주목하는 것이 더 일반적인 경향으로 자리 잡았다. 다만 이러한 경향은 한편으로는 (과거 루소에게 덧씌워졌던 이미지인) 상업사회 비판론을 스미스에게서 찾아내는 방식으로, 다른 한편으로는 두 사람 모두를 현대적인 (그리고 종종 '미국적인') 정치철학자의 유형에 가깝게 해석하는 방식으로 전개되었다.*** 이와 대조적으로 혼트의 강연은

***   몇몇 쟁점에 대한 초기 논의로는 다음을 참조하라. Dennis C. Rasmussen, *The Problems and Promise of Commercial Society: Adam Smith's Response to Rousseau* (University Park, PA: Pennsylvania State University Press, 2008); *The Adam Smith Review* 7 (2013), pp. 323-31에 게재된 라스무센 Dennis C. Rasmussen과 클라인Daniel B. Klein의 후속 논의를 보라. 또한 다음을 참조하라. Benjamin Fridén, *Rousseau's Economic Philosophy: Beyond the Market of Innocents* (Dordrecht: Kluwer Academic Publishers, 1998); Samuel Fleischacker, *On Adam Smith's "Wealth of Nations": A Philosophical Companion* (Princeton, NJ: Princeton University Press, 2004); Catherine Larrère, "Adam Smith et Jean-Jacques Rousseau: sympathie et pitié," *Kairos* 20 (2002), pp. 73-94; Emma Rothschild, *Economic Sentiments: Adam Smith, Condorcet, and the Enlightenment* (Cambridge, MA: Harvard University Press, 2001). 스미스에 대한 더 확장된 범위의 연구에 진입하는 경로로는

양자를 비교하면서 두 인물의 루소적 면모보다 스미스적 면모를 부각시킨다. 혼트식 해석의 토대에는 18세기 당시에 통용된 도덕적·정치적 유형화가 있다. 그러한 유형들에 흔히 부여되곤 했던 고대식 명칭에 따르면, 루소와 스미스는 모두 에피쿠로스주의자였다.*

첫 두 장에 붙어 있는, 순전히 농담조로 볼 수만은 없는 부제 '장-자크 루소 문제'와 '애덤 스미스 문제'는 바로 이러한 두 사상가의 수렴을 바탕으로 하고 있다. 한때 '애덤 스미스 문제', 즉 《도덕감정론》의 이른바 이타적 도덕이론과 《국부론》의 대단히 노

다음을 참조하라. Knud Haakonssen (ed.), *The Cambridge Companion to Adam Smith* (Cambridge: Cambridge University Press, 2006); Knud Haakonssen (ed.), *Adam Smith* (Aldershot: Ashgate, 1998); Christopher L. Berry, Maria Pia Paganelli, and Craig Smith (eds.), *The Oxford Handbook of Adam Smith* (Oxford: Oxford University Press, 2024); *The Adam Smith Review*, 14 vols. to date (London: Routledge, 2004-2024); *Annales de la Société Jean-Jacques Rousseau*, 57 vols. to date (Geneva: Droz, 1905-2025).

* 혼트는 스미스와 루소의 도덕이론에 대한 비교연구를 2001년 [네덜란드] 호린험에서 열린 학회(Grotius and the Stoa)에서 처음 발표했다. 최근 연구에 대해서는 다음 책을 참조하라. Fonna Forman-Barzilai, *Adam Smith and the Circles of Sympathy* (Cambridge: Cambridge University Press, 2010); Michael Frazer, *The Enlightenment of Sympathy: Justice and the Moral Sentiments in the Eighteenth Century and Today* (Oxford: Oxford University Press, 2010); Jerry Evensky, *Adam Smith's Moral Philosophy: A Historical and Contemporary Perspective on Markets, Law, Ethics, and Culture* (Cambridge: Cambridge University Press, 2005). 루소를 일종의 견유학파로 보는 혼트의 해석에 대해서는 다음 책을 참조하라. Michael Sonenscher, *Sans-Culottes: An Eighteenth-Century Emblem in the French Revolution* (Princeton, NJ: Princeton University Press, 2008).

골적인 이기심 이론을 비교하는 작업에서 제기된 문제가 있었다는 것은 익히 알려진 사실이다. 혼트에 따르면, 루소에게도 동일한 유형의 문제가 나타난다. 루소의 경우 ('제2논고'라 불리는) 《인간불평등기원론》에 나타난 인정 추구, 재산 형성, 그리고 계급 차별과 같은 역학관계에 대한 암울한 설명이 《사회계약론》의 분석적 핵심이라 할 수 있는 사회계약 및 주권적 일반의지와 어떻게 조화될 수 있는지 이해하기가 쉽지 않다는 난점이 있다. 간단히 말하자면 '장-자크 루소 문제'가 존재했던 것이다. 이는 독일의 철학자 에른스트 카시러가 1932년 공개 강연에서 사용한 표현으로, 19세기 독일의 역사경제학자 아우구스트 옹켄이 내놓은 (이제는 더 잘 알려진) '애덤 스미스 문제'를 모방한 용어다.[**] 혼트의 강연은 서두에서 이 두 문제를 함께 배치한다. 그 덕분에 우리는 각 문제의 잘 요점을 파악할 수 있고, 나아가 그것들의 결과물이 각각 어떠한 구성과 내용을 담고 있는지도 잘 이해할 수 있다.

강연의 순서를 통해 강조하고자 했듯이, '장-자크 루소 문제'가 '애덤 스미스 문제'보다 먼저 등장했다. 이는 루소의 초기 저작이 《도덕감정론》에 선행했기 때문만은 아니다. 스미스가 루소에 대해 처음 내린 평가에서 이미 나타나듯, 루소는 《인간불평등

[**] August Oncken, "Das Adam Smith-Problem," in Julius Wolf (ed.), *Zeitschrift für Sozialwissenschaft*, vol. 1 (Berlin: G. Reimer, 1898), pp. 25-33, 101-8, 267-87; Ernst Cassirer, "Das Problem Jean Jacques Rousseau," *Archiv für Geschichte der Philosophie* 41 (1933), pp. 479-513. 영어판은 다음과 같다. Ernst Cassirer, *The Question of Jean-Jacques Rousseau*, ed. and trans. Peter Gay (New York, NY: Columbia University Press, 1954).

기원론》에서 인간 감정의 계보를 제시한 바 있다(그리고 이 계보는 혼트가 '제3논고'라고 불렀던 《언어기원론》에서 이어졌다). 스미스는 이를 분석 도구로 삼아 자신에게 가장 중요한 지적 대화의 상대였던 허치슨과 흄 두 사람이 도덕철학·정치철학에서 보여준 상반된 입장을 넘어설 수 있었다. 허치슨과 흄의 배후에는 맨더빌의 사상이 있었는데, 맨더빌 사상에 대한 루소의 논평은 혼트가 스미스의 논변을 되풀이해 보여주는 방식과 비슷하다. 다시 말해 루소는 사회성, 도덕성, 정치사상과 같이 서로 연관된 주제들을 당시 영어권의 맥락 안에서만 이뤄지던 것보다 더 정교하고 수준 높게 분석하는 방법을 제시하는 듯했다.

첫 두 장의 제목인 "상업적 사회성"은 18세기의 용어 두 가지를 합친 말이다. (단어들을 결합해서 각 단어의 개념적 의미를 더 잘 추출하는 혼트의 비범한 재능에 주목하자.)* 여기서 "상업적"은 스미스

---

* 〔옮긴이〕 Mark Nixon, "At Home in a World of Fictions: Commercial Sociability in Montequieu's *Persian Letters*," in Scott Breuninger and David Burrow (eds.), *Sociability and Cosmopolitanism: Social Bonds on the Fringes of the Enlightenment* (London: Pickering & Chatto, 2012), pp. 59-80; Andrew Hamilton, "Benjamin Vaughan on Commerce and International Harmony in the Eighteenth Century," in Scott Breuninger and David Burrow (eds.), *Sociability and Cosmopolitanism: Social Bonds on the Fringes of the Enlightenment* (London: Pickering & Chatto, 2012), pp. 101-20; 이승은, 〈18세기 상업사회의 정치사상과 정치경제학〉, 이우창 외 10인 지음, 《서구지성사입문》, 한국방송통신대학교출판문화원, 2025, 155~184쪽; 포콕의 상업적 인문주의commercial humanism 개념에 대해서는 다음을 참조하라. Lasse S. Andersen and Richard Whatmore, "Liberalism and Republicanism, or *Wealth and Virtue* Revisited," *Intellectual History Review*, 33:1 (2023), pp. 131-60; Richard Whatmore and Lasse S. Andersen, "John Pocock and

의 용어인 "상업사회"를 상기시키기 위해 선택된 말이다. 반면 "사회성"은 17~18세기에 진행된 신학적·자연법적 논의, 또는 현대에는 인류학적이라고 불리게 될 논의, 다시 말해 인간 본성에 대한 광범위한 논쟁을 넌지시 언급한 것이다. 한때는 두 용어를 결합해 만든 "상업적 사회성"이라는 문구가 동어반복으로 보였을 것이다. 그러나 18세기 중반에 이르면 해당 문구가 오히려 모순어법으로 여겨졌을 수도 있다. 첫 번째 의미에서 "상업"이라는 개념은 "사회"의 동의어나 마찬가지였지만, 두 번째 의미에서는 오히려 반의어에 가까웠다.

스미스가 처음으로 (수렵사회, 목축사회, 농경사회에 대립되는 의미에서) 명명한 "상업사회"의 도덕적·정치적 차원들을 이해하기 위해서는 앨버트 허시먼이 자신의 고전적인 연구에서 제시했던 '정념에서 이익으로의 전환'이라는 도식 이상의 분석이 필요하다. 그 까닭을 설명하기 위해서는 "상업적 사회성"이라는 문구의 두 의미 사이에 깊게 자리한 긴장으로까지 들어갈 필요가 있다. 혼트는 상당한 지면을 할애하여 우리를 그곳으로 안내한다.** 이어서 그는 이 문구의 두 구성요소가 이후 19세기의 위대한 홉스 연구자였던 페르디난트 퇴니스에 의해 공동사회와 이익사회로 명명되었음을 보여준다.* 대립되는 용어들의 이러한 언어적 결합은 상업사회

---

the Jealousy of Trade," *History of European Ideas* (2025) https://www.tandfonline.com/doi/full/10.1080/01916599.2025.2494411.

** Albert O. Hirschman, *The Passions and the Interests: Political Arguments for Capitalism before Its Triumph* (Princeton, NJ: Princeton University Press, 1977).

라는 개념에 깃든 생생한 도덕적·정치적 문제들을 지시하는 유용한 표지다. 또한 혼트의 주장에 따르면, (이 대립되는 용어들이 분명 진부한 어휘임에도) 이 결합은 '장-자크 루소 문제'와 '애덤 스미스 문제'가 18세기 당대의 현실에서도 실재했을 수 있다는 점을 알려주기도 한다. 혼트가 암시했다시피, 오늘날의 정치이론이 이 두 가지 문제 중 어느 하나라도 완전히 해결했는지는 분명하지 않다.

상업과 사회성이라는 두 용어 사이의 유사성, 그리고 루소 문제와 스미스 문제의 개념적 중첩은 혼트로 하여금 칸트의 '비사회적 사회성' 개념에 계속해서 관심을 갖도록 유도했다. 이는 칸트의 용어가 상업적 사회성 개념의 문제적 성격을 포착하는 데 상당한 도움을 주었을 뿐 아니라, 루소와 스미스를 함께 사유하는 것(분명히 칸트는 그렇게 생각했는데)이 가능해졌던 18세기의 마지막 20년 동안 어떠한 지적 사건이 발생했는지 살펴볼 수 있게 해주기 때문이었다. 이러한 의미에서 루소-스미스 간 대화에 관한 혼트의 논의는 정치사상에 대한 그 자신의 사유를 구성하는 폭넓은 관심사의 한 부분이었다.

혼트가 관심을 가진 대상은 주로 홉스의 (시대였던) 17세기에서부터 마르크스의 (시대였던) 19세기 사이에 출현한 정치사상이었다. 그는 정치와 경제를 함께 고려한 18세기의 사유가 역사적으로뿐만 아니라 분석적으로도 어떤 함의를 갖는지 고려하면서

---

*　　Ferdinand Tönnies, *Gemeinschaft und Gesellschaft: Abhandlung des Kommunismus und des Sozialismus als empirischen Kulturformen* (Leipzig: Fues's Verlag, 1887).

정치사상에 천착했다. 이 틀에서 보면 현대 정치이론은 홉스의 사상 자체만큼이나 홉스에 대한 반응과도 깊은 관계를 맺고 있다. 여기서 루소와 스미스는 두 흐름 모두의 후계자가 되었는데, 특히 푸펜도르프와 로크의 사상을 통해 홉스의 유산이 다시 떠오른 지점에서 그러했다. 혼트는 스미스-루소의 관계에 자신이 적용한 광범위한 시간적·분석적 관점을 강연 두 번째 쌍(3장과 4장)의 시작점으로 삼았다. 이 두 장은 정부들과 정부들의 역사들, 더 구체적으로는 두 개의 유럽, 즉 크게 남부에 뿌리를 두고 있는 고대적인 유럽과 주로 북부에서 기원하는 근대적인 유럽 사이의 관계를 다룬다.

혼트는 정치사상사에서 발견되는 규범적인 것과 역사적인 것 사이의 긴장을 예리하게 인지하고 있었다.** 그가 정치사상사 연구에 이른바 '케임브리지학파'가 존재한다는 생각을 언제나 못마땅하게 여겼던 이유는 흔히 그 가상의 학파의 구성원으로 손꼽히는 사람들에게서 앞서 언급한 긴장에 대한 일관된 (혹은 고민해본 흔적이라도 엿보이는) 응답을 찾아보기 어려웠기 때문이다. 혼

**   〔옮긴이〕 Richard Whatmore, "Intellectual History and the History of Political Thought," in Richard Whatmore and Brian Young (eds.), *Palgrave Advances in Intellectual History* (Basingstoke: Palgrave Macmillan, 2006), pp. 109-29; Darrin M. McMahon and Samuel Moyn (eds.), *Rethinking Modern European Intellectual History* (Oxford: Oxford University Press, 2014); Richard Whatmore and Brian Young (eds.), *A Companion to Intellectual History* (Chichester: Wiley-Blackwell, 2016); 안두환, 〈케임브리지 학파의 지성사와 역사주의 정치학〉, 《한국정치학회보》 55(1), 2021, 57~81쪽; 이우창, 〈지성사 연구의 방법들: 담론 연구, 개념사, 언어맥락주의〉, 《역사와 현실》 128, 2023, 363~398쪽.

트 자신이 이 긴장을 어떻게 다루고 있는지는 루소와 스미스의 상업적 사회성 문제를 검토한 뒤 정부와 정부의 역사에 관해 서술하고 있는 두 장에서 가장 잘 드러난다. 여기서 혼트는 정치사상사와 정치사상의 역사 서술에 접근하는 서로 다른 듯 보이는 두 방법 사이의 연결고리를 찾아내 묘사하는 데 많은 노력을 기울였다. 첫 번째 접근법은 '권리'에 초점을 두고 있다는 점에서, 그리고 그로티우스, 홉스, 푸펜도르프, 로크 등의 자연법학과 연관되어 있다는 점에서 더욱 명백하게 규범적인 측면을 지닌다.* 두 번째 접근법은 마찬가지로 명백하게 역사적인 측면을 지니는데, 이는 그것이 공화국에 초점을 맞추면서 시민적 인문주의, 신로마적 자유, 또는 간단하게 공화주의라고도 다양하게 지칭되어온 무언가와 관련된 일련의 도덕적·경제적·정치적 요소들에 주목하기 때문이다.** 혼트

---

*　〔옮긴이〕 Richard Tuck, *Natural Rights Theories: Their Origin and Development* (Cambridge: Cambridge University Press, 1979); Knud Haakonssen, *The Science of a Legislator: The Natural Jurisprudence of David Hume and Adam Smith* (Cambridge: Cambridge University Press, 1981); Knud Haakonssen, "Hugo Grotius and the History of Political Thought," *Political Theory*, 13:2 (1985), pp. 239-65; Knud Haakonssen, *Natural Law and Moral Philosophy: From Grotius to the Scottish Enlightenment* (Cambridge: Cambridge University Press, 1996); Martin Hugh Fitzpatrick, "From Natural Law to Natural Rights? Protestant Dissent and Toleration in the Late Eighteenth Century," *History of European Ideas*, 42:2 (2016), pp. 195-221; Nicolaus Tideman, "Pufendorf's Theory of the Origin of Property Rights and Its Relationship to Locke's Ideas," in Jürgen G. Backhaus, Günther Chaloupek, and Hans A. Frambach (eds.), *Samuel Pufendorf and the Emergence of Economics as a Social Science* (Cham: Springer, 2021), pp. 134-42.

**　〔옮긴이〕 J. G. A. Pocock, "Cambridge Paradigms and Scotch

는 역사 서술의 이 두 전통을 구성하는 개념적 요소들에 대한 안내자로 루소와 스미스를 활용했다. 이렇게 함으로써 그는 그 두 접근법이 과거에 상당히 공통된 개념적 기반을 지녔음을 보여줄 수 있었을 뿐 아니라, 정치사상사 및 그 역사 서술의 뚜렷한 특징이 되어버린 규범적인 것과 역사적인 것 사이의 긴장의 핵심에 정부와 그것의 기원이라는 주제가 놓이게 되는 이유를 설명할 수 있었다.

혼트는 오래전부터 흄의 사상을 깊이 연구해왔기에, 루소와 스미스가 어디서 만나고 어디서 헤어지는지 더 잘 파악할 수 있었다. 루소는 소유, 불평등, 그리고 궁극적으로는 혁명을 향해 미끄러지는 내리막길에서 벗어나기 위해 로크의 정치사상, 특히 로

Philosophers: A Study of the Relations Between the Civic Humanist and the Civil Jurisprudential Interpretation of Eighteenth-Century Social Thought," in Istvan Hont and Michael Ignatieff (eds.), *Wealth and Virtue: The Shaping of Political Economy in the Scottish Enlightenment* (Cambridge: Cambridge University Press, 1983), pp. 235-52; James Hankins (ed.), *Renaissance Civic Humanism: Reappraisals and Reflections* (Cambridge: Cambridge University Press, 2000); Martin van Gelderen and Quentin Skinner (eds.), *Republicanism: A Shared European Heritage, vol. 1: Republicanism and Constitutionalism in Early Modern Europe* (Cambridge: Cambridge University Press, 2002); Martin van Gelderen and Quentin Skinner (eds.), *Republicanism: A Shared European Heritage, vol. 2: The Values of Republicanism in Early Modern Europe* (Cambridge: Cambridge University Press, 2002); J. G. A. 포칵, 《마키아벨리언 모멘트: 피렌체 정치사상과 대서양의 공화주의 전통》(전 2권), 곽차섭 옮김, 나남, 2011; 한스 바론, 《초기 이탈리아 르네상스의 위기 : 고전주의와 전제주의 시대의 시민적 휴머니즘과 공화주의적 자유》, 임병철 옮김, 도서출판 길, 2020; Bee Yun, "A Long and Winding Road to Reforming the Corrupt Republic. Niccolò Machiavelli's Idea of One-Man Reformer and His View of the Medici," *History of Political Thought*, 41:4 (2020), pp. 539-58.

크가 로버트 필머의 부권주의적 정치이론에 맞서 《통치론》에서 제시한 저항이론에 크게 의존했다. 혼트가 보여주듯, 계약에 의한 정치적 관계가 완전히 확립되기 이전의 정치적 상황이 어떠했는지에 대한 루소의 묘사는 로크가 《통치론》에서 제시한 자연상태와 비슷했다. 먼저 소유, 화폐, 불평등에 의해 분열을 겪게 된 초보적인 사회가 있었다. 다음에는 사회계약과 정부가 있었다. 마지막으로 초창기에 정부가 저지른 잘못에 대한 반성의 결과로서 헌법과 입헌정부가 나타났다. 루소는 이 순서를 따랐다. 즉 법이 먼저 나왔고, 정부가 그 뒤를 따랐다. 그러나 스미스는 정반대의 순서를 따랐다. 정부가 먼저 나왔고, 그 뒤를 따라 법률과 입법이 나타났다.* 혼트가 보여주다시피 이러한 차이에 지대한 영향을 미친 것은 흄의 사상, 특히 정의justice를 인위적인 덕성으로 규정하여 검토하고, 그에 더해 소유권의 등장 과정을 재구성한 흄의 설명이었다. 혼트가 마찬가지로 보여주듯, 최근의 정치사상사 및 그 역사 서술의 정형화된 분류 체계가 사용하는 용어를 따르자면, 이는 '진정한 공화주의자'에 해당하는 인물이 루소가 아닌 스미스임을 의미한다. 정치권력의 균형이 재산 분배의 균형을 따른다고 주장했던 17

---

*   혼트는 이 주장을 1989년에 시카고대학 강연 '경제학에서 정치로, 그리고 다시 경제학으로: 사유재산, 불평등, 국가의 기원, 스미스의 4단계론의 두 판본From Economics to Politics and Back: The Origins of Private Property, Inequality and the State, and Adam Smith's Two Versions of the Four Stages Theory'에서 처음으로 상세하게 전개했다. 이 주장은 이후 다음 글에서 훨씬 진전되었다. István Hont, "Adam Smith's History of Law and Government as Political Theory," in Richard Bourke and Raymond Geuss (eds.), *Political Judgement: Essays for John Dunn* (Cambridge: Cambridge University Press, 2009), pp. 131-71.

세기 잉글랜드 사상가 제임스 해링턴의 주장을 뒤따르기에 가장 좋은 위치에 있던 사람, 그에 따라 근대 정치가 고대 정치와 다른 이유를 설명할 채비가 가장 잘 되어 있던 사람은 바로 흄의 유산을 계승한 스미스였던 것이다. 혼트의 관점에서 보면 해링턴의 정치사상이 현재 통용되고 있는 관점에서 평가되듯 고대적이고 마키아벨리적이기만 한 것은 아니었다. 흄과 스미스 각각의 역사적·정치적 전망이라는 프리즘을 통해 바라보았을 때, 해링턴의 정치사상은 근대적 환경에서 고대 정치를 부활시키려는 과업의 희망적 전망만큼이나 그 과업이 초래할 위험 역시 품고 있다.

몽테스키외와 흄이 이미 방향을 제시한 바 있으나, 고대인과 근대인 사이의 거대한 간극에 대해 가장 정교한 설명을 전개한 사람은 루소가 아니라 바로 스미스였다. 그 설명의 핵심부에는 유럽이 두 개의 역사적 순환으로 구성된 이중의 역사를 갖는다는 관념이 자리하고 있었다. 내용의 측면에서나 결과의 측면에서나 첫 번째 역사적 순환은 남부적이고 로마적인 것이었고, 두 번째는 북부적이고 게르만적인 것이었다. 혼트에 따르면, 스미스는 이와 같은 이중의 역사관을 바탕으로 다음과 같은 주장을 내놓았고, 이를 가장 상세하게 개진한 대목이 바로 《국부론》 제3권이었다. 근대 유럽 정치사회들의 (도시사회·제조업이 농촌사회·농업에 앞서 발전했던) 역사의 기저에는 "부자연스럽고 역행적인 (역사 전개의) 순서"가 함축되어 있으며, 이러한 "순서"에는 고대적인 것과 근대적인 것이 충분히 혼합되어 있었고, 그 덕에 로마가 이끌었던 유럽 최초의 역사를 종식시켰던 쇠퇴와 몰락의 순환이 반복되는 결과를 막거나 방해할 수 있었다는 것이다.

로마제국 쇠퇴와 몰락이 초래한 결과를 이런 방식으로 생각하는 것은 게르만족의 로마 침공 이후에 등장한 봉건사회를 다룬 몽테스키외의 분석에서 시작되었다.* 혼트가 계속해서 보여주듯, 스미스는 그 역사적 과정을 설명하면서 우선 로마를 멸망시킨 야만족의 목축사회에 만연했던 권위구조 및 권력구조가 어떠한 윤리적·정치적 유산을 남겨놓았는가를, 다음으로 로마 쇠망 이후 살아남은 요새 도시들이 어떻게 산업·무역을 집중적으로 발전시켰는가를 강조했다. 이는 두 세기 후 '휘그적 역사 해석Whig interpretation of history'이라고 불리게 될 역사관의 바탕이 되었다. 그러나 그것의 더욱 정교한 형태들도 있었으니, 헤겔과 콩트Auguste Comte에서 시작하여 토크빌Alexis de Tocqueville, 밀John Stuart Mill, 마르크스, 베버Max Weber로 이어지는 많은 19세기 역사철학들 역시 이를 출발점으로 삼았다.

이 책의 5장과 6장은 루소와 스미스의 사상을 19세기 정치사상의 역사적 전개와 이어주는 몇몇 연결점들을 찾아내는 성과를 이뤄낸다. 혼트는 두 사상가가 지적 기반뿐 아니라 지적 실패도 공유했다고 설명한다. 둘 모두 어떤 유형의 정치사상이 상업사회에 가장 적합한지 끝내 설명하지 못했기 때문이다. 상업사회라는 개념은 상업사회 자체를 완전히 설명해낼 수 없었으며, 더욱 가혹하게도 현실 세계에는 하나가 아닌 복수의 상업사회가 존재하기

---

* Michael Sonenscher, *Before the Deluge: Public Debt, Inequality, and the Intellectual Origins of the French Revolution* (Princeton, NJ: Princeton University Press, 2007).

에, 정치사상과 상업사회를 사유하기 위해서는 각 상업사회의 내적 역학뿐만 아니라 그것들의 외적인 역학관계도 고려하지 않을 수 없다.

바로 여기서 스미스와 루소 사이에 진정한 분기점이 발생했다는 점을 혼트는 잘 보여준다. 둘은 모두 근대사회가 상업사회라는 점을 인정했지만, 상업사회의 정치경제가 어떤 것이어야 하는지를 두고는 서로 생각이 달랐다. 루소는 자급자족을 중시했다. 여기서 자급자족이란 경제적 자원의 측면뿐 아니라 개별 가구와 국가 간의 관계, 그리고 공적 부문과 사적 부문 간의 관계라는 측면에도 해당되는 개념이었다. 스미스는 생산성을 더 중시했다. 이 생산성 역시 경제적 자원의 측면에서뿐 아니라 국가 기구들의 규모와 범위 및 그것들의 존속 기간의 측면에서 고려되었다. 그러나 이 차이를 너무 과장하면 안 된다. 루소의 지적·정치적 후예는 프랑스의 대의제 이론가 시에예스와 독일의 철학자 헤겔이라고 할 수 있고, 스미스의 지적 유산을 가장 완전하게 받아들인 대표적 인물로는 프랑스의 정치경제학자 장-바티스트 세Jean-Baptiste Say와 그의 동시대인인 스위스 사상가 뱅자맹 콩스탕Benjamin Constant을 꼽을 수 있는데, 이 두 쌍이 그렇게까지 서로 멀리 떨어져 있는 것처럼 보이지는 않기 때문이다.

근대국가는 대체로 재정국가fiscal state다. 또한 보통 복지국가welfare state이며 때로는 연방국가federal state이기도 하다. 본래 혼트가 진행했던 6회 강연의 목적은 청중으로 하여금 이러한 이름표에 비춰, 그리고 그 이름표들이 가리키는 서로 다른 유형의 자원들, 자격들, 의무들 사이에서 나타나는 긴장관계에 비춰 루소와 스미스에 대해 생각해보도록 하는 데 있었다. 혼트는 학자로서의 삶 대부분을 케임브리지대학 역사학과의 일원으로 보냈지만, 무엇보다도 자신을—비록 공식적인 또는 분석적인 부류는 아닐지라도—정치이론가로 보았다. 혼트는 현대 정치와 지성사를 함께 연구해야 할 필요가 있다고 확신했다. 또한 그는 오늘날의 정치이론이 오직 근대사회의 지난 사례들에 관해 최고의 논평을 제공했던 사상가들의 사유에 관심을 기울임으로써만 전진할 수 있다고 믿었다. 스미스와 루소는 흄, 칸트와 함께 그러한 범주에 속하는 사상가였다. 따라서 루소와 스미스의 정치사상, 또는 그들과 같은 쟁점을 탐구한 다른 사상가들의 정치사상을 재구성하는 것은 순수한 역사학적 작업 이상의 것이어야 했다. 혼트에게는 역사적 통찰이 중요했는데, 이는 단지 비교라는 방법이 구체적인 개개인의 저작을 이해할 수 있도록 하는 유용한 방법이어서가 아니다. 이는 그 개념적 측면이 시간과 역사의 구속을 받는 정치의 특성 때문에 이 강연에서 혼트 자신이 보여주고 있는 역사적 지식과 역사적 감수성의 결합 없이는 매우 많은 것을 놓치게 될 가능성이 있기 때문이기도 했다. '사회성'이나 '정치경제' 같은 개념들이 한때 무엇을 의미했는지 알고자 하거나, 계몽사상을 설명하려 하거나, 18세기에 누군가를 스토아주의자, 견유학파, 에피쿠로스주의자 따위로 지칭하는 것에 어떠한 의미가 담겨 있는지 알고자 하거나, 혹은 18세기에 누군가를 '낙관론자'라고 부르는 것이 오늘날에는 '현실주의자'라고 부르는 것과 비슷하다고 말하는 이유를 궁금해하는 사람이라면 누구든 이 강연에서 기대 이상의 배움을 얻을 것이다. 물론 루소와 스미스, 그리고 놀라울 정도로 상세한 그 두 사람의 대화가 후대

사상가들의 논의들을 구조화한 다양한 방식을 궁금해하는 사람들도 마찬가지다. 혼트가 보여준 것처럼 이 두 주제, 즉 역사 연구와 역사적 지식을 바탕으로 한 현대 정치의 이해는 생각보다 더 밀접하게 엮여 있다.

벨라 카포시 Béla Kapossy, 마이클 소넨셔 Michael Sonenscher

편집자의 말

폴 세이거Paul Sagar는 이 책 출판을 준비하는 초기 단계에서 강의록 파일의 다양한 판본을 비교하고, 혼트가 인용한 글의 서지사항을 찾고, 수많은 오자와 문법 오류를 수정함으로써 귀중한 도움을 제공했습니다. 편집자들은 그의 사려 깊은 노력에 사의를 표합니다. 또한 많은 귀중한 지적을 해준 존 로버트슨John Robertson, 리처드 턱 Richard Tuck, 존 던John Dunn, 키스 트라이브Keith Tribe, 아이작 나히모프스키Isaac Nakhimovsky, 리처드 왓모어Richard Whatmore, 안나 혼트Anna Hont에게 깊은 감사의 뜻을 전합니다. 이슈트반 혼트의 친구이자 하버드 대학출판부의 편집자 마이클 아론슨Michael Aronson은 처음부터 이 출판 기획을 독려했으며, 출판 진행 과정 내내 방향을 제시했습니다. 혼트가 자신의 칼라일 강연이 출판되는 것을 볼 수 있었다면, 그는 이 책을 아내 안나에게 헌정했을 것입니다. 그러니 이 책은 마땅히 그녀의 것이라 하겠습니다.

벨라 카포시, 마이클 소넨셔

옮긴이의 말

이 강의록이 하버드대학출판부에서 출판되기 전, 저는 당시 박사과정 지도교수에게 강의록 원고를 파일로 받아서 읽었습니다. 눈이 확 뜨이는 경험이었습니다. 혼트의 제자였던 지도교수는 그것을 "계시revelation"라 불렀습니다. 이 강의록에서 혼트가 내놓은 분석과 주장의 시비를 가릴 능력은 없었지만, 그 안에 담긴 접근법의 혁신성은 전율할 만한 것이었고 그때부터 사료를 보는 제 관점은 완전히 바뀌었습니다. 나중에 강의록이 출간되자 지도교수는 제게 책을 선물하셨습니다. 지금까지 그 책을 소중히 간직했는데, 그 내용을 마침내 국내 연구자들과 학생들을 위해 한국어로 번역하게 되어 마음이 홀가분하면서도 설렙니다.

원제 "Politics in Commercial Society"에서 "Politics"를 '정치'나 '정치학'으로 옮기지 않고 '정치사상'으로 옮겼습니다. 무결한 역어가 없는 상황에서 가장 좋은 혹은 덜 나쁜 역어를 선택하기 위해 동료 학자들과 여러 차례 의논했습니다. 그 결과 이 책의 주제와 내용을 국내 독자들에게 조금이라도 더 정확하게 전달하기 위해서 '정치', '정치학', '정치사상' 등 다양한 의미를 포괄하는

"Politics" 개념을 한국어판에서는 '정치사상'으로 옮기기로 결정했습니다. 혼트가 천착하는 주제는 상업사회에서 어떤 정치가 작동하는가, 상업사회에 걸맞은 정치학이란 어떤 것인가 하는 문제를 포괄하되 무엇보다도 일차적으로 루소와 스미스가 상업사회라는 18세기적 현상을 두고 어떤 '정치사상'을 개진했는가입니다. 그러나 그들이 내놓은 정치사상의 주제는 결국 '정치'였으며 그것을 '학學'으로서 구성해내고자 하는 동력이 18세기부터 작동하고 있었음을 고려할 때, 결국 원제의 "Politics"가 정치, 정치학, 정치사상 모두를 아울러 내포한다는 점을 유의할 필요가 있습니다.

  혼트는 영어가 모국어가 아니었고, 이 글이 애초에 강연록으로 집필된 것인 만큼 번역하기 까다로운 부분이 많았습니다. 난해한 번역문을 만들고 오랫동안 다듬는 과정에서 큰 도움을 주신 아버지께, 그리고 김민호, 김영국, 이승은, 조성경 선생님께 깊이 감사드립니다. 특히 최종본이 나오기까지 여러 차례 세심하게 원고를 검토하며 신경 써주신 이우창 교수와 임세현 편집자가 아니었더라면 이 번역서는 완성되지 못했을 것입니다. 언제나 응원해 주시는 최갑수, 양희영, 이상동, 윤비 선생님과 김희경유럽정신문화장학재단에도 이 지면을 빌려 감사의 마음을 전합니다. 여전히 많은 면에서 부족하지만 독자들이 관대하게 읽어주기를 희망하며 감히 혼트의 강연을 한국어로 내놓습니다.

김민철

찾아보기

인명

1대 볼링브로크 자작, 헨리 세인트 존 285
1대 샤프츠베리 백작, 앤서니 애슐리 쿠퍼 259
3대 샤프츠베리 백작, 앤서니 애슐리 쿠퍼 78, 117, 120

ㄱ

그로브, 헨리 125
그로티우스, 후고 19, 28, 83~85, 149

ㄴ

나히모프스키, 아이작 312
뉴전트, 토머스 191
니콜, 피에르 145

ㄷ

달랑베르, 장-바티스트 르 롱 264
던, 존 11, 14, 312
덴트, 니컬러스 25
디드로, 드니 188
디오게네스 70, 215, 216, 237, 273

ㄹ

라 로슈푸코, 프랑수아 드 81, 103
래슬릿, 피터 13
레날, 기욤-토마 프랑수아 257
로메니 드 브리엔, 에티엔 샤를 278
로버트슨, 윌리엄 188, 189
로버트슨, 존 8, 312
로베스피에르, 막시밀리앵 287
로스차일드, 에마 10
로크, 존 14, 16, 19, 141, 151, 165~169, 173~175, 180, 191, 192, 194,

201, 219, 256, 269, 296, 297, 303~306
루이 14세 230, 239, 244, 255, 260, 261
리드, 토머스 98~100
리스트, 프리드리히 284

ㅁ

마르크스, 카를 9, 13, 18, 20, 52, 65, 147, 225, 302, 308
마블리, 가브리엘 보노 드 254, 286
마키아벨리, 니콜로 15, 21, 24, 30, 66, 200, 201, 207, 208, 226, 307
맨더빌, 버나드 31, 72, 77~82, 93, 103, 105, 135, 136, 157, 194, 214, 296, 300
맬서스, 토머스 17
몽테스키외, 샤를-루이 드 스공다 28, 30, 64, 83, 122~130, 145, 146, 148, 149, 157, 159, 164, 176, 177, 180~187, 189~191, 199, 202, 254, 265, 269, 270, 273, 279, 285, 296, 307, 308
믈롱, 장-프랑수아 31, 214
미라보 후작, 빅토르 드 리케티 184
밀, 존 스튜어트 308
밀러, 존 189

ㅂ

버클리, 조지 256
베버, 막스 308
베카리아, 체자레 65
벤투리, 프랑코 11
비코, 잠바티스타 122
비티, 제임스 100

ㅅ

생-피에르, 샤를-이레네 카스텔 드 254, 255, 286
세, 장-바티스트 309
세이거, 폴 312
소넨셔, 마이클 12, 311, 312
소크라테스 274
슈미트, 카를 121
슈클라, 주디스 11
스키너, 퀜틴 11~16, 24, 293
스테드먼 존스, 개러스 11, 18
스튜어트, 듀걸드 17, 99~101, 104, 131, 149
스튜어트, 제임스 281
시드니, 앨저넌 165, 173
시에예스, 에마뉘엘 조제프 22, 86, 233, 273, 309

ㅇ

아리스토텔레스 56, 61, 65, 67, 69,

110, 143, 163, 289
애디슨, 조지프 125
에피쿠로스 67~72, 74, 75, 79, 80, 96~98, 101~103, 107, 112, 122, 146, 215, 216, 298, 310
옹켄, 아우구스트 74, 299
왓모어, 리처드 7, 12, 13, 312
윈치, 도널드 10, 16
이그나티예프, 마이클 10, 18
이젤린, 이작 121

콘스탕, 뱅자맹 309
콩트, 오귀스트 208
클라인요그, 야코프 구예르 274
클라크, 존 106
클로츠, 아나카르시스 287
키케로 69, 98, 101, 215

ㅌ

턱, 리처드 11, 16, 312
털리, 제임슨 16
토크빌, 알렉시스 드 308
퇴니스, 페르디난트 50~53, 57, 301
트라이브, 키스 11, 312
트레버-로퍼, 휴 10

ㅈ

조쿠르, 슈발리에 루이 드 225

ㅋ

카마이클, 거숌 175
카시러, 에른스트 74, 299
카포시, 벨라 12, 311, 312
칸트, 임마누엘 62, 66, 67, 70, 102, 215, 216, 254, 280, 281, 302, 310
캉티용, 리처드 233, 285
캠벨, 아치볼드 106
커더스, 레이프 102
커헤인, 로버트 21
케네, 프랑수아 260
코젤렉, 라인하르트 11, 22, 121
콜베르, 장-바티스트 230, 239, 244, 260
콩디야크, 에티엔 보노 드 286

ㅍ

퍼거슨, 애덤 98, 190
페늘롱, 프랑수아 23, 32, 77, 78, 239~241, 243, 244, 260, 269
포브스, 던컨 9~11, 14~16
포스탄, 마이클 9, 10
포자 드 생-퐁, 바르텔레미 82
포콕, 존 7, 10, 13~16, 21, 26, 44, 300
포프, 알렉산더 235
폰타나, 비앙카마리아 18
푸코, 미셸 11
푸펜도르프, 자무엘 13, 19, 20, 34, 35, 61, 65, 66, 71~73, 103, 104, 175, 303, 304

프루동, 피에르-조제프 65
플라톤 61, 67, 76, 81, 102, 256
피히테, 요한 고틀리프 281
필립슨, 니컬러스 16
필머, 로버트 165, 173, 264, 306

106, 110, 118, 120~122, 151, 175, 295, 300
헤겔, 게오르크 빌헬름 프리드리히 51, 151, 308, 309
헤르더, 요한 고트프리트 130
헨리 흄, 케임스 경 148
홉스, 토머스
흄, 데이비드 9, 14~16, 20~24, 26, 28, 29, 35, 36, 81, 103, 106~109, 115, 117, 118, 120~122, 136, 137, 140~143, 146, 147, 150, 151, 157, 165, 173, 174, 192, 195, 218, 271, 278~281, 284~286, 295, 300, 305~307, 310
힉스, 존 10

ㅎ

하콘센, 크누드 16
한, 프랭크 21
할러, 알브레히트 폰 256
해링턴, 제임스 15, 30, 195, 200, 271, 307
허시먼, 앨버트 66, 301
허치슨, 프랜시스 72, 73, 76, 77, 105,

용어

ㄱ

개선 가능성 237
개혁 23, 32, 149, 164, 233, 240, 242, 255, 260~263, 267, 268
견유학파 70, 215, 216, 237, 298, 310
경쟁 11, 19~21, 24, 32~34, 111~113, 125, 145, 155, 178, 181, 224, 227, 258, 267~270, 274~277, 280, 282, 283, 285~288, 290
계몽사상 10, 12, 14~17, 20, 26, 36, 37, 121, 190, 310

공감 28, 79, 96~100, 103~106, 109, 116, 121, 130, 131, 136, 150
공동자아 183
공업 31, 229~234, 238, 239, 260, 262
공정한 관찰자 112, 116
공화국/공화정 124, 157, 176, 177, 183, 187, 190, 199, 202, 203, 206, 244, 271, 278
공화주의 13, 15, 16, 19, 20, 24, 30, 43, 49, 53, 72, 73, 76, 79, 80, 82, 83, 182, 187, 190, 200, 203~205,

207, 241, 245, 247, 248, 279, 286, 304~306
국가이성 66, 227, 289
국가인격 31, 209, 225, 227
국채 21, 35, 230, 278, 280
군주정/군주제 30, 64, 123, 124, 126, 127, 145, 164, 177, 180~183, 190, 203, 244, 245, 258, 260, 262, 269, 271, 278, 285
권력 27, 29, 30, 137, 139, 142, 145, 167, 185, 192~197, 217, 223, 224, 228, 240, 241, 247, 256, 257, 259, 261, 262, 268, 272, 278, 279, 306, 308
규범성 122, 141, 150, 165
균형성장/불균형성장 31, 234, 238, 239, 241, 249, 261, 277
그리스 30, 31, 49, 51, 69, 143, 157, 159~161, 187, 189, 196, 198~200, 202, 247, 289
기독교 48, 51, 65, 67, 72, 73, 114, 125, 128, 144, 146, 174, 221

ㄴ

노동 86, 174, 192, 197, 201, 203, 207, 220, 229, 232, 233, 238, 264, 266, 267, 270~272, 277, 280, 282, 283
노예제 197, 201, 207
농업 31, 148, 151, 152, 158~161, 213, 229~234, 238, 239, 241, 245, 246, 260, 262, 265, 266, 307
능력주의 270

ㄷ

단계론 20, 29, 148, 151, 152, 158, 186, 197, 198, 213, 306
대결 32, 33, 269, 270, 271, 276, 288~291, 296, 297
도덕성 69~72, 74, 75, 78, 80, 101, 104, 106, 122, 123, 129, 135, 144, 215, 300
도덕철학 23, 26~29, 67~74, 76, 80, 84, 91, 97, 98, 100~102, 104, 106, 116, 149, 215, 300
도시국가 31, 47, 61, 159, 161~163, 205~207, 245, 246, 258, 271
동정심 94~96, 105, 116

ㄹ

로마 30, 31, 51, 138, 148, 157, 161~163, 174~176, 187, 189~191, 198~200, 202~206, 208, 226, 239, 242, 245, 247, 257, 258, 282, 285, 304, 307, 308

ㅁ

맥락주의 49

명예 33, 78, 113, 125, 126, 164, 180,
181, 184, 247, 269~272, 276,
288~291
목축 30, 148, 151, 152, 159~161,
194, 195, 198, 199, 201~203, 205,
208, 213, 246, 247, 257, 301, 308
무역 11, 12, 14, 17, 19, 20, 22, 23, 25,
32, 34, 35, 37, 48, 61, 74, 149, 241,
243, 259, 275~279, 283~287,
297, 308
민족주의 22, 31, 56, 226, 227, 249,
259, 276
민주주의/민주정 117, 127, 161, 177,
196, 207

ㅂ

보이지 않는 손 217~219, 221, 222
본능 73, 78~80, 128, 236
봉건제 32, 163, 205, 208, 231,
246~248, 257~259
부패 30, 105, 119, 145, 167~169, 178,
181, 185, 191, 197, 219, 260~262,
265, 268, 269, 271, 273
분업 19, 192, 203, 229, 280, 283,
296
불평등 19, 28~30, 64, 76, 78, 83,
85, 92, 105, 109, 111, 117, 118,
120~124, 126~131, 135, 137, 139,
143, 153~155, 161~164, 166, 168,
176~183, 188~190, 193~197, 199,
217, 224, 226, 229, 230, 232,
235, 236, 240, 245, 248, 266,
269, 270, 294, 299, 305, 306

ㅅ

사랑 55, 58, 59, 104, 112, 113~115,
125, 126, 144, 155~157, 182, 192,
269, 287, 288, 290
사치 19, 22, 27, 30, 31, 36, 126,
178, 181, 184, 203, 204, 207,
208, 213~217, 220, 232, 234,
238~240, 243, 247~249, 257,
263, 265, 266, 268, 269, 271,
274, 277, 282, 283
사회계약 29, 30, 82, 85, 86, 124,
137, 140, 141, 161~163, 176, 180,
182~184, 188, 193, 235, 242, 273,
291, 292, 299, 306
사회성 20, 26~28, 35, 54~57, 60~67,
69, 71~73, 76, 78, 83, 91, 92, 96,
101, 104, 105, 109, 117, 119, 128,
129, 135, 140, 144, 154, 155, 184,
224, 300~302, 304, 310
산업 19, 33, 151, 234, 238, 276, 280,
284, 308
상비군 199
상업 13, 19, 20, 22, 24, 26, 27, 31,
35~37, 47, 48, 54, 55, 57, 64, 75,
93, 126, 145, 146, 148, 159, 160,
169, 191, 195, 197, 199, 201~203,
207, 213, 246, 247, 253, 258, 259,
278, 285, 292, 294, 300~302

상업사회 15, 18~22, 24, 27~29, 32,
　43, 45~52, 56~60, 64, 66, 67, 71,
　73, 75, 86, 91, 92, 109, 114, 119,
　120, 125, 127~129, 131, 140, 159,
　161, 164, 190, 196~199, 216, 222,
　228, 231, 233, 238, 293, 296,
　297, 300, 301, 308, 309, 314
성장 15, 31~33, 143, 161, 198,
　201, 206, 219, 226~229, 231,
　238, 241, 243, 245, 246, 248,
　257~262, 265, 268, 277, 278,
　286, 288
소유(권) 13, 16, 19, 34, 51, 138, 142,
　148, 152, 158, 164, 165, 167, 168,
　174~176, 179, 180, 189, 193, 195,
　201, 217, 219, 220, 223~225,
　228, 256, 280, 305, 306
스코틀랜드 9, 11, 14~20, 23, 25,
　34~36, 75, 96, 97, 102, 118, 121,
　148, 216, 246, 256, 266, 274, 281,
　283, 284
스토아(주의/자) 67, 69~73, 102, 104,
　112, 215, 310
시민사회 51, 165, 271
시장사회 48, 51

　131, 153~155, 157, 178, 181, 185,
　188, 226, 273, 300, 301
언어맥락주의 13, 133
에피쿠로스(주의/자) 67~72, 74, 79,
　80, 96~98, 101~103, 107, 112,
　122, 146, 215, 216, 298, 310
역사성 68, 122
연민 79, 80, 93~96, 105, 106, 109,
　295, 296
영광 117, 125, 144, 145, 226, 288,
　289
영국 9, 10, 17~19, 23, 25, 33, 44, 76,
　79, 169, 173, 187, 259, 276, 279,
　280, 282~285, 296
영예 269, 276
이기심 98, 99, 102, 103, 105, 107,
　111~114, 118~120, 122, 125~127,
　129, 131, 220, 269, 299
인정/인정의 정치 63~65, 111, 115,
　116, 125, 144~146, 154~156, 164,
　178, 181, 193, 224, 227, 288, 295,
　296, 299
일반의지 30, 185, 266, 271, 274, 299
임금 19, 225, 233, 266, 282, 286

ㅇ

아프리카 129, 131, 153~155, 194,
　246
언어 15, 19, 20, 21, 24, 26, 29, 35, 49,
　52, 62, 65, 66, 85, 96, 109, 130,

ㅈ

자기애 55, 99, 103, 104, 106, 109,
　113, 114, 119, 128, 156
자연법(학) 14~16, 19, 20, 24, 36, 65,
　72, 83, 84, 105, 109, 148, 175,
　176, 185, 189, 204, 242~244,

301, 304
자연상태 65, 71, 72, 153, 165, 166, 178, 186, 192, 222, 306
자유 15, 20, 32, 35, 49, 139, 140, 146, 147, 162, 169, 186, 187, 195~197, 200, 206, 208, 231, 232, 248, 261, 268, 275, 304, 305
자유무역 35, 74, 149, 241, 276, 283, 297
자존심 31, 63, 64, 66, 78, 81, 109, 111, 114, 117, 119~121, 125, 127~130, 144, 145, 155, 156, 164, 178~181, 215~217, 224, 227, 229, 239, 247, 264, 268, 269, 274, 277, 287~290, 292
적법성 150, 180
전쟁 21, 24, 26, 30, 31, 83, 84, 116, 179, 182, 191, 192, 198, 199, 201, 202, 207, 208, 222, 224, 225, 253, 259, 260, 278~281, 286
절대주의 145, 146, 165, 188, 248
정념 58, 66, 95, 96, 98, 106, 107, 110, 114, 116, 125, 154, 224, 227, 228, 290, 301
정복 160, 191, 198, 200~203, 206, 208, 226
정부/정부형태 26, 27, 29, 30, 32, 36, 82, 84, 85, 124, 136, 137, 144, 146, 147, 149, 152, 158, 163~169, 174~176, 178, 179, 180, 181, 183, 186, 188~192, 195, 202~206, 208, 232, 255, 257, 258, 260,
261, 263, 269, 272, 273, 283, 297, 303~306
정의 18~20, 29, 34, 58, 59, 81, 82, 84, 98, 107, 108, 115, 116, 136, 137, 139, 142~146, 150, 157, 178, 192, 195, 232, 261, 278, 286, 306
정치경제(학) 9~12, 15, 17~24, 26, 31, 34~36, 57, 74, 80, 174, 179, 188, 208, 213, 214, 226, 238, 253, 261, 262, 282, 286, 300, 309, 310
정치언어 15, 50, 60
제네바 44, 76, 118, 161, 162, 184, 187, 246, 256, 264, 265, 271, 291
주권 22, 26, 27, 54, 60, 146, 147, 165, 183~185, 191, 255, 262, 271~273, 278, 299
중농주의 23, 32, 184, 241, 242, 260
중상주의 32, 228, 258, 259, 275, 283, 287
지성사 7~13, 16, 17, 23, 25, 33, 36, 127, 177, 254, 300, 303, 310
질투 11, 12, 14, 17, 20, 22, 23, 25, 34, 35, 37, 259, 288, 289

ㅋ

카이사르주의 127
케임브리지학파 7, 11, 12~19, 21, 22, 44, 50, 303
키위타스 49, 51, 196

ㅌ

통치 124, 145, 165~168, 176, 182, 184, 191, 219, 255, 256, 306

ㅍ

폴리스 49, 51, 159, 196
프랑스 23, 36, 44, 74, 76, 81, 125, 144, 145, 149, 164, 186, 191, 230, 235, 239, 243~245, 260, 262, 269, 278, 281, 285, 286, 296, 309
프랑스혁명 22, 240, 254
필요/욕구 13, 18, 20, 34, 61, 62, 64, 65, 143, 151, 153, 155, 156, 158,
167, 219, 263, 266
54, 61~63, 110, 111, 117, 125, 144, 147, 154~156, 179, 209, 215~217, 219~221, 223, 229, 237, 238, 268

ㅎ

허명 63, 64
혁명 10, 21, 22, 26, 127, 148, 167, 181, 186, 190~192, 208, 222, 240, 247~249, 254~257, 277, 281, 286, 287, 305
효용 19, 27, 28, 47, 54, 55, 58~66, 69, 72, 93, 107, 108, 117, 125, 126, 128, 131, 141, 144~147, 151, 153, 154, 156, 164, 167, 218, 220, 278

상업사회의 정치사상

초판 1쇄 펴낸날	2025년 9월 3일
지은이	이슈트반 혼트
옮긴이	김민철
펴낸이	박재영
편집	임세현·이다연
마케팅	신연경
디자인	조하늘
제작	제이오
펴낸곳	도서출판 오월의봄
주소	경기도 파주시 회동길 513 203호
등록	제406-2010-000111호
전화	070-7704-2131
팩스	0505-300-0518
이메일	maybook05@naver.com
X(트위터)	@oohbom
블로그	blog.naver.com/maybook05
페이스북	facebook.com/maybook05
인스타그램	instagram.com/maybooks_05
ISBN	979-11-6873-159-2 93900

이 책은 저작권법에 따라 보호받는 저작물이므로 무단전재와 복제를 금합니다.
이 책 내용의 전부 또는 일부를 이용하려면 반드시 저작권자와 도서출판 오월의봄에 서면 동의를 받아야 합니다.

책값은 뒤표지에 있습니다. 잘못된 책은 바꾸어 드립니다.

만든 사람들
책임편집	임세현
디자인	조하늘